南京统计年鉴

NANJING STATISTICAL YEARBOOK

2023

南　京　市　统　计　局
国家统计局南京调查队
编

中国统计出版社
China Statistics Press

图书在版编目（CIP）数据

南京统计年鉴. 2023 = Nanjing Statistical Yearbook 2023 / 南京市统计局, 国家统计局南京调查队编. -- 北京 ：中国统计出版社, 2023.8
ISBN 978-7-5230-0152-3

Ⅰ. ①南… Ⅱ. ①南… ②国… Ⅲ. ①统计资料－南京－2023－年鉴 Ⅳ. ①C832.531-54

中国国家版本馆 CIP 数据核字(2023)第 130487 号

南京统计年鉴. 2023
Nanjing Statistical Yearbook 2023

作　者　南京市统计局, 国家统计局南京调查队
责任编辑　冯燕玲
封面设计　周荣美
出版发行　中国统计出版社有限公司
通信地址　北京市丰台区西三环南路甲 6 号　邮政编码　100073
发行电话　邮购（010）63376909　书店（010）68783171
网　址　http://www.zgtjcbs.com/
印　刷　南京茂华彩色印务有限公司
经　销　新华书店
开　本　880mm×1230mm　1/16
字　数　828 千字
印　张　25.75　彩页 0.5
版　别　2023 年 8 月第 1 版
版　次　2023 年 8 月第 1 次印刷
定　价　380.00 元

编委会和编辑人员

编辑委员会

编辑部

编 者 说 明

一、《南京统计年鉴2023》以大量的统计数据，全面、系统地反映了2022年南京经济和社会等各方面的发展情况，是一本数据信息密集、内容广泛的资料性工具书。

二、全书内容分为17个篇目，即：1. 综合；2. 国民经济核算；3. 人口和就业；4. 人民生活；5. 价格指数；6. 农业；7. 工业和能源；8. 交通运输和邮电通讯业；9. 固定资产投资和建筑业；10. 批发和零售业、住宿和餐饮业；11. 对外经济贸易和旅游业；12. 财政、金融和保险；13. 科技和教育；14. 文化、体育和卫生；15. 司法、社会福利与其他社会活动；16. 城市建设与环境保护；17. 分区社会经济。为便于读者正确地使用资料，各篇目还附有主要统计指标解释。

三、本年鉴国民经济行业分类按2017年国家标准《国民经济行业分类》（GB/T4754—2017）执行。

四、本年鉴部分统计数据来源于有关主管部门，对此我们分别予以注明。如使用者在使用该资料时认为有必要，可与该部门直接联系。

除部门统计数据外，本年鉴的统计资料，由南京市统计局、国家统计局南京调查队依法通过统计调查，汇总、加工取得，并对统计资料的质量负责。请使用者客观、科学、合理的依法使用，对使用本年鉴统计数据所产生的法律争议由使用者自行解决。

五、本年鉴部分数据合计数或相对数由于单位取舍不同产生的计算误差均未作机械调整。

六、读者在使用统计资料时，凡与本年鉴有出入的，均以本年鉴为准。

七、本年鉴中符号使用说明：“-”或“空格”表示数据不详或无该项数据；

“#”表示其中的主要项；

“★”表示另有注解。

八、《南京统计年鉴》公开出版以来，受到社会各界的关注和支持，对年鉴的内容和编辑工作提出了许多宝贵的意见，对此，我们深表谢意。欢迎读者继续对年鉴的不足之处给予批评指正，帮助我们进一步提高编辑水平，以期更好地为广大读者服务。

《南京统计年鉴》编辑部

2023年8月

南京市户籍人口总数示意图

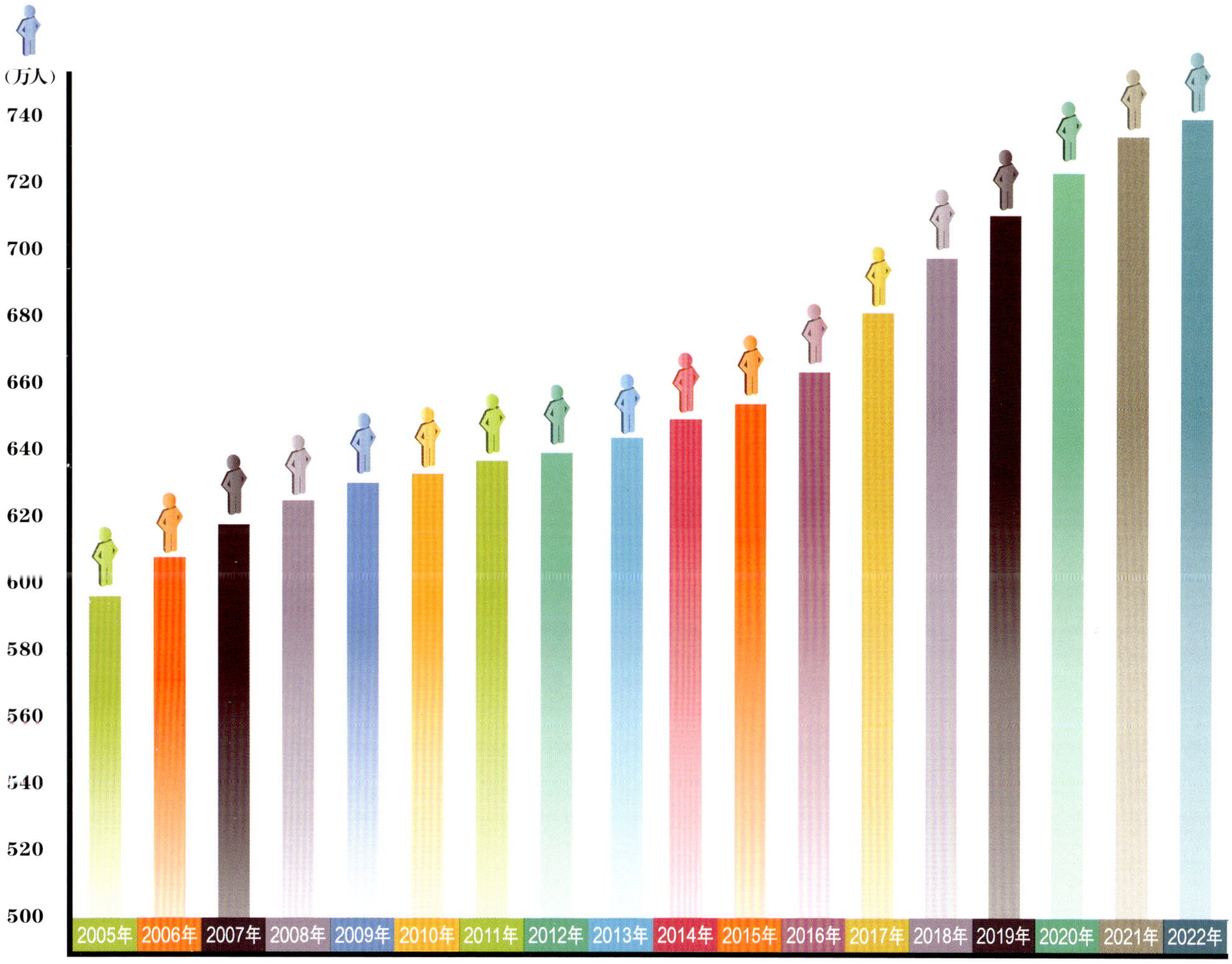

南京市地区生产总值示意图

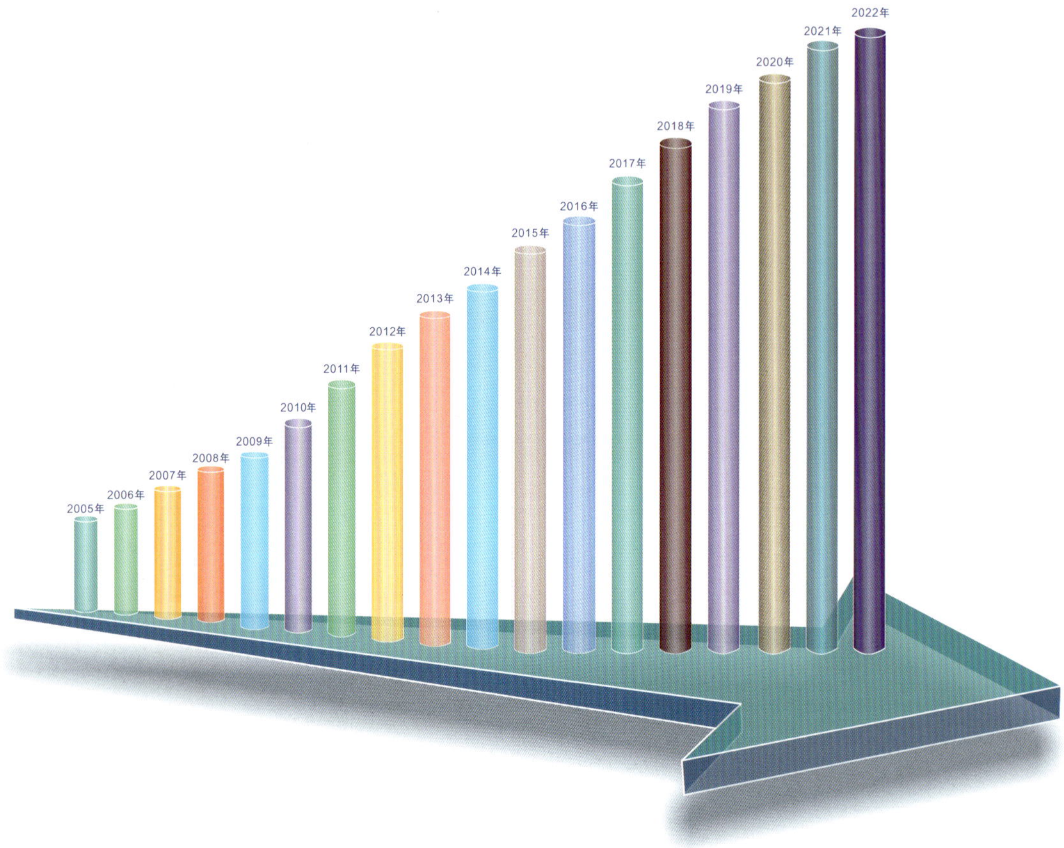

南京市人均地区生产总值（按常住人口计算）示意图

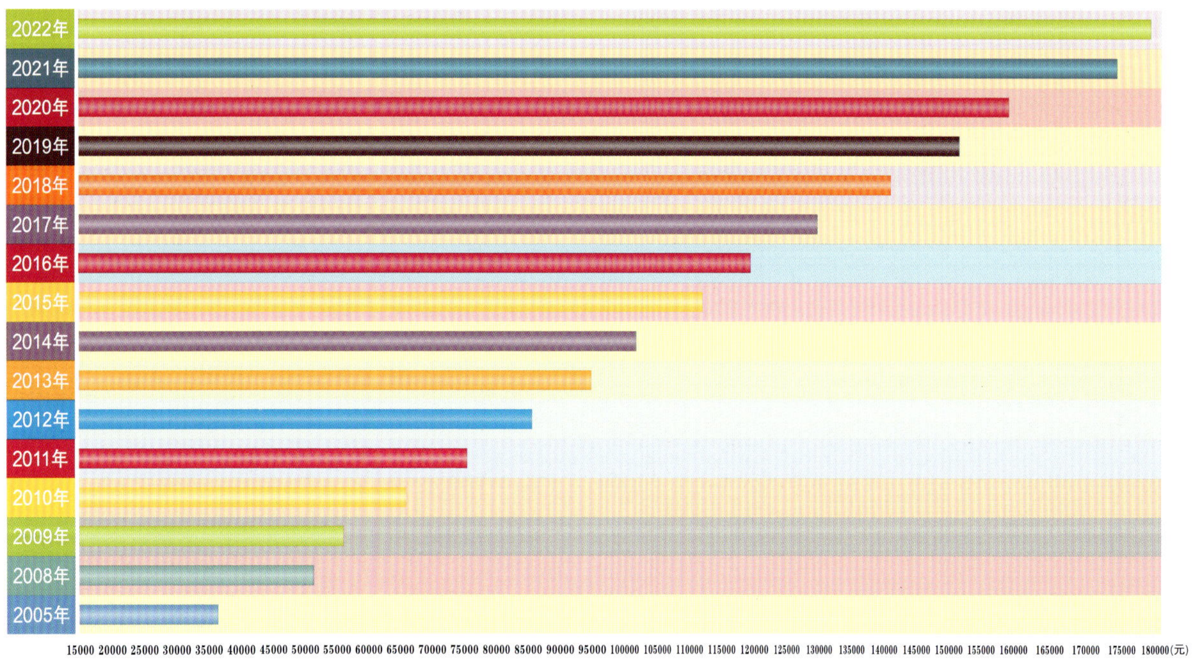

南京市第三产业占地区生产总值比重示意图

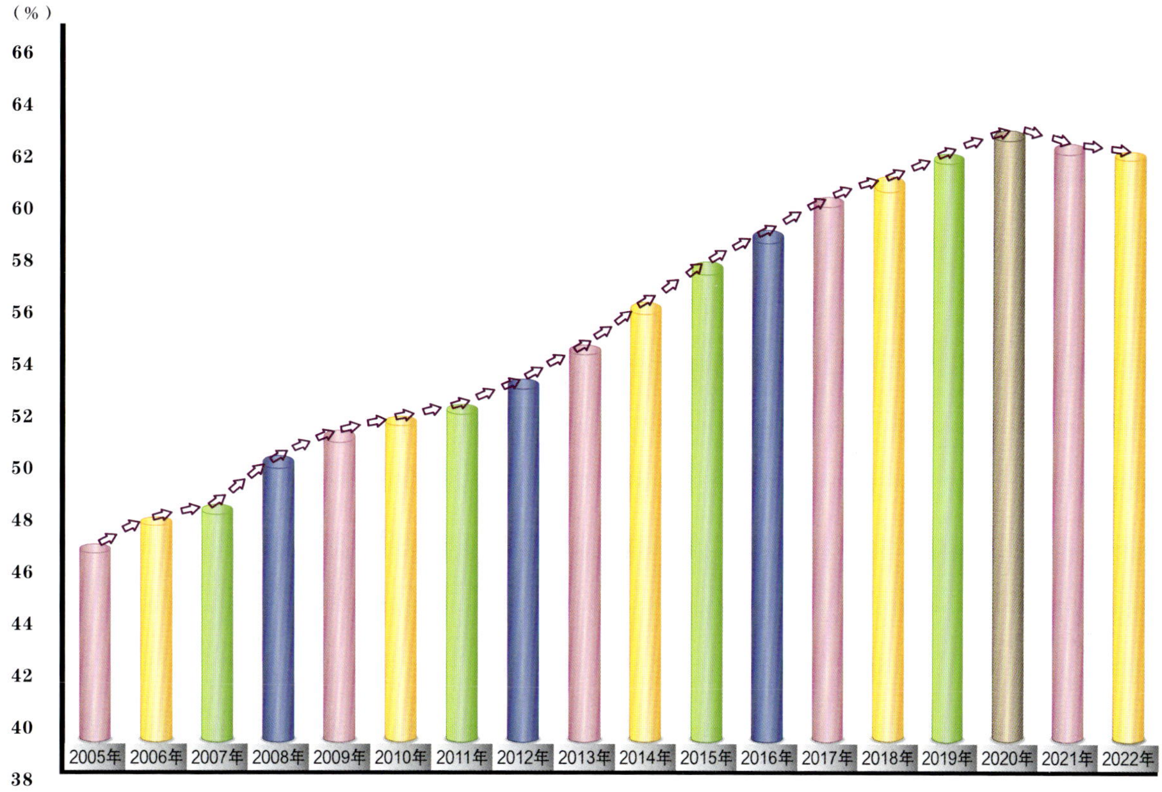

南京市财政收入示意图

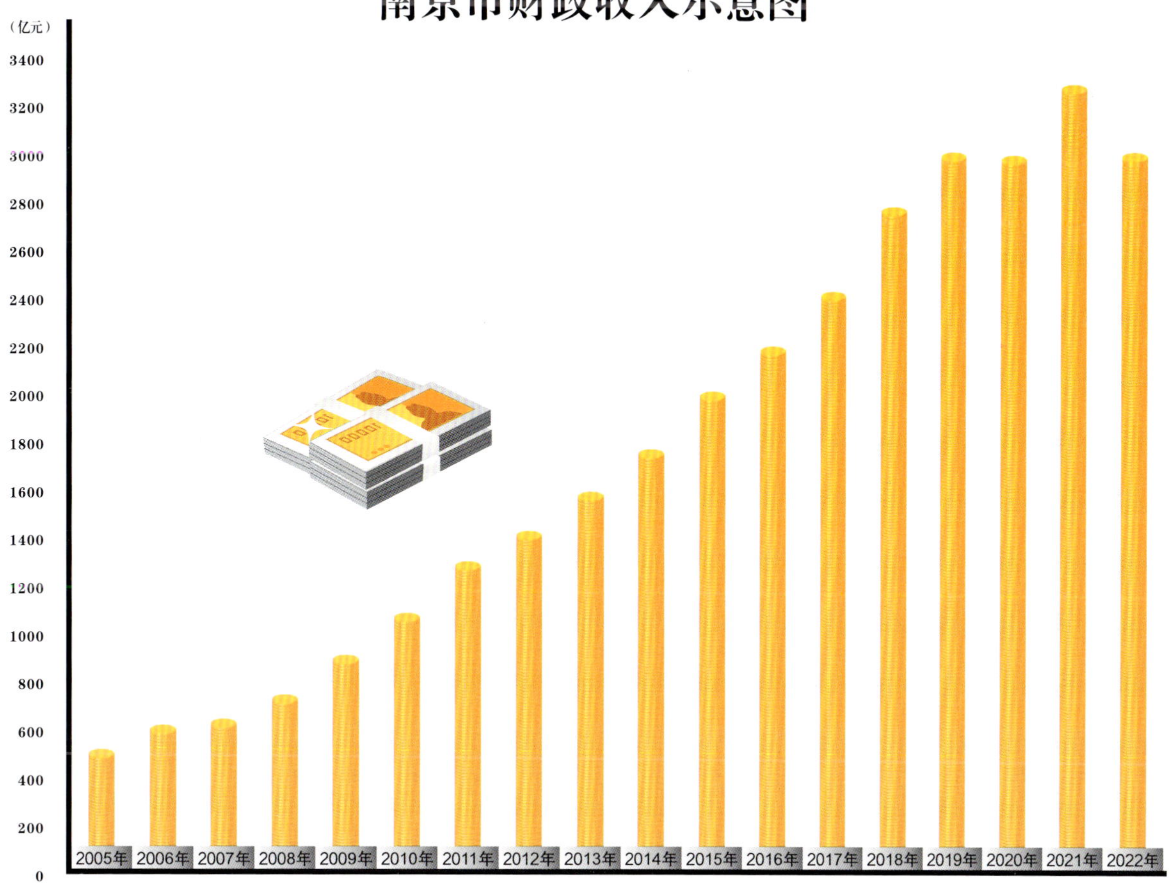

南京市社会消费品零售总额示意图

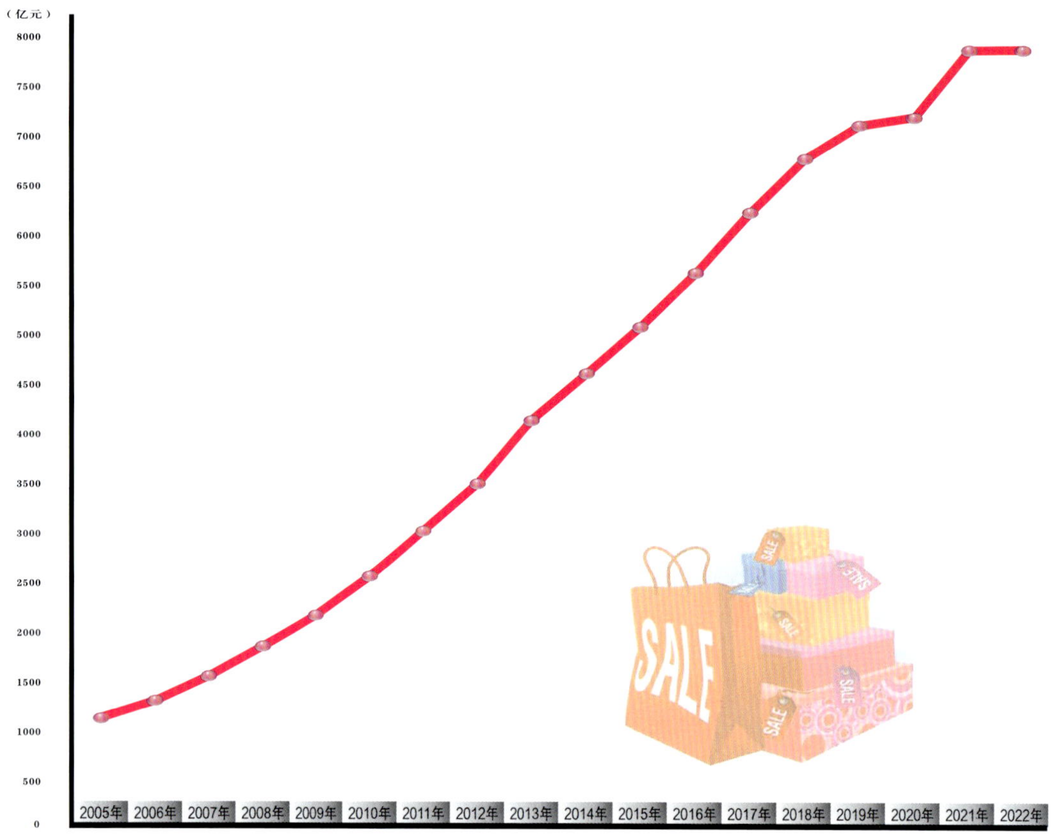

南京市外贸进出口总额示意图

南京市农林牧渔总产值（现价）示意图

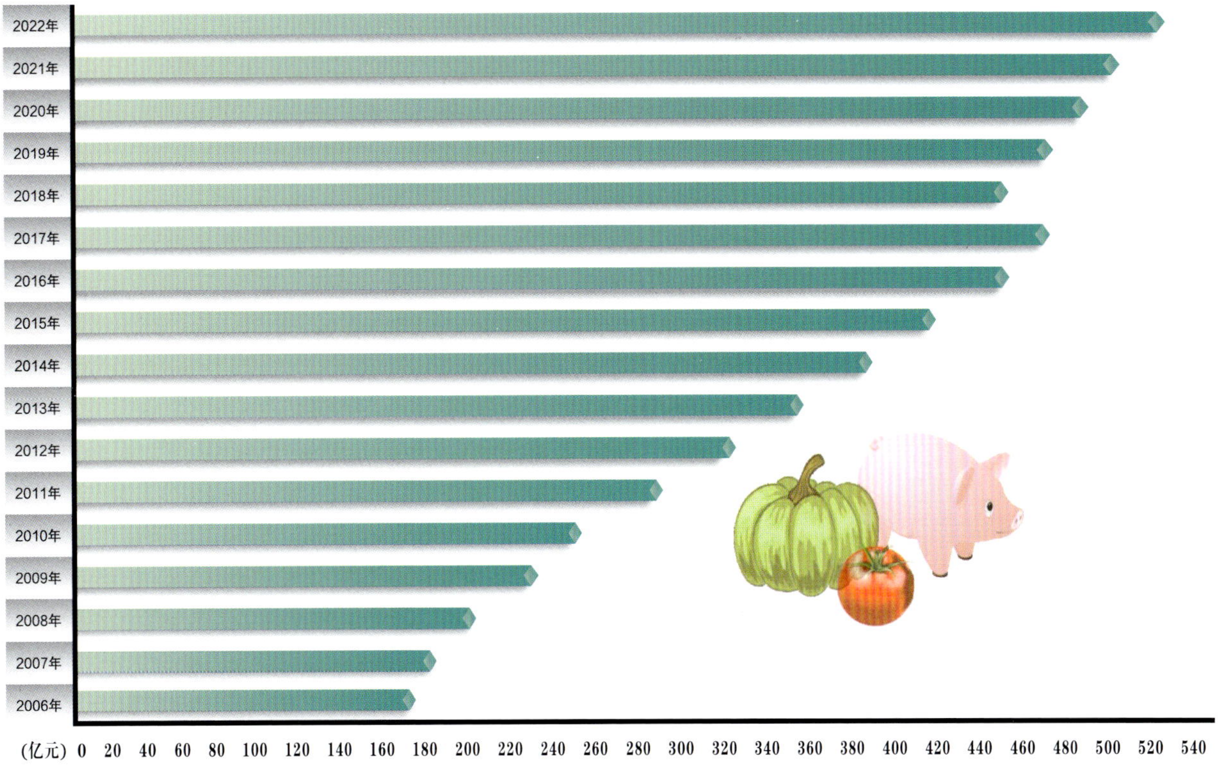

南京市人均公园绿地面积示意图

南京市普通高校在校学生人数示意图

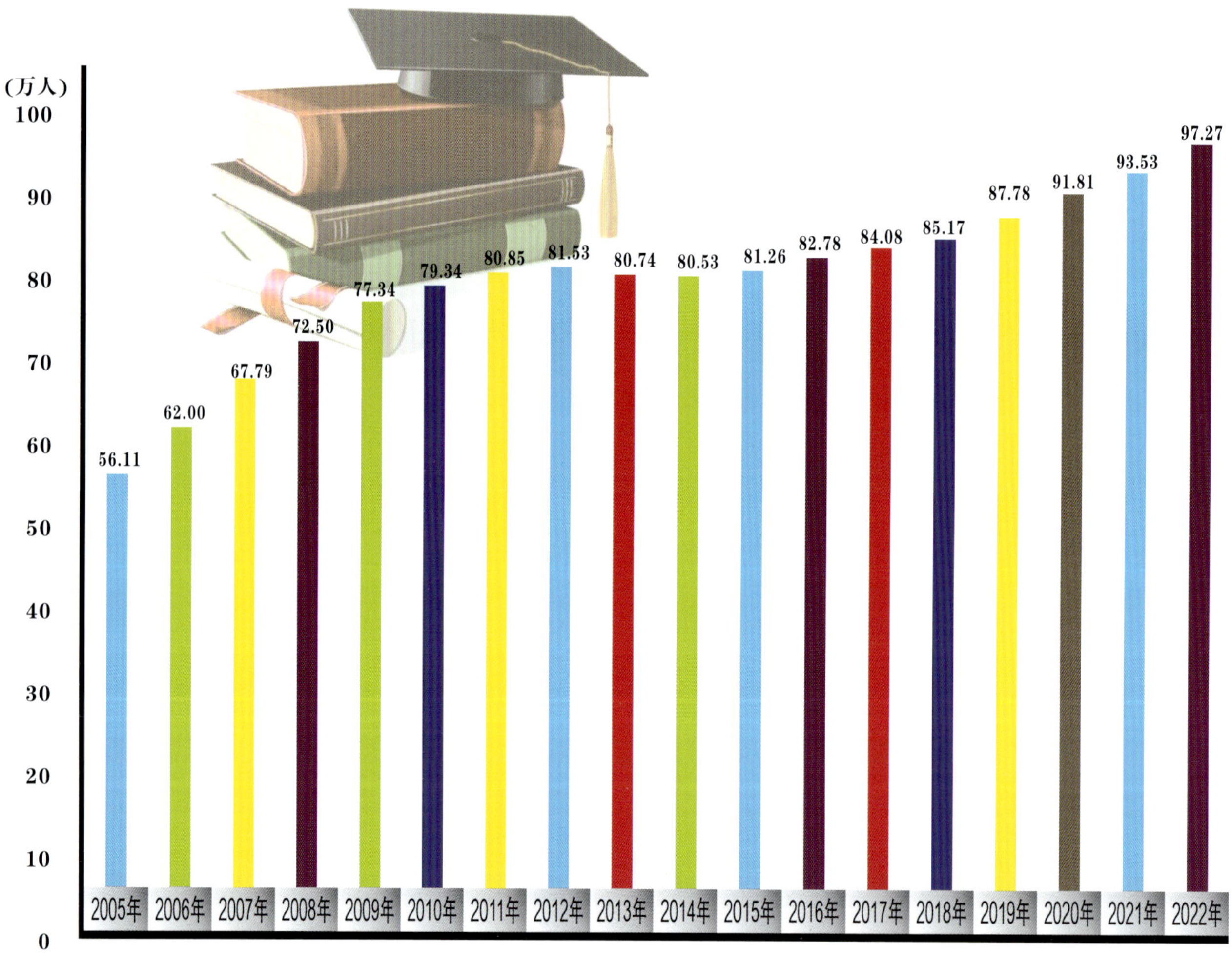

南京市城镇居民人均可支配收入示意图

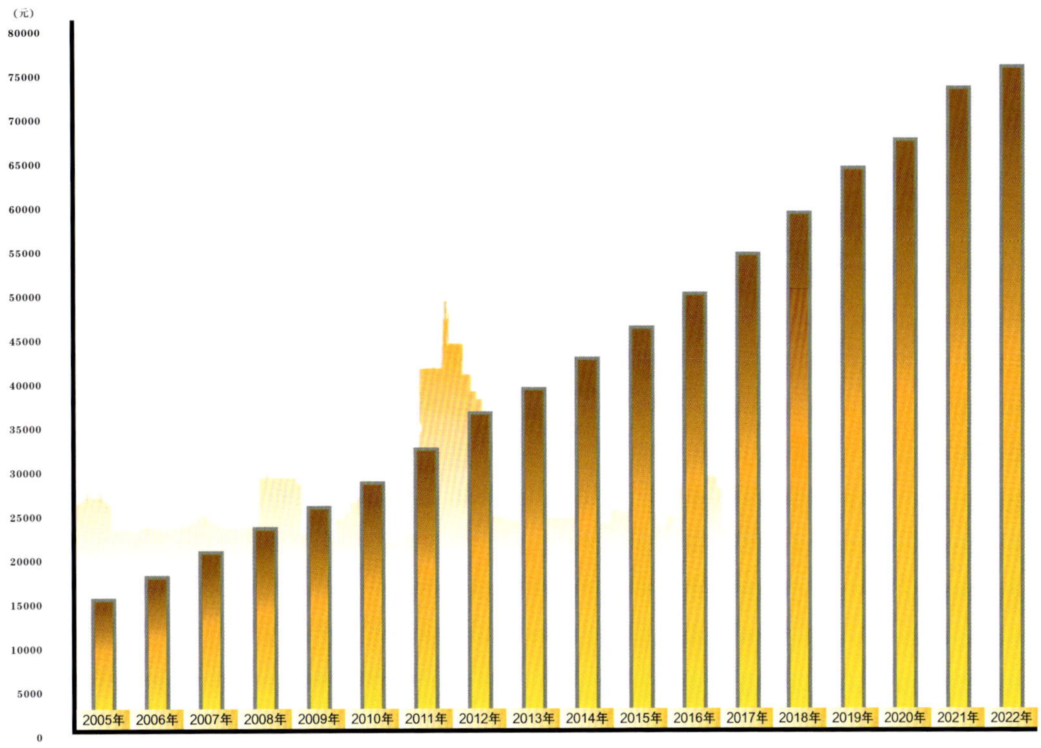

南京市农村居民人均可支配收入示意图

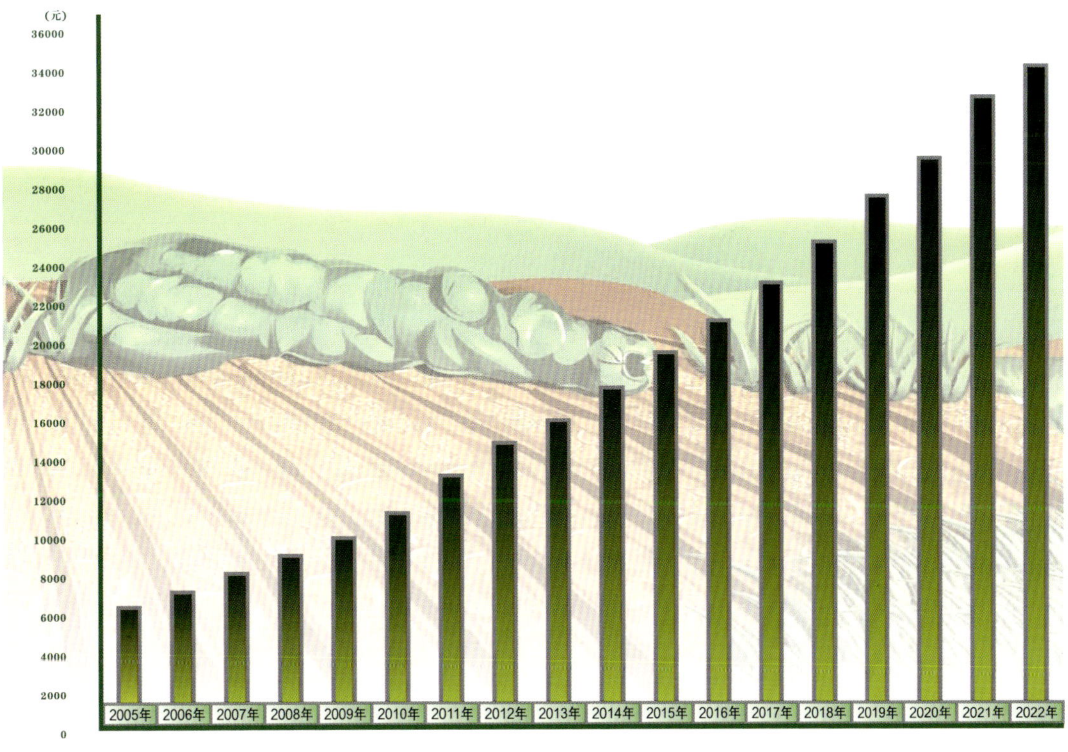

南京统计年鉴 2023 目录

CONTENTS ON NANJING STATISTICAL YEARBOOK 2023

（一）综合

General Survey

（二）国民经济核算

National Accounts

（三）人口和就业

Population and Employment

（四）人民生活

People's Livelihoods

（五）价格指数

Price Indices

（六）农业
Agriculture

（七）工业和能源
Industry and Energy

（八）交通运输和邮电通讯业

Transport, Postal and Telecommunication Services

（九）固定资产投资和建筑业

Investment in Fixed Assets and Construction

（十）批发和零售业、住宿和餐饮业

Wholesale and Retail Trades, Accommodation and Catering Services

（十一）对外经济贸易和旅游业
International Trade and Economic Cooperation, Tourism

（十二）财政、金融和保险
Government Finance, Banking and Insurance

（十三）科技和教育

Science and Technology, Education

（十四）文化、体育和卫生

Culture, Sports and Public Health

（十五）司法、社会福利与其他社会活动

Judicature, Social Welfare and Others

（十六）城市建设与环境保护

Urban Construction and Environmental Protection

（十七）分区社会经济

Social and Economic Indicators by District

南京统计年鉴2023
NANJING STATISTICAL YEARBOOK

（一）综合

CHAPTER 1
GENERAL SURVEY

表 1-1　行政区划与行政区域土地面积（2022 年末）

计量单位：个、平方公里

地　区	行政区划				行政区域土地面积
	街道办事处	社区居民委员会	镇人民政府	村民委员会	
全　市	95	909	6	322	6587.04
玄　武	7	59			75.46
秦　淮	12	104			49.11
建　邺	6	64			81.75
鼓　楼	13	120			54.18
浦　口	9	94		26	910.49
栖　霞	9	97		29	395.44
雨花台	7	64			132.39
江　宁	10	130		71	1563.33
六　合	11	91	1	55	1471.00
溧　水	5	74	3	37	1063.67
高　淳	6	12	2	104	790.22

注：本表中行政区划数据由南京市民政局提供；行政区域土地面积由南京市规划和自然资源局提供。

表 1-2　区所辖街道办事处、镇名称（2022 年）

地　区	街道办事处、镇
玄武区	梅园新村街道、新街口街道、玄武门街道、锁金村街道、红山街道、孝陵卫街道、玄武湖街道
秦淮区	秦虹街道 、夫子庙街道、双塘街道、中华门街道、红花街道、洪武路街道、五老村街道、大光路街道、瑞金路街道、月牙湖街道、光华路街道、朝天宫街道
建邺区	兴隆街道、南苑街道、双闸街道、沙洲街道、江心洲街道、莫愁湖街道
鼓楼区	宁海路街道、华侨路街道、湖南路街道、中央门街道、挹江门街道、江东街道、凤凰街道、下关街道、热河南路街道、幕府山街道、建宁路街道、宝塔桥街道、小市街道
浦口区	泰山街道、顶山街道、沿江街道、江浦街道、桥林街道、汤泉街道、盘城街道、星甸街道、永宁街道
栖霞区	尧化街道、马群街道、迈皋桥街道、燕子矶街道、仙林街道、龙潭街道、栖霞街道、八卦洲街道、西岗街道
雨花台区	赛虹桥街道、雨花街道、西善桥街道、板桥街道、铁心桥街道、梅山街道、古雄街道
江宁区	东山街道、禄口街道、淳化街道、麒麟街道、横溪街道、江宁街道、谷里街道、汤山街道、秣陵街道、湖熟街道
六合区	龙池街道、雄州街道、横梁街道、金牛湖街道、程桥街道、马鞍街道、龙袍街道、冶山街道、大厂街道、葛塘街道、长芦街道、竹镇镇
溧水区	永阳街道、柘塘街道、白马镇、东屏街道、石湫街道、洪蓝街道、晶桥镇、和凤镇
高淳区	淳溪街道、古柏街道、漆桥街道、固城街道、东坝街道、桠溪街道、阳江镇、砖墙镇

注：本表由南京市民政局提供。

表 1-3　耕地面积情况（2022 年）

计量单位：千公顷

指　　标	2022 年
一、年初耕地面积	141.99
二、年内增加耕地面积	1.88
三、当年经批准减少耕地面积	2.23
四、年末耕地面积	141.64

注：本表数据来源于南京市规划和自然资源局。

表 1-4　气候（2022 年）

月　　份	平均气温（摄氏）	平均气温（摄氏）		降水量合计（毫米）
		最高	最低	
全　　年	17.6	22.1	13.9	819.8
一月	4.9	8.4	2.4	79.8
二月	4.6	8.5	1.6	38.7
三月	13.5	19.3	9.4	138.3
四月	17.9	23.2	13.0	129.0
五月	21.6	26.8	16.8	9.8
六月	27.7	32.0	23.7	195.9
七月	30.5	35.0	26.9	47.5
八月	31.1	35.6	27.3	12.0
九月	23.5	28.0	20.2	24.9
十月	17.4	22.1	13.7	50.7
十一月	14.1	18.3	11.1	82.0
十二月	3.9	8.3	0.1	11.2

附：极端最高气温：40.4℃　　出现日期：2022 年 8 月 14 日
　　极端最低气温：-5.8℃　　出现日期：2022 年 12 月 18 日
　　全年日照：2138.6 小时

表 1-5　社会经济主要指标

指　　标	2022 年	2021 年
行政区域土地面积（平方公里）	6587.04	6587.04
# 建成区面积	885.73	868.28
户籍总人口（万人）	739.36	733.73
常住人口（万人）	949.11	942.34
地区生产总值（亿元）	16907.85	16290.13
房地产开发投资（亿元）	2758.77	2719.80
社会消费品零售总额（亿元）	7832.41	7899.41
实际使用外资（亿美元）	48.50	50.14
海关进出口总额（亿元）（按经营单位口径）	6292.13	6366.83
# 出口总额	3827.91	3989.89
接待国内外旅游人数（万人次）	10341	10844
国际旅游创汇收入（亿美元）	2.31	2.64
财政收入（亿元）	3028.50	3380.60
# 一般公共预算收入	1558.21	1729.52
一般公共预算支出（亿元）	1828.69	1817.73

表 1-5 社会经济主要指标（续表）

指 标	2022 年	2021 年
城市居民消费价格指数（以上年为 100）	102.2	101.5
城镇企业职工基本养老保险参保人数（万人）	377.66	372.94
城镇失业保险参保人数（万人）	348.79	345.89
城镇职工基本医疗保险参保人数（万人）	539.49	503.96
私人轿车拥有量（万辆）	157.23	152.43
互联网接入用户（万户）	1810.72	1735.73
国家级重点实验室（家）	31	31
专利授权量（件）	86900	91964
普通高校拥有数（所）（不含部队院校）	51	51
# 双一流高校	13	12
普通高校在校学生数（万人）（含研究生）	97.27	93.53
普通中学在校学生数（万人）	30.25	28.85
小学在校学生数（万人）	52.93	50.01
公共图书馆总藏量（万册）	2258.61	2166.40
三甲医院拥有数（个）（不含部队医院）	23	19
执业（助理）医师（人）	40610	39326
建成区绿化覆盖率（%）	44.96	44.96
林木覆盖率（%）	31.95	31.90
空气质量良好以上天数（天）	291	300

表1-6　按人口平均的社会经济主要指标

指　　标	2022年	2021年
人均地区生产总值（元）*	178781	173824
人均社会消费品零售额（元）*	82819	84291
人均一般公共预算收入（元）*	16476	18455
人均一般公共预算支出（元）*	19336	19396
人均金融机构本外币存款余额（元）*	523739	477068
城镇非私营单位在岗职工年平均工资（元）	155183	149087
城镇居民人均可支配收入（元）	76643	73593
城镇居民人均消费支出（元）	43629	42487
农村居民人均可支配收入（元）	34664	32701
农村居民人均消费支出（元）	25322	24006
城镇居民人均现住房建筑面积（平方米）	40.7	40.7
农村居民人均现住房建筑面积（平方米）	66.8	66.5
人均日生活用水量（升）	225.56	322.71
人均生活用电（千瓦小时）*	1295.58	1147.64
年末每万人拥有医疗床位数（张）	74.50	70.13
年末每万人拥有执业医师、助理医师（人）	42.79	41.73
人均拥有道路面积（平方米）	26.40	25.78

注：本表中人均指标按常住人口计算，加“*”号指标按常住平均人口计算。

表 1-7　南京与全国、全省主要经济指标比较（2022 年）

指　　标	计量单位	南京	全国	全省	占全国比重%	占全省比重%
年末总人口（常住）	万人	949.11	141175	8515.00	0.67	11.15
地区生产总值	亿元	16907.85	1210207	122875.62	1.40	13.76
第一产业增加值		315.56	88345	4959.38	0.36	6.36
第二产业增加值		6069.64	483164	55888.74	1.26	10.86
第三产业增加值		10522.65	638698	62027.50	1.65	16.96
# 金融业增加值		2199.95	96811	9689.87	2.27	22.70
房地产业增加值		888.38	73821	7932.64	1.20	11.20
规模以上工业利润总额	亿元	842.84	84039	9061.86	1.00	9.30
社会消费品零售总额	亿元	7832.41	439733	42752.12	1.78	18.32
进出口总额	亿元	6292.13	420678	54454.92	1.50	11.55
# 进口		2464.22	181024	19639.23	1.36	12.55
出口		3827.91	239654	34815.68	1.60	10.99
实际使用外资	亿美元	48.50	1891	304.99	2.56	15.90
一般公共预算收入	亿元	1558.21	108818	9258.88	1.43	16.83
一般公共预算支出	亿元	1828.69	225093	14903.19	0.81	12.27
金融机构本外币存款余额	亿元	49531.31	2644472	218695.78	1.87	22.65
金融机构本外币贷款余额	亿元	48760.23	2191029	206845.36	2.23	23.57

注：全国、全省的指标数据为年度快报数。

表 1-8　南京与全国、全省主要经济指标人均水平比较

计量单位：元

指　　标	2022 年			2021 年		
	南京	全国	全省	南京	全国	全省
人均地区生产总值	178781	85698	144386	173824	81370	138250
城镇居民人均可支配收入	76643	49283	60178	73593	47412	57743
农村居民人均可支配收入	34664	20133	28486	32701	18931	26791
人均社会消费品零售额	82819	31139	50236	84291	31212	50290
人均一般公共预算收入	16476	7706	10880	18455	7865	11795
人均一般公共预算支出	19336	15936	17512	19396	14959	17177
人均金融机构本外币存款余额	523739	187262	256981	477068	168937	230843
人均金融机构本外币贷款余额	515586	155153	243056	462094	140545	212615

表 1-9　用电量

计量单位：万千瓦小时

指　　标	2022 年	2021 年	2022 年为上年%
全社会用电量	7244555	6835698	106.0
第一产业	25641	22235	115.3
第二产业	3662388	3613941	101.3
# 工业用电	3552548	3503331	101.4
第三产业	2331260	2124003	109.8
城乡居民生活用电	1225266	1075519	113.9
# 城镇居民	948821	842614	112.6
乡村居民	276445	232905	118.7

表 1-10　个体经营户注册登记情况（2022 年）

指　　标	年末户数（户）	从业人数（人）	资金数额（万元）
合　　计	1059065	1747252	9842021.88
农、林、牧、渔业	17913	42732	561247.87
采矿业	31	93	643.30
制造业	22927	66141	315417.22
电力、热力、燃气及水生产和供应业	35	70	768.80
建筑业	19156	34706	284084.54
批发和零售业	641106	926100	5289621.58
交通运输、仓储和邮政业	32628	40908	293619.38
住宿和餐饮业	94260	245338	1149733.92
信息传输、软件和信息技术服务业	28816	32529	173653.95
金融业	77	146	666.10
房地产业	2544	6068	26539.85
租赁和商务服务业	48357	68801	451247.28
科学研究和技术服务业	15035	18656	97377.09
水利、环境和公共设施管理业	296	735	4159.75
居民服务、修理和其他服务业	114018	222962	999616.65
教育	1420	3126	19445.46
卫生和社会工作	684	1890	8154.17
文化、体育和娱乐业	19706	36175	165766.53
其他	56	76	258.44

注：本表数据来自南京市市场监督管理局。

表 1-11 私营企业注册登记情况（2022 年）

指　　标	年末户数（户）	从业人数（人）	注册资金（万元）
合　　计	586173	2563456	427143103.42
农、林、牧、渔业	3538	16570	3517043.37
采矿业	53	1809	175627.18
制造业	29352	332888	21627577.64
电力、热力、燃气及水生产和供应业	462	3192	1206899.18
建筑业	70882	345776	60007394.71
批发和零售业	146885	547856	63117285.30
交通运输、仓储和邮政业	13062	61275	5886514.39
住宿和餐饮业	8605	51455	2082291.82
信息传输、软件和信息技术服务业	42163	172206	22451274.30
金融业	2239	10151	18053660.08
房地产业	13605	68785	16774405.01
租赁和商务服务业	96685	436751	122202647.38
科学研究和技术服务业	113450	354859	74143860.17
水利、环境和公共设施管理业	1321	7124	1466595.01
居民服务、修理和其他服务业	13912	65964	4453766.75
教育	3594	10584	583522.17
卫生和社会工作	2079	9686	911216.83
文化、体育和娱乐业	24278	66508	8360772.13
其他	8	17	120750.00

注：本表数据来自南京市市场监督管理局。

表 1-12　2022 年规模以上服务业企业主要财务指标表

计量单位：万元

指　　标	单位个数（个）	年初存货	固定资产原价	累计折旧	资产总计	负债合计
合　　计	4620	32575063	70115977	17280754	413156140	244612689
按登记注册类型分组						
内资企业	4437	32355628	65368545	15635790	399889456	236321396
# 国有企业	169	5415889	14345714	1020215	53820559	26090067
集体企业	14	8871	179183	72983	757740	226413
股份合作企业	3	5	2024	1317	15558	8844
联营企业	5	634	5047	1131	35755	25786
有限责任公司	1004	23805500	34140872	9324419	259789728	157612691
股份有限公司	131	1564867	10211729	2666836	37284980	19468537
私营企业	3094	1550131	6441794	2524511	48053257	32792743
其他企业	17	9732	42183	24378	131879	96315
港、澳、台商投资企业	107	125993	3634626	1209580	9598301	6047423
外商投资企业	76	93443	1112806	435384	3668383	2243871
按国民经济行业分组						
交通运输、仓储和邮政业	541	346725	44500871	7760347	115676243	66159114
# 铁路运输业	12	3201	21026845	2208750	33063089	14273227
道路运输业	237	158846	17145864	3162325	69840006	44483106
航空运输业	3	13098	1945296	652134	4198789	2894020
多式联运和运输代理业	142	1826	139121	78856	1300968	923421
信息传输、软件和信息技术服务业	902	1189411	7738872	4493366	37581180	20977776
# 电信、广播电视和卫星传输服务	45	83800	5335969	3525689	9917119	4594681
软件和信息技术服务业	668	765541	1109941	477781	20180157	11998454
租赁和商务服务业	1058	16055149	6542526	1543816	147937244	87013018
# 商务服务业	1001	15858229	6132973	1331825	146705702	86126061
科学研究和技术服务业	988	2157019	4774755	1479569	33923251	18452057
# 专业技术服务业	723	1009417	2517753	1186069	20839047	11273579
水利、环境和公共设施管理业	81	9102557	1999436	528002	31913207	20046921
居民服务、修理和其他服务业	127	18459	143635	51567	660430	534424
教育	40	435	33474	25213	138323	112569
卫生和社会工作	96	33595	553516	255552	1230660	1002989
文化、体育和娱乐业	387	496419	1073341	451383	8209314	5316362
房地产业（除房地产开发经营）	400	3175294	2755553	691939	35886288	24997460

表 1-12　2022 年规模以上服务业企业主要财务指标表（续表 1）

计量单位：万元

指　　标	营业收入	营业成本	税金及附加	销售费用	管理费用	研发费用
合　　计	77962923	62801536	469939	3069646	6003302	3098030
按登记注册类型分组						
内资企业	74069739	60382353	429852	2746671	5623172	2715389
# 国有企业	2879549	2380358	18416	93516	309512	79664
集体企业	241569	182063	848	2080	32267	6545
股份合作企业	7780	1995	28	1846	4404	
联营企业	35835	14442	35	1120	2029	789
有限责任公司	34677326	28806450	251642	1196785	2262499	1393079
股份有限公司	6898565	5863681	23640	302061	457025	202438
私营企业	29230154	23065399	135168	1140822	2533862	1032865
其他企业	98960	67965	75	8442	21574	10
港、澳、台商投资企业	2079978	1244065	26088	182448	196265	207039
外商投资企业	1813206	1175119	14000	140528	183865	175602
按国民经济行业分组						
交通运输、仓储和邮政业	21655196	20989871	72884	321264	863830	60345
# 铁路运输业	1347533	1503871	2271	825	27446	41
道路运输业	10904890	10613167	55067	210690	413638	49667
航空运输业	516509	804314	883	16025	46869	
多式联运和运输代理业	5537547	5283440	1329	56465	123817	1455
信息传输、软件和信息技术服务业	24825840	17593978	92512	1568453	1535001	2202280
# 电信、广播电视和卫星传输服务	4239979	3296510	10901	245748	251236	70828
软件和信息技术服务业	14377763	9968463	56417	945073	973582	1748473
租赁和商务服务业	11049801	8965707	143385	337108	1214786	25352
# 商务服务业	10805562	8770175	140894	316638	1184046	21200
科学研究和技术服务业	12571127	9423117	61262	300488	1218737	759811
# 专业技术服务业	10453559	8002214	48217	207993	953501	521679
水利、环境和公共设施管理业	1126923	915489	6242	9872	113171	8712
居民服务、修理和其他服务业	516601	271576	2161	130419	62596	2907
教育	119387	60413	364	21655	37922	1983
卫生和社会工作	1053269	769632	210	117371	162027	8712
文化、体育和娱乐业	1795899	1271016	9600	185083	301396	19957
房地产业（除房地产开发经营）	3248880	2540737	81320	77932	493837	7972

表 1-12　2022 年规模以上服务业企业主要财务指标表（续表 2）

计量单位：万元

指　　标	财务费用	投资收益	利润总额	所得税费用	应付职工薪酬	应交增值税
合　　计	2325289	3075489	4395915	844013	14436827	2043657
按登记注册类型分组						
内资企业	2154465	3012418	4123224	791401	13473815	1979374
# 国有企业	358058	470520	122721	31159	559008	66180
集体企业	-6311	-158	25190	4067	57841	3972
股份合作企业	-8		-380	86	3527	313
联营企业	94		17268	666	3477	420
有限责任公司	1237785	2418147	3417787	445033	6040330	961066
股份有限公司	250841	277016	-136380	118623	1177334	145128
私营企业	313953	-154459	674629	191409	5606715	801992
其他企业	55	1353	2390	359	25585	304
港、澳、台商投资企业	143262	30158	125370	25874	475739	44087
外商投资企业	27562	32913	147321	26738	487273	20196
按国民经济行业分组						
交通运输、仓储和邮政业	1044760	775431	181313	229809	2097432	628321
# 铁路运输业	391780	7768	-520057	6804	37533	7418
道路运输业	541945	687745	685791	118672	1070743	560560
航空运输业	66567	13101	-383782	-460	231389	8184
多式联运和运输代理业	-15005	9641	110808	23029	167468	9063
信息传输、软件和信息技术服务业	19433	276837	1983019	209757	5418028	672084
# 电信、广播电视和卫星传输服务	18574	177493	541559	57561	896592	104130
软件和信息技术服务业	-15349	78035	969327	102020	3240860	371846
租赁和商务服务业	832581	1519777	1221730	123707	2464898	247063
# 商务服务业	818508	1516461	1231619	123131	2431243	242004
科学研究和技术服务业	82383	442240	1045741	191579	2385431	288333
# 专业技术服务业	25788	264085	878904	153662	2003949	247622
水利、环境和公共设施管理业	74231	80190	153175	18265	184668	25486
居民服务、修理和其他服务业	3070	43	23971	3065	175498	11930
教育	326	22	-236	1391	57894	3027
卫生和社会工作	11672	5358	-11142	6132	327186	634
文化、体育和娱乐业	33427	50522	90273	24999	387049	41524
房地产业（除房地产开发经营）	223406	-74930	-291929	35311	938743	125257

表1-13　2022年规模以上服务业营业收入三十强企业名单

序号	企业名称	序号	企业名称
1	华为软件技术有限公司	16	中通服网盈科技有限公司
2	中储南京智慧物流科技有限公司	17	中集凯通物流发展有限公司
3	江苏满运软件科技有限公司	18	江苏众诚国际物流有限公司
4	南京领行科技股份有限公司	19	华设设计集团股份有限公司
5	中国移动通信集团江苏有限公司南京分公司	20	江苏南钢鑫洋供应链有限公司
6	南京巨量引擎科技有限公司	21	中智江苏经济技术合作有限公司
7	中国电信股份有限公司南京分公司	22	江苏高速铁路有限公司
8	中国外运长江有限公司	23	南京中兴软件有限责任公司
9	中国中材国际工程股份有限公司	24	阿里巴巴华东有限公司
10	江苏宁沪高速公路股份有限公司	25	江苏九州通医药有限公司
11	中国能源建设集团江苏省电力设计院有限公司	26	中国东方航空江苏有限公司
12	江苏交通控股有限公司	27	南京中兴新软件有限责任公司
13	南京福佑在线电子商务有限公司	28	江苏移动信息系统集成有限公司
14	南京南瑞信息通信科技有限公司	29	南京上铁地方铁路开发有限公司
15	江苏零浩网络科技有限公司	30	中石化华东石油工程有限公司

表 1-14　2022 年末南京境内上市公司名单

证券代码	证券简称	公司中文名称
688376.SH	美埃科技	美埃(中国)环境科技股份有限公司
688448.SH	磁谷科技	南京磁谷科技股份有限公司
301339.SZ	通行宝	江苏通行宝智慧交通科技股份有限公司
839790.BJ	联迪信息	南京联迪信息系统股份有限公司
688273.SH	麦澜德	南京麦澜德医疗科技股份有限公司
001236.SZ	弘业期货	弘业期货股份有限公司
301195.SZ	北路智控	南京北路智控科技股份有限公司
688375.SH	国博电子	南京国博电子股份有限公司
870299.BJ	灿能电力	南京灿能电力自动化股份有限公司
301125.SZ	腾亚精工	南京腾亚精工科技股份有限公司
603206.SH	嘉环科技	嘉环科技股份有限公司
688046.SH	药康生物	江苏集萃药康生物科技股份有限公司
688225.SH	亚信安全	亚信安全科技股份有限公司
870204.BJ	沪江材料	南京沪江复合材料股份有限公司
688105.SH	诺唯赞	南京诺唯赞生物科技股份有限公司
301098.SZ	金埔园林	金埔园林股份有限公司
301078.SZ	孩子王	孩子王儿童用品股份有限公司
301076.SZ	新瀚新材	江苏新瀚新材料股份有限公司
835305.BJ	云创数据	南京云创大数据科技股份有限公司
605588.SH	冠石科技	南京冠石科技股份有限公司
300964.SZ	本川智能	江苏本川智能电路科技股份有限公司
301016.SZ	雷尔伟	南京雷尔伟新技术股份有限公司
301006.SZ	迈拓股份	迈拓仪表股份有限公司
001205.SZ	盛航股份	南京盛航海运股份有限公司
300975.SZ	商络电子	南京商络电子股份有限公司
688221.SH	前沿生物-U	前沿生物药业(南京)股份有限公司
300864.SZ	南大环境	南京大学环境规划设计研究院集团股份公司
300856.SZ	科思股份	南京科思化学股份有限公司
688580.SH	伟思医疗	南京伟思医疗科技股份有限公司
688377.SH	迪威尔	南京迪威尔高端制造股份有限公司

注：本表数据来自南京市地方金融监督管理局。

表 1-14　2022 年末南京境内上市公司名单（续表 1）

证券代码	证券简称	公司中文名称
300826.SZ	测绘股份	南京市测绘勘察研究院股份有限公司
688178.SH	万德斯	南京万德斯环保科技股份有限公司
688029.SH	南微医学	南微医学科技股份有限公司
603982.SH	泉峰汽车	南京泉峰汽车精密技术股份有限公司
603351.SH	威尔药业	南京威尔药业集团股份有限公司
601975.SH	招商南油	招商局南京油运股份有限公司
601860.SH	紫金银行	江苏紫金农村商业银行股份有限公司
603693.SH	江苏新能	江苏省新能源开发股份有限公司
601990.SH	南京证券	南京证券股份有限公司
603666.SH	亿嘉和	亿嘉和科技股份有限公司
300742.SZ	*ST 越博	南京越博动力系统股份有限公司
600901.SH	江苏金租	江苏金融租赁股份有限公司
300644.SZ	南京聚隆	南京聚隆科技股份有限公司
300725.SZ	药石科技	南京药石科技股份有限公司
603916.SH	苏博特	江苏苏博特新材料股份有限公司
603912.SH	佳力图	南京佳力图机房环境技术股份有限公司
603707.SH	健友股份	南京健友生化制药股份有限公司
603387.SH	基蛋生物	基蛋生物科技股份有限公司
300670.SZ	大烨智能	江苏大烨智能电气股份有限公司
603326.SH	我乐家居	南京我乐家居股份有限公司
603042.SH	华脉科技	南京华脉科技股份有限公司
601952.SH	苏垦农发	江苏省农垦农业发展股份有限公司
300554.SZ	三超新材	南京三超新材料股份有限公司
603906.SH	龙蟠科技	江苏龙蟠科技股份有限公司
603041.SH	美思德	江苏美思德化学股份有限公司
300631.SZ	久吾高科	江苏久吾高科技股份有限公司
603955.SH	大千生态	大千生态环境集团股份有限公司
300618.SZ	寒锐钴业	南京寒锐钴业股份有限公司
300598.SZ	诚迈科技	诚迈科技(南京)股份有限公司
300584.SZ	海辰药业	南京海辰药业股份有限公司

表 1-14　2022 年末南京境内上市公司名单（续表 2）

证券代码	证券简称	公司中文名称
300585.SZ	奥联电子	南京奥联汽车电子电器股份有限公司
300575.SZ	中旗股份	江苏中旗科技股份有限公司
603900.SH	莱绅通灵	莱绅通灵珠宝股份有限公司
300528.SZ	幸福蓝海	幸福蓝海影视文化集团股份有限公司
600919.SH	江苏银行	江苏银行股份有限公司
603528.SH	多伦科技	多伦科技股份有限公司
603066.SH	音飞储存	南京音飞储存设备(集团)股份有限公司
600959.SH	江苏有线	江苏省广电有线信息网络股份有限公司
300447.SZ	全信股份	南京全信传输科技股份有限公司
002747.SZ	埃斯顿	南京埃斯顿自动化股份有限公司
603518.SH	锦泓集团	锦泓时装集团股份有限公司
603018.SH	华设集团	华设设计集团股份有限公司
300402.SZ	宝色股份	南京宝色股份公司
603111.SH	康尼机电	南京康尼机电股份有限公司
300356.SZ	*ST 光一	光一科技股份有限公司
300339.SZ	润和软件	江苏润和软件股份有限公司
300295.SZ	三六五网	江苏三六五网络股份有限公司
300284.SZ	苏交科	苏交科集团股份有限公司
601928.SH	凤凰传媒	江苏凤凰出版传媒股份有限公司
002608.SZ	江苏国信	江苏国信股份有限公司
002546.SZ	新联电子	南京新联电子股份有限公司
300172.SZ	中电环保	中电环保股份有限公司
002380.SZ	科远智慧	南京科远智慧科技集团股份有限公司
601688.SH	华泰证券	华泰证券股份有限公司
002315.SZ	焦点科技	焦点科技股份有限公司
002182.SZ	云海金属	南京云海特种金属股份有限公司
002165.SZ	红宝丽	红宝丽集团股份有限公司
601009.SH	南京银行	南京银行股份有限公司
601007.SH	金陵饭店	金陵饭店股份有限公司
002090.SZ	金智科技	江苏金智科技股份有限公司

表 1-14 2022 年末南京境内上市公司名单（续表 3）

证券代码	证券简称	公司中文名称
002080.SZ	中材科技	中材科技股份有限公司
600970.SH	中材国际	中国中材国际工程股份有限公司
002040.SZ	南京港	南京港股份有限公司
002024.SZ	ST 易购	苏宁易购集团股份有限公司
600981.SH	汇鸿集团	江苏汇鸿国际集团股份有限公司
600406.SH	国电南瑞	国电南瑞科技股份有限公司
600562.SH	国睿科技	国睿科技股份有限公司
600533.SH	栖霞建设	南京栖霞建设股份有限公司
600501.SH	航天晨光	航天晨光股份有限公司
600250.SH	南纺股份	南京纺织品进出口股份有限公司
600377.SH	宁沪高速	江苏宁沪高速公路股份有限公司
600280.SH	中央商场	南京中央商场(集团)股份有限公司
600282.SH	南钢股份	南京钢铁股份有限公司
600287.SH	江苏舜天	江苏舜天股份有限公司
000919.SZ	金陵药业	金陵药业股份有限公司
600268.SH	国电南自	国电南京自动化股份有限公司
600122.SH	*ST 宏图	江苏宏图高科技股份有限公司
600128.SH	弘业股份	江苏弘业股份有限公司
200468.SZ	宁通信 B	南京普天通信股份有限公司
000727.SZ	冠捷科技	冠捷电子科技股份有限公司
600064.SH	南京高科	南京高科股份有限公司
600775.SH	南京熊猫	南京熊猫电子股份有限公司
000421.SZ	南京公用	南京公用发展股份有限公司
600716.SH	凤凰股份	江苏凤凰置业投资股份有限公司
600710.SH	苏美达	苏美达股份有限公司
600713.SH	南京医药	南京医药股份有限公司
600889.SH	南京化纤	南京化纤股份有限公司
000525.SZ	ST 红太阳	南京红太阳股份有限公司
600682.SH	南京新百	南京新街口百货商店股份有限公司

表 1-15　人民币汇率（年平均价）

单位：人民币元

年份	美元（100）	日元（100）	港币（100）	欧元（100）
1985	293.67	1.25	37.57	
1986	345.28	2.07	44.22	
1987	372.21	2.58	47.74	
1988	372.21	2.91	47.70	
1989	376.51	2.74	48.28	
1990	478.32	3.32	61.39	
1993	576.20	5.20	74.41	
1994	861.87	8.44	111.53	
1995	835.10	8.92	107.96	
1996	831.42	7.64	107.51	
1997	828.98	6.86	107.09	
1998	827.91	6.35	106.88	
1999	827.83	7.29	106.66	
2000	827.84	7.69	106.18	
2001	827.70	6.81	106.08	
2002	827.70	6.62	106.07	800.58
2004	827.68	7.66	106.23	1029.00
2005	819.17	7.45	105.30	1019.53
2008	694.51	6.74	89.19	1022.27
2009	683.10	7.30	88.12	952.70
2010	676.95	7.73	87.13	897.25
2012	631.25	7.90	81.38	810.67
2013	619.32	6.33	79.85	822.19
2014	614.28	5.82	79.22	816.51
2015	622.84	5.15	80.34	691.41
2016	664.23	6.12	85.58	734.26
2017	675.18	6.02	86.64	763.03
2018	661.74	5.99	84.43	780.16
2019	689.85	6.33	88.05	772.55
2020	689.76	6.46	88.93	787.55
2021	645.15	5.87	83.00	762.93
2022	672.61	5.13	85.89	707.21

注：本表数据来源于《中国统计摘要 2023》。

主要统计指标解释

可比价格 指在不同时期的价值指标对比时，扣除了价格变动的因素，以确切反映物量的变化。按可比价格计算有两种方法：一种是直接用产品产量乘某一年的不变价格计算；另一种是用价格指数换算。

不变价格 指以同类产品某年的平均价格作为固定价格，来计算各年产品价值。按不变价格计算的产品价值消除了价格变动因素，不同时期对比可以反映生产的发展速度。新中国成立后，随着工农业产品价格水平的变化，国家统计局先后五次制定了全国统一的工业产品不变价格和农业产品不变价格，从 1949 年到 1957 年使用 1952 年工（农）业产品不变价格，从 1957 年到 1971 年使用 1957 年不变价格，从 1971 年到 1981 年使用 1970 年不变价格，从 1981 年到 1990 年使用 1980 年不变价格，从 1990 年开始使用 1990 年不变价格。

平均增长速度 我国计算平均增长速度有两种方法：一种是习惯上经常使用的“水平法”，又称几何平均法，是以间隔期最后一年的水平同基期水平对比来计算平均每年增长（或下降）速度；另一种是“累计法”，又称代数平均法或方程法，是以间隔期内各年水平的总和同基期水平对比来计算平均每年增长（或下降）速度。在一般正常情况下，两种方法计算的平均每年增长速度比较接近；但在经济发展不平衡、出现大起大落时，两种方法计算的结果差别较大。

本《年鉴》内所列的平均增长速度，除固定资产投资用“累计法”计算外，其余均用“水平法”计算。从某年到某年平均增长速度的年份，均不包括基期年在内。如建国四十三年以来的平均增长速度是以 1949 年为基期计算的，则写为 1950-1992 年平均增长速度，其余类推。

企业（单位）登记注册类型 是以在市场主体登记机关登记注册的各类企业为划分对象，以市场监督管理部门对企业登记注册的类型为依据，将企业登记注册类型分为内资企业、港澳台投资企业和外商投资企业三大类。内资企业包括有限责任公司、股份有限公司、非公司企业法人、个人独资企业、合伙企业和其他内资企业；港澳台投资企业包括港澳台投资有限责任公司、港澳台投资股份有限公司、港澳台投资合伙企业和其他港澳台投资企业，外商投资企业包括外商投资有限责任公司、外商投资股份有限公司、外商投资合伙企业和其他外商投资企业。

法人单位 指具备以下条件的单位：（1）依法成立，有自己的名称、组织机构和场所，能够独立承担民事责任；（2）独立拥有和使用（或授权使用）资产，承担负债，有权与其他单位签订合同；（3）会计上独立核算，能够编制资产负债表。法人单位包括企业法人、事业单位法人、机关法人、社会团体法人和其他法人。

法人单位所属产业活动单位（简称：产业活动单位） 指具备以下条件的单位：（1）在一个场所从事

一种或主要从事一种社会经济活动；（2）相对独立组织生产经营或业务活动；（3）能够掌握收入和支出等业务核算资料。产业活动单位是指经过法定程序批准建立的、不能独立承担民事责任的单位。包括由各级工商行政管理机关核准登记，领取《营业执照》的分支机构或经营单位；由各级登记主管机关备案，或依据相关法律法规由各级主管部门批准建立的事业单位分支机构和社会团体分支机构。未经法定程序批准在法人内部建立的机构，具备产业活动单位条件的认定为产业活动单位。产业活动单位分为单产业法人单位和多产业法人单位。

规模以上服务业统计范围 辖区内年营业收入2000万元及以上服务业法人单位。包括：交通运输、仓储和邮政业，信息传输、软件和信息技术服务业，水利、环境和公共设施管理业三个门类和卫生行业大类。辖区内年营业收入1000万元及以上服务业法人单位。包括：租赁和商务服务业，科学研究和技术服务业，教育三个门类，以及物业管理、房地产中介服务、房地产租赁经营和其他房地产业四个行业小类。辖区内年营业收入500万元及以上服务业法人单位。包括：居民服务、修理和其他服务业，文化、体育和娱乐业两个门类，以及社会工作行业大类。

《统计上大中小微型企业划分办法（2017）》

国统字（2017）213号

行业名称	指标名称	计量单位	大型	中型	小型	微型
农、林、牧、渔业	营业收入(Y)	万元	Y≥20000	500≤Y<20000	50≤Y<500	Y<50
工业	从业人员(X) 营业收入(Y)	人 万元	X≥1000 Y>40000	300≤X<1000 2000≤Y<40000	20≤X<300 300≤Y<2000	X<20 Y<300
建筑业	营业收入(Y) 资产总额(Z)	万元 万元	Y≥80000 Z≥80000	6000≤Y<80000 5000≤Z<80000	300≤Y<6000 300≤Z<5000	Y<300 Z<300
批发业	从业人员(X) 营业收入(Y)	人 万元	X≥200 Y≥40000	20≤X<200 5000≤Y<40000	5≤X<20 1000≤Y<5000	X<5 Y<1000
零售业	从业人员(X) 营业收入(Y)	人 万元	X≥300 Y≥20000	50≤X<300 500≤Y<20000	10≤X<50 100≤Y<500	X<10 Y<100
交通运输业	从业人员(X) 营业收入(Y)	人 万元	X≥1000 Y≥30000	300≤X<1000 3000≤Y<30000	20≤X<300 200≤Y<3000	X<20 Y<200
仓储业	从业人员(X) 营业收入(Y)	人 万元	X≥200 Y≥30000	100≤X<200 1000≤Y<30000	20≤X<100 100≤Y<1000	X<20 Y<100
邮政业	从业人员(X) 营业收入(Y)	人 万元	X≥1000 Y≥30000	300≤X<1000 2000≤Y<30000	20≤X<300 100≤Y<2000	X<20 Y<100
住宿业	从业人员(X) 营业收入(Y)	人 万元	X≥300 Y≥10000	100≤X<300 2000≤Y<10000	10≤X<100 100≤Y<2000	X<10 Y<100

行业名称	指标名称	计量单位	大型	中型	小型	微型
餐饮业	从业人员(X)	人	X≥300	100≤X<300	10≤X<100	X<10
	营业收入(Y)	万元	Y≥10000	2000≤Y<10000	100≤Y<2000	Y<100
信息传输业	从业人员(X)	人	X≥2000	100≤X<2000	10≤X<100	X<10
	营业收入(Y)	万元	Y≥100000	1000≤Y<100000	100≤Y<1000	Y<100
软件和信息技术服务业	从业人员(X)	人	X≥300	100≤X<300	10≤X<100	X<10
	营业收入(Y)	万元	Y≥10000	1000≤Y<10000	50≤Y<1000	Y<50
房地产开发经营	营业收入(Y)	万元	Y≥200000	1000≤Y<200000	100≤Y<1000	X<100
	资产总额(Z)	万元	Z≥10000	5000≤Z<10000	2000≤Z<5000	Y<2000
物业管理	从业人员(X)	人	X≥1000	300≤X<1000	100≤X<300	X<100
	营业收入(Y)	万元	Y≥5000	1000≤Y<5000	500≤Y<1000	Y<500
租赁和商务服务业	从业人员(X)	人	X≥300	100≤X<300	10≤X<100	X<10
	资产总额(Z)	万元	Z≥120000	8000≤Z<120000	100≤Z<8000	Z<100
其他未列明行业	从业人员(X)	人	X≥300	100≤X<300	10≤X<100	X<10

（二）国民经济核算

CHAPTER 2
NATIONAL ACCOUNTS

表 2-1　地区生产总值（2022 年）

计量单位：亿元

指　　标	2022 年	2022 年为上年%（按不变价计算）	占地区生产总值比重%
地区生产总值	16907.85	102.1	100.0
第一产业	315.56	103.4	1.9
第二产业	6069.64	101.7	35.9
工业	5139.56	102.4	30.4
建筑业	931.45	97.7	5.5
第三产业	10522.65	102.2	62.2
交通运输、仓储和邮政业	574.81	91.7	3.4
批发和零售业	1500.44	99.6	8.9
住宿和餐饮业	199.65	95.0	1.2
金融业	2199.95	107.8	13.0
房地产业	888.38	88.7	5.3
其他服务业	5132.51	105.0	30.4
附：按户籍平均人口计算的人均地区生产总值（元）	229558	100.9	
按常住平均人口计算的人均地区生产总值（元）	178781	101.1	

表 2-2 主要年份地区生产总值

计量单位：亿元

年 份	地区生产总值	第一产业	第二产业	工业	第三产业	人均地区生产总值（元）（按户籍人口计算）	人均地区生产总值（元）（按常住人口计算）
1990	176.52	17.26	96.03	87.40	63.23	3538	
1994	472.17	34.85	248.26	227.99	189.06	9142	
1995	584.59	44.97	297.46	258.38	242.16	11242	
1996	682.78	45.93	339.49	286.12	297.36	13041	
1997	773.78	49.85	379.86	323.13	344.07	14665	
1998	850.24	51.72	406.18	341.89	392.34	16010	
1999	937.89	53.53	432.86	368.44	451.50	17535	
2000	1073.54	57.56	491.87	424.81	524.11	19838	
2001	1218.51	61.94	544.66	469.67	611.91	22196	
2002	1385.14	65.73	610.65	523.00	708.76	24816	
2003	1690.77	69.51	802.24	691.99	819.02	29780	
2004	2087.10	75.27	1014.80	880.32	997.03	36114	31557
2005	2478.26	102.00	1213.56	1057.66	1162.70	42026	36499
2008	3859.57	119.40	1797.66	1558.58	1942.51	62169	51454
2009	4287.25	129.18	1960.60	1670.47	2197.47	68365	56035
2010	5198.20	142.29	2363.42	2040.77	2692.49	82368	66132
2011	6230.20	164.27	2807.11	2436.78	3258.82	98208	75570
2012	7306.54	185.06	3229.67	2807.35	3891.81	114627	85695
2013	8199.49	195.29	3527.33	3062.56	4476.87	127960	94967
2014	8956.05	214.25	3696.34	3192.01	5045.46	138659	101860
2015	10015.73	232.40	3981.04	3451.54	5802.29	153837	112149
2016	10819.14	252.54	4171.55	3627.76	6395.05	164400	119484
2017	11894.00	263.01	4451.96	3837.39	7179.03	177065	129784
2018	13009.17	276.34	4766.31	4004.14	7966.52	188866	141129
2019	14045.15	287.82	5040.85	4215.76	8716.48	199681	151630
2020	14782.95	296.80	5179.35	4331.59	9306.80	206410	158944
2021	16290.13	303.94	5797.06	4885.80	10189.14	223719	173824
2022	16907.85	315.56	6069.64	5139.56	10522.65	229558	178781

注：1．本表数据均为现价。
2．2004 年开始为研发支出资本化（加入 R&D 增加值）数据。

表 2-3　主要年份地区生产总值指数

（上年=100）

年 份	地区生产总值	第一产业	第二产业	工业	第三产业	人均地区生产总值（按户籍人口计算）	人均地区生产总值（按常住人口计算）
1990	109.2	97.2	105.1	111.8	121.8	107.7	
1994	115.6	98.6	119.2	120.6	112.8	114.7	
1995	112.4	115.6	113.0	108.7	110.8	111.6	
1996	113.0	108.9	113.6	111.1	112.8	112.2	
1997	113.3	109.6	113.3	113.9	114.1	112.4	
1998	111.8	104.5	111.9	111.3	112.6	111.1	
1999	110.6	107.4	109.7	111.0	112.6	109.8	
2000	112.3	108.1	112.1	112.8	113.1	111.0	
2001	111.1	108.3	109.0	108.1	113.8	109.5	
2002	112.8	106.8	112.3	111.2	114.0	110.9	
2003	115.0	105.1	118.7	118.4	112.5	113.1	
2004	117.3	105.9	120.7	123.0	114.9	115.2	
2005	115.1	102.7	117.9	118.0	113.4	112.8	112.1
2008	112.1	102.7	109.6	109.9	115.3	110.5	109.1
2009	111.5	104.1	110.1	109.3	113.5	110.4	109.4
2010	113.1	104.1	113.6	114.4	113.0	112.4	110.1
2011	112.0	104.1	112.3	112.9	112.3	111.5	106.8
2012	111.7	104.9	111.9	111.0	111.8	111.2	108.0
2013	111.0	103.4	111.1	111.1	111.3	110.6	109.6
2014	110.1	103.3	108.8	109.3	111.5	109.2	108.1
2015	109.3	103.4	107.0	107.7	111.5	108.5	107.6
2016	108.0	101.1	105.5	104.8	110.1	106.5	106.5
2017	108.1	101.2	105.1	106.0	110.4	106.3	106.8
2018	108.0	101.2	104.7	103.8	110.3	105.5	107.4
2019	107.8	100.7	106.3	106.3	108.8	105.8	107.2
2020	104.6	100.9	105.6	106.4	104.1	102.8	104.2
2021	107.4	100.8	106.8	107.9	107.9	105.6	106.6
2022	102.1	103.4	101.7	102.4	102.2	100.9	101.1

注：本表按不变价格计算。

主要统计指标解释

地区生产总值（GDP） 指一个地区所有常住单位在一定时期内生产活动的最终成果。地区生产总值有三种表现形态，即价值形态、收入形态和产品形态。从价值形态看，它是所有常住单位在一定时期内生产的全部货物和服务价值与同期投入的全部非固定资产货物和服务价值的差额，即所有常住单位的增加值之和；从收入形态看，它是所有常住单位在一定时期内创造的各项收入之和，包括劳动者报酬、生产税净额、固定资产折旧和营业盈余；从产品形态看，它是所有常住单位在一定时期内最终使用的货物和服务价值与货物和服务净出口价值之和。在实际核算中，国内生产总值有三种计算方法，即生产法、收入法和支出法。三种方法分别从不同的方面反映国内生产总值及其构成。

三次产业 三次产业的划分是世界上较为常用的产业结构分类，但各国的划分不尽一致。根据《国民经济行业分类》（GB/T 4754—2011）和《三次产业划分规定》，我国的三次产业划分是：

第一产业是指农、林、牧、渔业（不含农、林、牧、渔专业及辅助性活动）。

第二产业是指采矿业（不含开采专业及辅助性活动），制造业（不含金属制品、机械和设备修理业），电力、热力、燃气及水生产和供应业，建筑业。

第三产业即服务业，是指除第一产业、第二产业以外的其他行业。

（三）人口和就业

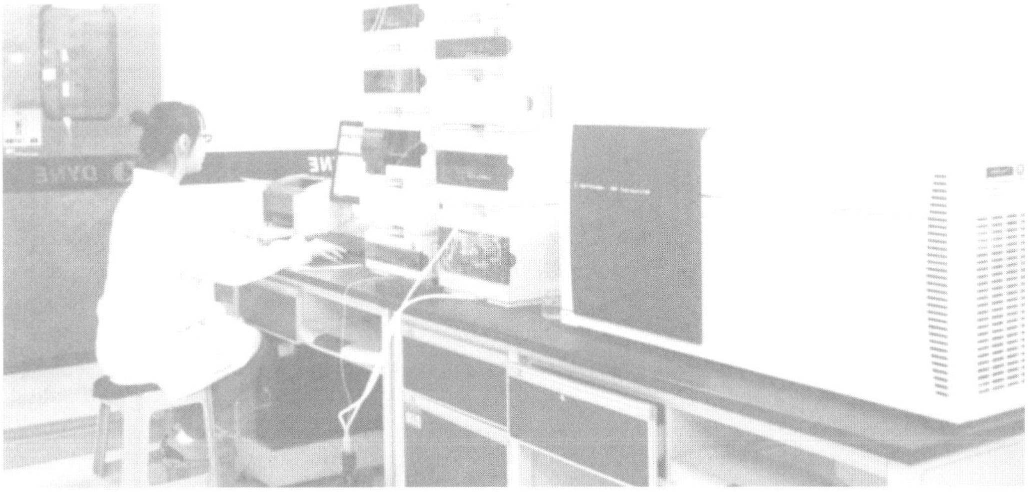

CHAPTER 3
POPULATION AND EMPLOYMENT

表 3-1　人口主要指标

指　　标	2022 年	2021 年	2022 年为上年%
一、户籍人口情况			
总户数（户）	2714203	2668149	101.7
总人口（人）	7393604	7337258	100.8
按性别分：			
男（人）	3659214	3636612	100.6
女（人）	3734390	3700646	100.9
性别比（以女性为 100）	97.99	98.27	99.7
迁入人口（人）	91655	147497	62.1
迁出人口（人）	39975	45038	88.8
出生人口（人）	49888	52786	94.5
出生率（‰）	6.77	7.25	
死亡人口（人）	45426	43831	103.6
死亡率（‰）	6.17	6.02	
自然增长人口（人）	4462	8955	49.8
自然增长率（‰）	0.60	1.23	
二、全市常住人口（万人）	949.11	942.34	100.7

注：本表户籍资料根据南京市公安局提供的户籍数据编制。

表 3-2 结婚及离婚登记情况

指　　标	2022 年	2021 年
结婚登记（对）	60224	59356
内地居民登记结婚初婚人数（人）	103258	98895
内地居民登记结婚再婚人数（人）	17190	19817
恢复结婚件数（件）	11595	13036
离婚登记（对）	21494	23534

注：本表根据南京市民政局提供的资料编制。

表 3-3 收养登记情况

计量单位：人

指　　标	2022 年	2021 年
被收养人合计	33	31
# 女性	18	18
残疾儿童		1
1. 儿童福利机构抚养的孤儿	9	12
2. 社会散居孤儿		
3. 继子女收养的未成年人		
4. 三代以内同辈旁系血亲的子女	6	11
5. 儿童福利机构抚养的未成年人	18	6
6. 非社会福利机构抚养的未成年人		
7. 生父母有特殊困难无力抚养的子女		2
8. 生父母均不具备完全民事行为能力且具有严重危害可能的子女		

注：本表数据不含江苏省属口径，由南京市民政局提供。

表3-4 城镇非私营单位从业人员情况（2022年）

计量单位：人

指标	单位从业人员	女性从业人员	在岗职工	其他从业人员
全市	2063075	822347	1911080	151994
按登记注册类型分组				
国有单位	506855	248516	491381	15474
城镇集体单位	31708	19125	29960	1748
其他单位	1524512	554706	1389740	134773
有限责任公司	960760	311961	863126	97634
股份有限公司	209539	80050	193129	16409
港、澳、台商投资	120379	53753	108020	12359
外商投资	199160	86336	193444	5716
其他	34675	22605	32020	2655
按机构类型分组				
企业	1569019	554206	1434858	134161
事业	319717	193203	306451	13267
机关	120866	40677	119843	1023
民间非营利组织	50988	33188	47619	3369
其他	2484	1073	2309	175

表 3-4　城镇非私营单位从业人员情况（2022 年）（续表）

计量单位：人

指　　标	单 位 从业人员	女性从业人员	在岗职工	其他从业人员
按国民经济行业分组				
农、林、牧、渔业	620	148	545	75
采矿业	1688	440	1665	23
制造业	391722	129785	386300	5422
电力、热力、燃气及水生产和供应业	13646	3862	13588	58
建筑业	246120	25017	201359	44760
批发和零售业	146514	79490	144313	2200
交通运输、仓储和邮政业	90659	22231	88536	2124
住宿和餐饮业	68810	41532	55872	12937
信息传输、软件和信息技术服务业	186813	66581	185023	1789
金融业	76131	41958	70333	5799
房地产业	91531	39561	88242	3289
租赁和商务服务业	140589	60218	88081	52508
科学研究和技术服务业	97649	30980	94885	2764
水利、环境和公共设施管理业	18694	7098	18016	678
居民服务、修理和其他服务业	12723	5940	12511	212
教育	200745	125682	193616	7128
卫生和社会工作	106408	76513	98205	8203
文化、体育和娱乐业	26379	13809	25579	799
公共管理、社会保障和社会组织	145635	51500	144410	1225

表 3-5 主要年份户籍人口数及自然变动情况

年份	年末户籍总人口（万人）	按农业、非农业分		按性别分		出生率（‰）	死亡率（‰）	自然增长率（‰）
		非农业人口	农业人口	男	女			
1949	256.70	102.02	154.68	136.68	120.02	30.45	17.36	13.09
1950	256.70	101.05	155.65	135.53	121.17	31.20	15.56	15.64
1952	256.18	96.99	159.19	133.82	122.36	34.40	14.57	19.83
1955	280.34	115.25	165.09	147.57	132.77	32.78	12.84	19.94
1957	304.85	133.83	171.02	160.03	144.82	42.75	9.60	33.15
1960	322.59	159.53	163.06	171.34	151.25	20.68	20.45	0.23
1962	322.55	149.10	173.45	166.56	155.99	36.87	8.27	28.60
1965	345.29	153.25	192.04	178.28	167.01	32.07	6.49	25.58
1970	360.53	132.47	228.06	185.69	174.84	26.04	5.28	20.76
1975	392.99	145.62	247.37	203.54	189.45	15.23	5.70	9.53
1978	412.38	156.37	256.01	213.65	198.73	14.50	5.66	8.84
1980	435.87	183.33	252.54	225.11	210.76	13.91	5.83	8.08
1985	465.77	226.70	239.07	241.64	224.13	10.16	5.60	4.56
1990	501.82	236.22	265.60	260.08	241.74	14.77	5.59	9.18
1995	521.72	259.04	262.68	270.77	250.95	8.56	5.94	2.62
1997	529.82	270.11	259.71	274.28	255.54	8.01	5.85	2.16
1998	532.31	276.23	256.08	275.41	256.90	7.12	6.12	1.00
1999	537.44	287.03	250.41	278.14	259.30	7.54	5.53	2.01
2000	544.89	309.52	235.37	281.66	263.23	10.17	7.69	2.48
2002	563.28	339.35	223.93	291.34	271.94	7.11	5.47	1.64
2005	595.80			305.25	290.55	7.69	5.35	2.34
2008	624.46			317.38	307.08	8.11	5.60	2.51
2009	629.77			319.16	310.61	7.87	5.69	2.18
2010	632.42			319.65	312.77	9.09	7.87	1.22
2011	636.36			320.90	315.46	9.19	5.50	3.69
2012	638.48			321.39	317.09	10.29	6.88	3.41
2013	643.09			322.90	320.19	9.98	5.77	4.21
2014	648.72			325.04	323.68	11.04	5.84	5.20
2015	653.40			326.78	326.62	10.35	6.21	4.14
2016	662.79			330.86	331.93	12.21	5.65	6.56
2017	680.67			339.27	341.40	13.51	6.60	6.91
2018	696.94			346.85	350.09	11.43	6.03	5.40
2019	709.82			352.80	357.02	9.61	5.48	4.13
2020	722.57			358.64	363.93	9.49	6.00	3.49
2021	733.73			363.66	370.07	7.25	6.02	1.23
2022	739.36			365.92	373.44	6.77	6.17	0.60

注：从 2002 年开始出生率、死亡率、自然增长率改为公安数据。

表 3-6　2000 年以来常住人口、城镇化率和城镇登记失业率

年　份	常住人口（万人）	常住人口城镇化率（%）	城镇登记失业率（%）
2000	614.85		3.11
2001	628.39		3.59
2002	641.99		4.13
2003	654.58		4.18
2004	668.18		4.03
2005	689.80	76.24	3.35
2006	719.06	76.40	3.33
2007	741.30	76.82	3.26
2008	758.89	76.95	3.16
2009	771.31	77.16	2.70
2010	800.76	78.50	2.60
2011	848.10	79.73	2.65
2012	857.15	80.10	2.69
2013	869.65	80.93	2.67
2014	888.86	81.94	2.50
2015	897.29	83.18	1.90
2016	913.69	84.19	1.88
2017	919.20	84.91	1.80
2018	924.39	85.22	1.78
2019	928.16	86.12	1.75
2020	931.97	86.80	1.71
2021	942.34	86.90	
2022	949.11	87.01	

注：根据第七次全国人口普查结果，对 2011—2019 年年度常住人口数据进行修订。2021 年城镇登记失业率全省一体化，省仅反馈控制标准，无具体数据。

主要统计指标解释

人口数　指一定时点、一定地区范围内的有生命的个人的总和。

年度统计的年末人口数指每年 12 月 31 日 24 时的人口数。年度统计的全国人口总数内未包括台湾省和港澳同胞以及海外华侨人数。

城镇人口和乡村人口　其定义有三种口径：

第一种口径（按行政建制）　城镇人口是指市辖区内和县辖镇的全部人口；乡村人口是指县辖乡人口。

第二种口径（按常住人口划分）　城镇人口是指设区的市的区人口和不设区的市所辖的街道人口以及不设区的市所辖镇的居民委员会人口和县辖镇的居民委员会人口，乡村人口是除上述两种人口以外的全部人口。

第三种口径　城乡人口的划分是按照国家统计局 1999 年发布的《关于统计上划分城乡的规定（试行）》计算的。

1952-1989 年数据为第一种口径的数据，1990-1999 年数据为第二种口径的数据，2000 年人口普查和 2000 年以后数据是按照国家统计局 1999 年发布的《关于统计上划分城乡的规定（试行）》计算的。

出生率（又称粗出生率）　指在一定时期内（通常为一年）一定地区的出生人数与同期内平均人数（或期中人数）之比。一般用千分率表示。

本资料中的出生率指年出生率，其计算公式为：出生率=年出生人数/年平均人数×1000‰

公式中：出生人数指活产婴儿，即胎儿脱离母体时（不管怀孕月数），有过呼吸或其他生命现象。年平均人数指年初、年底人口数的平均数，也可用年中人口数代替。

死亡率（又称粗死亡率）　指在一定时期内（通常为一年）一定地区的死亡人数与同期内平均人数（或期中人数）之比，一般用千分率表示。

本资料中的死亡率指年死亡率，其计算公式为：死亡率=年死亡人数/年平均人数×1000‰

人口自然增长率　指在一定时期内（通常为一年）人口自然增加数（出生人数减死亡人数）与该时期内平均人数（或期中人数）之比，一般用千分率表示。

计算公式为：人口自然增长率=（本年出生人数-本年死亡人数）/年平均人数×1000‰

常住人口　是指具有中华人民共和国国籍并在中华人民共和国境内常住的人。时间标准为半年，空间标准为乡镇街道。即只要一个人在某乡镇街道居住半年以上，即为该地的常住人口。

从业人员期末人数　指月度或年度最后一日在本单位工作，并取得工资或其他形式劳动报酬的人员数。该指标为时点指标，不包括最后一日当天及以前已经与单位解除劳动合同关系的人员，是在岗职工、劳务派遣人员及其他从业人员之和。其中不包括离开本单位仍保留劳动关系，并定期领取生活费的人员和在单位实习的各类在校学生。

从业人员平均人数　指月度或年度平均拥有的从业人员数。年度平均人数按单位实际月平均人数计算得到，不得用期末人数替代。

南京统计年鉴2023
NANJING STATISTICAL YEARBOOK

（四）人民生活

CHAPTER 4
PEOPLE'S LIVELIHOODS

表 4-1　城镇居民家庭生活基本情况

指　标	2022 年	2021 年	2022 年为上年%
平均每户家庭常住人口（人）	2.89	2.90	99.7
平均每户就业人员（人）	1.47	1.50	98.0
每一就业者负担人口（包括本人）（人）	1.97	1.94	101.5
平均每户就业面（%）	50.9	51.5	
平均每人年可支配收入（元）	76643	73593	104.1
平均每人年消费支出（元）	43629	42487	102.7
人均现住房建筑面积（平方米）	40.7	40.7	100.0

表 4-2　城镇居民家庭全年人均可支配收入

计量单位：元

指　标	2022 年	2021 年	2022 年为上年%	各项收入占可支配收入比重（%）	
				2022 年	2021 年
可支配收入	76643	73593	104.1	100.0	100.0
（一）工资性收入	47422	45670	103.8	61.9	62.1
（二）经营净收入	7661	7422	103.2	10.0	10.1
（三）财产净收入	8234	8031	102.5	10.7	10.9
（四）转移净收入	13326	12470	106.9	17.4	16.9

注：城镇居民人均可支配收入按照五等份分组，低收入组为 38379 元、中等偏下收入组为 55208 元、中等收入组为 70687 元、中等偏上收入组为 90837 元、高收入组为 142301 元。

表 4-3 城镇居民家庭全年人均消费支出

计量单位：元

指　　标	2022 年	2021 年	2022 年为上年%	各项费用占消费支出比重（%）	
				2022 年	2021 年
消费支出合计	43629	42487	102.7	100.0	100.0
一、食品烟酒	11131	10864	102.5	25.5	25.6
# 食品	7182	7029	102.2	16.5	16.5
烟酒	1302	1205	108.0	3.0	2.8
二、衣着	2925	2888	101.3	6.7	6.8
三、居住	10239	9690	105.7	23.5	22.8
四、生活用品及服务	2748	2620	104.9	6.3	6.2
五、交通通信	5898	5657	104.3	13.5	13.3
六、教育文化娱乐	6620	6852	96.6	15.2	16.1
七、医疗保健	2701	2632	102.6	6.2	6.2
八、其他用品和服务	1367	1284	106.5	3.1	3.0

表 4-4　城镇居民家庭平均每百户年末耐用消费品拥有量

指　　标	2022 年	2021 年
家用汽车（辆）	67.3	67.0
摩托车（辆）	4.1	5.1
助力车（辆）	81.2	79.9
洗衣机（台）	102.7	101.5
电冰箱（柜）（台）	110.1	108.2
微波炉（台）	90.8	89.6
彩色电视机（台）	152.8	150.7
空调（台）	255.6	249.9
热水器（台）	108.6	116.8
洗碗机（台）	5.4	5.3
排油烟机（台）	95.8	94.3
固定电话（部）	13.6	14.2
移动电话（部）	249.4	251.3
计算机（台）	101.7	99.9
照相机（架）	27.8	27.1
中高档乐器（部）	19.2	17.8
健身器材（部）	10.6	10.4

表4-5 农村居民家庭生活基本情况

指 标	2022年	2021年	2022年为上年%
平均每户家庭常住人口（人）	3.08	3.09	99.7
平均每户就业人员（人）	1.94	2.00	97.0
每一就业者负担人口（包括本人）（人）	1.59	1.55	102.6
平均每户就业面（%）	63.0	64.6	
平均每人年可支配收入（元）	34664	32701	106.0
平均每人年消费支出（元）	25322	24006	105.5
人均现住房建筑面积（平方米）	66.8	66.5	100.5

表4-6 农村居民家庭全年人均可支配收入

计量单位：元

指 标	2022年	2021年	2022年为上年%	各项收入占可支配收入比重%	
				2022年	2021年
可支配收入	34664	32701	106.0	100.0	100.0
（一）工资性收入	23563	22320	105.6	67.9	68.3
（二）经营净收入	5183	4852	106.8	15.0	14.8
（三）财产净收入	1770	1630	108.6	5.1	5.0
（四）转移净收入	4148	3899	106.4	12.0	11.9

表 4-7　农村居民家庭全年人均消费支出

计量单位：元

指　　标	2022 年	2021 年	2022 年为上年%	各项费用占消费支出比重（%）	
				2022 年	2021 年
消费支出合计	25322	24006	105.5	100.0	100.0
一、食品烟酒	7548	7150	105.6	29.8	29.7
# 食品	4137	4057	102.0	16.3	16.9
烟酒	1691	1576	107.3	6.7	6.6
二、衣着	1362	1313	103.7	5.4	5.5
三、居住	5058	4677	108.1	20.0	19.5
四、生活用品及服务	1720	1623	106.0	6.8	6.8
五、交通通信	4097	3816	107.4	16.2	15.9
六、教育文化娱乐	3200	3233	99.0	12.6	13.5
七、医疗保健	1489	1413	105.4	5.9	5.9
八、其他用品和服务	848	781	108.6	3.3	3.2

表 4-8　农村居民家庭人均主要消费品购买量

指　　标	2022 年	2021 年
大米（公斤）	65.4	66.5
蔬菜和食用菌（公斤）	72.2	70.8
食用植物油（公斤）	9.1	9.3
豆类（公斤）	10.5	10.9
肉类（公斤）	34.0	40.9
禽类（公斤）	20.7	21.0
蛋类（公斤）	10.3	10.5
水产品（公斤）	21.9	23.6
鲜瓜果（公斤）	52.0	51.0

表 4-9　农村居民家庭平均每百户年末耐用消费品拥有量

指　　标	2022 年	2021 年
家用汽车（辆）	56.5	56.4
摩托车（辆）	17.2	17.7
助力车（辆）	126.7	132.0
洗衣机（台）	105.4	109.3
电冰箱（柜）（台）	133.0	138.0
微波炉（台）	85.4	89.3
彩色电视机（台）	162.0	168.0
空调（台）	218.7	227.5
热水器（台）	113.5	117.7
洗碗机（台）	1.4	1.4
排油烟机（台）	74.6	75.9
固定电话（部）	4.1	4.8
移动电话（部）	267.6	279.8
计算机（台）	54.3	55.0
照相机（架）	6.7	7.0
中高档乐器（部）	3.1	3.0
健身器材（部）	4.8	5.7

表 4-10 城镇非私营单位从业人员工资总额（2022 年）

指　　标	从业人员工资总额（万元）	在岗职工工资总额	其他人员工资总额	从业人员年平均人数（人）	从业人员年人均工资（元）
全　　市	30987701	29803785	1183916	2076732	149214
按登记注册类型分组					
国有单位	10427010	10261807	165203	503315	207167
城镇集体单位	352669	339261	13409	31668	111363
其他单位	20208021	19202717	1005304	1541749	131072
有限责任公司	11693348	10934289	759059	969535	120608
股份有限公司	3864134	3765907	98227	211726	182506
港、澳、台商投资	1597015	1507157	89858	122111	130784
外商投资	2717933	2673380	44554	204212	133094
其他	335591	321984	13607	34166	98225
按机构类型分组					
企业	21023482	20013732	1009750	1586600	132507
事业	6327162	6176573	150589	316424	199958
机关	2907545	2901744	5801	120714	240862
民间非营利组织	703131	686724	16406	50477	139297
其他	26381	25012	1369	2518	104790

表 4-10　城镇非私营单位从业人员工资总额（2022 年）（续表）

指　　标	从业人员工资总额（万元）	在岗职工工资总额	其他人员工资总额	从业人员年平均人数（人）	从业人员年人均工资（元）
按国民经济行业分组					
农、林、牧、渔业	7038	6859	179	621	113365
采矿业	27591	27473	118	1706	161730
制造业	5108372	5050043	58329	396577	128812
电力、热力、燃气及水生产和供应业	248031	247749	282	13688	181207
建筑业	1910042	1630237	279805	244335	78173
批发和零售业	1870245	1854940	15304	149389	125193
交通运输、仓储和邮政业	1212135	1195602	16533	92710	130744
住宿和餐饮业	427908	404052	23855	71284	60028
信息传输、软件和信息技术服务业	3916052	3894161	21892	188494	207755
金融业	2078665	1993217	85448	76145	272986
房地产业	953847	934104	19743	93813	101676
租赁和商务服务业	1475978	1018843	457135	143475	102873
科学研究和技术服务业	1858322	1833740	24581	96544	192485
水利、环境和公共设施管理业	211955	208341	3613	19282	109922
居民服务、修理和其他服务业	119920	118564	1356	12646	94826
教育	3623004	3560247	62757	198562	182462
卫生和社会工作	2090530	1992220	98310	105242	198640
文化、体育和娱乐业	369681	362051	7630	26715	138377
公共管理、社会保障和社会组织	3478385	3471341	7044	145503	239059

表 4-11　城镇非私营单位在岗职工工资总额及平均工资（2022 年）

指　　标	在岗职工 工资总额 （万元）	在岗职工 年平均人数 （人）	在岗职工 年人均工资 （元）
全　　市	29803785	1920556	155183
按登记注册类型分组			
国有单位	10261807	487943	210308
城镇集体单位	339261	29952	113269
其他单位	19202717	1402661	136902
有限责任公司	10934289	868925	125837
股份有限公司	3765907	194850	193272
港、澳、台商投资	1507157	109091	138156
外商投资	2673380	198270	134835
其他	321984	31525	102136
按机构类型分组			
企业	20013732	1448099	138207
事业	6176573	303262	203671
机关	2901744	119694	242431
民间非营利组织	686724	47159	145620
其他	25012	2342	106774

表 4-11 城镇非私营单位在岗职工工资总额及平均工资（2022 年）（续表）

指　　标	在岗职工工资总额（万元）	在岗职工年平均人数（人）	在岗职工年人均工资（元）
按国民经济行业分组			
农、林、牧、渔业	6859	545	125874
采矿业	27473	1682	163337
制造业	5050043	391103	129123
电力、热力、燃气及水生产和供应业	247749	13625	181833
建筑业	1630237	199625	81665
批发和零售业	1854940	146451	126659
交通运输、仓储和邮政业	1195602	90534	132062
住宿和餐饮业	404052	58151	69483
信息传输、软件和信息技术服务业	3894161	186556	208739
金融业	1993217	70522	282639
房地产业	934104	90693	102997
租赁和商务服务业	1018843	87742	116118
科学研究和技术服务业	1833740	93668	195771
水利、环境和公共设施管理业	208341	18599	112020
居民服务、修理和其他服务业	118564	12430	95386
教育	3560247	191518	185896
卫生和社会工作	1992220	97097	205179
文化、体育和娱乐业	362051	25737	140675
公共管理、社会保障和社会组织	3471341	144280	240597

表 4-12　城镇非私营单位主要年份在岗职工工资总额及平均工资

年　份	工资总额（万元）	国有经济单位	城镇集体经济单位	平均工资（元）	国有经济单位	城镇集体经济单位
1955	10448	10448		571	571	
1960	23800	23800		548	548	
1965	23054	23054		646	646	
1970	23164	23164		582	582	
1975	40954	30648	10306	546	587	452
1978	54649	41693	12956	560	615	441
1980	80362	58272	22090	730	785	616
1985	156556	104749	40143	1131	1193	996
1990	334781	253640	74359	2349	2514	1917
1995	1043754	800055	162415	7016	7589	5024
1997	1280823	1004362	166228	8847	9516	6004
1998	1343146	1016523	164861	9449	10059	6134
1999	1440432	941202	144030	10295	10779	6324
2000	1576409	1027036	134553	11897	12512	6815
2005	2716059	1482115	87548	25215	27922	12783
2008	4076177	2209308	120106	36092	44880	20134
2009	4894546	2571369	142014	40134	50486	23225
2010	5703903	2897621	151423	45444	57373	26855
2011	7240564	3364479	154763	54713	67976	37105
2012	8456679	3847272	197582	60404	74560	43474
2013	13443124	3562962	157893	66381	81781	53890
2014	14998353	4114922	167717	72818	88295	61369
2015	16122677	4580666	154756	81075	95963	69103
2016	17231399	5284333	154917	90191	111820	76037
2017	18978397	5879289	154231	101503	129986	86052
2018	21906990	6233802	180967	111071	158382	107680
2019	24161015	7460586	194391	124896	178102	99296
2020	26217449	8957572	325771	138005	200145	117780
2021	29358869	10143981	323909	149087	203597	114508
2022	29803785	10261807	339261	155183	210308	113269

注：2012 年开始，城镇非私营单位离岗职工（离开本单位仍保留劳动关系，并定期领取生活费的人员）不包括在从业人员统计中，故原职工工资统计口径由原“在岗+离岗”改为“在岗+劳务派遣”。

表 4-13　主要年份人民生活主要指标

计量单位：元

年　份	城镇居民 人均可支配收入	农村居民 人均可支配收入
1980	487	
1985	823	530
1990	1591	970
1995	4996	2471
1997	6497	3533
1998	7018	3724
1999	7694	3862
2000	8233	4062
2002	9157	4579
2005	14997	6225
2008	23123	8951
2009	25504	9858
2010	28312	11128
2011	32200	13108
2012	36322	14786
2013	39115	16011
2014	42568	17661
2015	46104	19483
2016	49997	21156
2017	54538	23133
2018	59308	25263
2019	64372	27636
2020	67553	29621
2021	73593	32701
2022	76643	34664

注：从 2013 年开始，经国务院同意，国家统计局对长期分开进行的城镇住户调查和农村住户调查实施了一体化改革。按照城乡常住人口现状，统一调查指标、统一抽样方法、统一调查过程、统一数据处埋和统一数据发布，建立了城乡一体化住户收支调查制度，并在全国统一实施。指标名称、城乡划分范围和指标口径同时发生了变化，下同。

表 4-13　主要年份人民生活主要指标（续表）

年　份	城乡居民人均消费支出（元）		城乡居民人均现住房建筑面积（平方米）	
	城镇	农村	城镇	农村
2000	7047	2498		33.8
2001	7326	2518		35.1
2002	7323	2590	20.0	35.6
2003	7725	3153	22.1	37.1
2004	8350	3619	21.6	37.6
2005	10704	4376	24.3	42.9
2006	12234	5512	25.2	44.7
2007	13278	6180	26.1	45.9
2008	15133	7033	26.9	47.1
2009	16339	7588	27.0	48.9
2010	18156	8477	27.4	49.9
2011	20763	9956	29.1	58.1
2012	23493	11114	29.6	58.1
2013	24129	12392	30.2	54.6
2014	25855	12818	36.3	55.4
2015	27794	14041	36.5	56.2
2016	29772	15773	36.7	56.6
2017	31385	17155	39.8	56.9
2018	33537	18457	40.1	57.6
2019	35933	19980	40.3	63.2
2020	35854	19421	40.5	64.4
2021	42487	24006	40.7	66.5
2022	43629	25322	40.7	66.8

主要统计指标解释

可支配收入 指调查户在调查期内获得的，可用于最终消费支出和储蓄的总和，即调查户可以用来自由支配的收入。可支配收入既包括现金，也包括实物收入。按照收入的来源，可支配收入包含四项，分别为：工资性收入、经营净收入、财产净收入和转移净收入。可以根据调查对象范围的不同，分为全体居民可支配收入、城镇居民可支配收入和农村居民可支配收入。

消费支出 指住户用于满足家庭日常生活消费需要的全部支出,包括用于消费品的支出和用于服务性消费的支出。根据用途不同,消费支出可划分为食品烟酒、衣着、居住、生活用品及服务、交通通信、教育文化娱乐、医疗保健、其他用品及服务八大类。可以根据调查对象范围的不同，分为全体居民消费支出、城镇居民消费支出和农村居民消费支出。

从业人员工资总额 指本单位在月度或年度直接支付给本单位全部从业人员的劳动报酬总额。不论是计入成本的还是不计入成本的，不论是以货币形式支付的还是以实物形式支付的，均应列入工资总额的计算范围。需要明确的是，工资总额是税前工资，包括单位从个人工资中直接为其代扣或代缴的个人所得税、社会保险基金和住房公积金等个人缴纳部分以及房费、水电费等，但不包括从单位工会经费或工会账户中发放的现金或实物，入股分红、股权激励兑现的收益和各种资本性收益等。工资总额具体包括:

1. 工资，包括基本工资和绩效工资。基本工资指本单位支付给本单位从业人员的按照法定工作时间提供正常工作的劳动报酬，各单位给个人确定的底薪可作为基本工资；绩效工资指根据本单位利润增长和工作业绩定期支付给本单位从业人员的奖励性工资。

2. 奖金，指支付给本单位从业人员的超额劳动报酬和增收节支的劳动报酬。具体包括：年终奖、全勤奖、生产奖、节约奖、劳动竞赛奖和其他名目的奖金以及某工作事项完成后的提成工资、年底双薪等。

3. 津贴和补贴，指本单位制定的员工相关工资政策中，为补偿本单位从业人员特殊或额外的劳动消耗和因其他特殊原因支付的津贴，以及为保证其工资水平不受物价影响而支付的物价补贴。具体包括：补偿特殊或额外劳动消耗的津贴及岗位性津贴、保健性津贴、技术性津贴、地区津贴和其他津贴。如：过节费、通讯补贴、交通补贴、公车改革补贴、取暖补贴、物业补贴、不休假补贴、无食堂补贴、单位发的可自行支配的住房补贴以及为员工缴纳的各种商业性保险等。

4. 其他工资，指单位发放给从业人员除工资、奖金、津贴和补贴外的劳动报酬。如补发上一年度的工资等。

从业人员平均工资 指本单位从业人员平均每人所得的工资额。计算公式为：

从业人员平均工资 ＝ 从业人员工资总额/从业人员平均人数

南京统计年鉴2023
NANJING STATISTICAL YEARBOOK

（五）价格指数

CHAPTER 5
PRICE INDICES

表 5-1　工业生产者出厂价格指数

（上年=100）

指　　标	2022 年	2021 年
总指数	102.7	111.1
# 轻工业	100.3	103.5
重工业	103.2	112.8
# 生产资料	103.7	112.9
生活资料	98.9	104.3
按工业行业大类分		
黑色金属矿采选业		
有色金属矿采选业		
非金属矿采选业		
农副食品加工业	105.3	111.4
食品制造业	105.4	100.9
酒、饮料和精制茶制造业	101.5	98.6
烟草制品业	100.0	100.0
纺织业	102.1	115.2
纺织服装、服饰业	101.0	99.8
皮革、毛皮、羽毛及其制品和制鞋业	119.2	118.4
木材加工和木、竹、藤、棕、草制品业		
家具制造业	105.1	109.0
造纸和纸制品业	101.7	97.7
印刷和记录媒介复制业	99.8	99.0
文教、工美、体育和娱乐用品制造业	100.5	101.0
石油加工、炼焦和核燃料加工业	130.3	125.4

表 5-1　工业生产者出厂价格指数（续表）

（上年=100）

指　　标	2022 年	2021 年
化学原料和化学制品制造业	100.9	127.8
医药制造业	97.0	99.1
化学纤维制造业	108.8	110.1
橡胶和塑料制品业	104.0	101.6
非金属矿物制品业	97.1	102.8
黑色金属冶炼和压延加工业	90.6	132.4
有色金属冶炼和压延加工业	101.7	121.6
金属制品业	101.7	103.0
通用设备制造业	102.1	99.4
专用设备制造业	98.2	101.6
汽车制造业	100.6	101.9
铁路、船舶、航空航天和其他运输设备制造业	100.5	100.0
电气机械和器材制造业	101.9	98.8
计算机、通信和其他电子设备制造业	97.2	105.4
仪器仪表制造业	102.5	101.7
其他制造业		
废弃资源综合利用业		
金属制品、机械和设备修理业		
电力、热力生产和供应业	127.1	105.0
燃气生产和供应业	122.3	105.1
水的生产和供应业	107.6	99.8

表 5-2　居民消费价格指数

（上年=100）

指　　标	2022 年	2021 年
居民消费价格总指数	102.2	101.5
一、食品烟酒	102.7	101.4
粮　食	102.5	103.3
鲜　菜	102.7	104.7
畜　肉	99.2	84.9
水产品	100.0	114.6
蛋	107.5	113.0
鲜　果	110.4	103.6
二、衣着	101.4	101.0
三、居住	100.8	101.0
四、生活用品及服务	102.9	101.5
五、交通和通信	104.1	104.0
六、教育文化和娱乐	102.1	100.5
七、医疗保健	102.6	100.9
八、其他用品和服务	101.8	101.4

表 5-3 商品零售价格指数

（上年=100）

指　　标	2022 年	2021 年
商品零售价格总指数	102.6	102.1
一、食品	102.8	101.0
粮　食	102.4	103.3
鲜　菜	102.7	104.7
畜　肉	99.2	84.7
水产品	100.0	114.6
蛋	107.5	113.0
鲜　果	110.4	103.6
二、饮料、烟酒	102.1	103.3
三、服装、鞋帽	101.3	100.9
四、纺织品	98.8	98.6
五、家用电器及音像器材	101.9	101.1
六、文化办公用品	103.0	102.9
七、日用品	102.5	100.4
八、体育娱乐用品	100.4	99.2
九、交通、通信用品	99.8	101.6
十、家具	101.9	106.2
十一、化妆品	102.4	98.5
十二、金银珠宝	101.6	105.3
十三、中西药品及医疗保健用品	96.5	98.2
十四、书报杂志及电子出版物	100.2	100.0
十五、燃料	117.6	113.3
十六、建筑材料及五金电料	101.2	99.3

表 5-4　主要年份价格指数

（上年=100）

年　份	城市居民消费价格指数	城市商品零售价格指数
1952	99.4	99.3
1957	102.2	102.5
1962		100.4
1965		97.3
1970		
1975	99.8	99.9
1978		107.4
1979	101.1	101.1
1980	104.9	105.0
1985	110.1	110.5
1990	105.3	104.4
1995	115.1	111.2
1997	99.7	97.6
1998	100.0	98.2
1999	98.6	97.1
2000	100.0	99.2
2005	102.1	96.7
2008	106.2	103.7
2009	100.1	98.7
2010	104.2	103.5
2012	102.7	101.4
2013	102.7	101.2
2014	102.6	102.0
2015	102.0	100.6
2016	102.7	100.5
2017	101.9	101.6
2018	102.4	102.8
2019	103.1	102.1
2020	102.4	101.4
2021	101.5	102.1
2022	102.2	102.6

注：本表 1978 年以前数据为国营商业牌价。

表 5-4　主要年份价格指数（续表）

（上年=100）

年　份	工业生产者出厂价格指数	按生产生活部门分组	
		生产资料	生活资料
2003	103.7	104.7	99.3
2004	107.1	109.3	99.8
2005	101.7	102.6	98.8
2006	99.0	98.9	99.9
2007	101.6	101.8	100.3
2008	105.5	106.1	102.3
2009	90.8	89.1	100.1
2010	105.6	106.8	100.6
2011	104.3	105.0	100.9
2012	97.3	96.7	100.5
2013	97.0	96.5	99.6
2014	97.3	97.0	98.9
2015	90.5	89.1	97.1
2016	97.7	97.6	98.2
2017	103.4	105.1	98.8
2018	102.5	103.8	99.2
2019	97.9	96.7	101.0
2020	99.1	97.3	103.3
2021	111.1	112.9	104.3
2022	102.7	103.7	98.9

主要统计指标解释

工业生产者价格指数 是反映工业产品价格变化趋势和变动幅度的统计指标，是工业企业的产品价格在不同时间和空间条件下平均变动的相对数。工业生产者价格包括工业品第一次出售时的出厂价格和企业作为中间投入的原材料、燃料、动力购进价格，简称为工业生产者出厂价格和工业生产者购进价格。工业生产者价格指数是进行国民经济核算和经济管理的重要依据。

居民消费价格指数 是综合反映一定时期内居民消费的商品和服务价格水平总体变动情况的相对数。

商品零售价格指数 是反映一定时期内市场商品零售价格的变动趋势和变动程度的相对数。

（六）农业

CHAPTER 6 AGRICULTURE

表 6-1　农村组织情况和从业人员情况（2022 年）

指　　标	全　市	江北新区直管区	浦　口	栖　霞	雨花台	江　宁
一、农村基层组织情况（个）						
村委会个数	322	8	26	29		71
村民小组个数	12232	375	995	340	182	3724
二、农村人口、从业人员资源及主要行业分布						
乡村户数（万户）	64.61	2.42	6.40	2.09	0.63	15.66
乡村人口数（万人）	194.96	7.01	19.32	6.41	1.63	46.55
乡村实有从业人员合计（万人）	112.20	3.50	9.57	3.70	0.90	28.54
农林牧渔业从业人员（万人）	20.66	0.51	1.58	0.90	0.04	4.96

表 6-1　农村组织情况和从业人员情况（2022 年）（续表）

指　　标	六　合	溧　水	高　淳
一、农村基层组织情况（个）			
村委会个数	47	37	104
村民小组个数	2526	2152	1938
二、农村人口、从业人员资源及主要行业分布			
乡村户数（万户）	13.64	10.89	12.88
乡村人口数（万人）	43.71	32.67	37.66
乡村实有从业人员合计（万人）	26.06	18.13	21.80
农林牧渔业从业人员（万人）	5.02	3.67	3.98

表6-2　农、林、牧、渔业总产值（现价）（2022年）

计量单位：万元

指　　标	合　计	农　业	林　业	牧　业	渔　业	农林牧渔服务业
全　　市	5256457	2825677	240181	263391	1495825	431383
增长（%）	4.0	2.8	9.5	30.1	0.0	10.6
# 江北新区直管区	108422	83916	2047	7515	10297	4647
浦　口	812617	437743	66327	35590	200431	72526
栖　霞	116466	83790	1766	10840	13590	6480
雨花台	2451	2104	275		72	
江　宁	1269948	802304	37245	51081	263859	115459
六　合	1171251	688874	65718	64181	264643	87835
溧　水	895681	509900	41050	58500	203751	82480
高　淳	879621	217046	25753	35684	539182	61956

注：增长速度按可比价计算。

表6-3　农、林、牧、渔业增加值（现价）（2022年）

计量单位：万元

指　　标	合　计	农　业	林　业	牧　业	渔　业	农林牧渔服务业
全　　市	3411034	2092144	136682	119102	807664	255442
# 江北新区直管区	74629	62549	632	4770	3755	2923
浦　口	529845	328882	37934	15066	103030	44933
栖　霞	83586	65493	935	5373	8375	3410
雨花台	1532	1336	157		39	
江　宁	813656	538698	22713	26211	159270	66764
六　合	780240	535696	36958	26330	128637	52619
溧　水	583874	391133	23303	24243	98713	46482
高　淳	543672	168357	14050	17109	305845	38311

表 6-4　农业机械化、农业化学化、农田水利化情况（2022 年）

指　　标	计量单位	2022 年
一、农业机械化情况		
农用机械总动力合计	万千瓦	240.05
柴油发动机动力	万千瓦	158.57
汽油发动机动力	万千瓦	6.69
电动机动力	万千瓦	74.79
其他机械动力	万千瓦	
（一）耕作机械		
大型及以上拖拉机	台	935
大型及以上拖拉机动力	万千瓦	7.62
中型拖拉机	台	3917
中型拖拉机动力	万千瓦	20.66
小型拖拉机	台	16515
小型拖拉机动力	万千瓦	16.10
拖拉机配套农具	部	39415
# 与 58.8 千瓦及以上拖拉机配套	部	6132
（二）农用排灌机械		
农用水泵	万台	6.48
节水灌溉机械	套	5705
# 田园管理机	台	1899
田园管理机动力	万千瓦	0.89
（三）收获机械		
谷物联合收割机	台	2461
秸秆粉碎还田机	台	4515
机动脱粒机	台	707
干燥机械	台	1070

注：本表数据来源于南京市农业农村局。

表6-4　农业机械化、农业化学化、农田水利化情况（2022年）（续表1）

指　　标	计量单位	2022年
（四）田间管理机械		
机动植保机械	台	13252
机动植保机械动力	万千瓦	4.23
（五）林果业机械		
茶树修剪机	台	1738
果树修剪机	台	1811
（六）畜牧养殖机械	台	7945
（七）水产机械	台	46894
（八）农副产品初加工机械	台	12654
# 粮食加工机械	台	4981
棉花加工机械	台	1112
油料加工机械	台	740
（九）其他农业机械		
农田基本建设机械	台	1496
农田基本建设机械动力	万千瓦	8.57

注：本表数据来源于南京市农业农村局。根据农业农村部最新报表制度修订相关指标。

表 6-4 农业机械化、农业化学化、农田水利化情况（2022 年）（续表 2）

指　　标	计量单位	2022 年
二、农业主要能源及物资消耗		
农用化肥施用量（按折纯法计算）	吨	52336
氮肥		25000
磷肥		3691
钾肥		3119
复合肥		20526
农用塑料薄膜使用量	吨	4290
# 地膜使用量		1973
地膜覆盖面积	公顷	16036
农用柴油	吨	18256
农药使用量	吨	1106
三、农田水利建设情况		
耕地灌溉面积	千公顷	136.07
新增耕地灌溉面积	千公顷	0.64

注：耕地灌溉面积、新增耕地灌溉面积由南京市水务局提供。

表 6-5 农业主要产品生产情况（全社会）（2022 年）

指　　标	播种面积（千公顷）	每公顷产量（公斤）	总产量（吨）
农作物总播种面积	262.27		
一、粮食作物合计	138.21	7165	990290
（一）夏收粮食	43.60	4964	216437
1．夏收谷物	42.81	5004	214232
小麦	42.81	5004	214232
元麦			
大麦			
2．夏收豆类（蚕豌豆）	0.79	2791	2205
（二）秋收粮食	94.61	8179	773853
1．秋收谷物	88.17	8469	746694
稻谷	82.97	8614	714690
早稻			
中稻和一季晚稻			
双季晚稻			
稻谷中：籼稻			
粳稻			
糯稻			
玉米	5.11	6185	31589
谷子			
高粱	0.09	4771	410
其他谷物		2083	5
2．秋收豆类	4.21	2497	10533
大豆	4.06	2509	10197
绿豆	0.10	2155	222
其他豆类	0.05	2214	114

表 6-5 农业主要产品生产情况（全社会）（2022 年）（续表）

指 标	播种面积（千公顷）	每公顷产量（公斤）	总产量（吨）
3．秋收薯类（按五折一计算）	2.23	7466	16626
二、油料合计	20.65	2442	50430
（一）花生	0.73	2773	2006
（二）油菜籽	19.35	2447	47370
（三）芝麻	0.57	1851	1054
（四）其他油料			
三、棉花（皮棉）	0.24	1188	290
四、麻类合计	0.19	2422	471
# 苎麻	0.19	2422	471
五、糖料合计	0.09	42954	4052
# 甘蔗	0.09	42954	4052
六、烟叶合计		1406	3
# 烤烟叶		1406	3
七、药材类合计	0.22		
八、蔬菜（含菜用瓜）	80.86	34541	2792940
九、瓜果类	6.21	34057	211381
# 西瓜	4.72	37269	175823
甜瓜	0.30	33904	10221
草莓	1.19	21336	25337
十、其他农作物	15.60		
# 青饲料	10.94		
绿肥			

表6-6　茶叶、水果生产情况（2022年）

计量单位：吨

指　　标	2022年
一、茶叶合计	1375
红　茶	13
绿　茶	1362
白　茶	
其他茶	
二、园林水果	150140
1．苹果	
# 红富士苹果	
国光苹果	
2．梨	28154
# 雪花梨	7003
鸭梨	2302
3．柑橘类	244
# 柑	8

注：本表数据来源于南京市农业农村局。

表 6-6　茶叶、水果生产情况（2022 年）（续表）

计量单位：吨

指　　标	2022 年
4．其他园林水果	121742
# 桃子	27328
猕猴桃	912
葡萄	41296
枇杷	
红枣（干折鲜 1∶5）	40
柿子（干折鲜 1∶5）	2606
三、年末实有茶园面积（公顷）	7901
# 当年采摘面积	7586
四、年末果园面积合计（公顷）	13108
# 苹果园	
梨　园	1943
柑橘园	57
桃　园	2975
猕猴桃园	104
葡萄园	2394
五、年末实有桑园面积（公顷）	

注：本表数据来源于南京市农业农村局。

表6-7 林业生产情况（2022年）

指　　标	2022年
一、造林面积（公顷）	26.7
（一）按造林方式分	
1．人工造林	26.7
2．飞播造林	
3．无林地和疏林地新封	
（二）按经济成分分	
1．公有经济造林	26.7
（1）国有经济造林	
（2）集体经济造林	26.7
2．非公有经济造林	
（三）按林种用途分	
1．用材林	
2．经济林	
3．防护林	26.7
4．薪炭林	
5．特种用途林	
二、森林抚育面积（中、幼龄林抚育）（公顷）	4200
三、竹木采伐	
1．木材（立方米）	73294
（1）原木	62170
（2）薪材	11124
2．竹材（根）	156000
四、主要林产品产量（吨）	
1．油桐籽	
2．油茶籽	320
3．乌桕籽	
4．棕　片	
5．竹笋干	695
6．核　桃	676
7．板　栗	1902
8．银杏（白果）	154
9．花　椒	
10．八　角	
11．松　子	

注：本表数据来源于南京市绿化园林局。

表 6-8　畜牧业主要产品生产情况（2022 年）

指　　标	当年出栏头数	年末存栏头数	肉产量（吨）
一、大牲畜（万头）	0.13	0.42	247
1．牛	0.13	0.42	247
# 黄牛			
良种及改良乳牛		0.29	
水牛			
2．驴			
二、猪（万头）	34.02	21.95	25978
三、羊（万只）	2.20	2.69	256
1．山羊	2.04	2.42	
2．绵羊	0.16	0.27	
四、家禽（万只）	1203.38	629.51	19610
五、兔（万只）			

表 6-8　畜牧业主要产品生产情况（2022 年）（续表）

计量单位：吨

指　　标	2022 年
六、肉类总产量	46327
七、奶类产量	15700
# 牛奶产量	15700
八、蜂蜜产量	2652
九、禽蛋产量	39577
十、蚕茧产量	

表 6-9　渔业生产情况（2022 年）

指　　标	计量单位	2022 年
水产品总产量	吨	166479
# 鱼类		117059
虾蟹类		43228
贝类		5719
其他类		473
# 内陆水域捕捞		
内陆水域养殖		166479
内陆水域养殖面积	千公顷	19.94
# 池塘养殖		13.94
湖泊养殖		
河沟养殖		3.68
水库养殖		2.08
其他养殖		0.24

注：本表数据来源于南京市农业农村局。

表 6-10 主要年份农林牧渔业总产值（现价）

计量单位：万元

年份	合计					
		农业	林业	牧业	渔业	农林牧渔服务业
1978	61713	48846	1013	10943	911	
1980	77728	58761	1266	16009	1692	
1985	154358	101895	3897	41969	6597	
1990	308287	172537	4591	111029	20130	
1995	764367	510727	13068	168272	72300	
1997	942439	585783	16069	229413	111174	
1998	979644	586628	16834	247533	128649	
1999	989199	599064	19370	224822	145943	
2000	1063412	616473	24033	253261	169645	
2003	1325889	675733	18645	301214	244707	85590
2005	1553837	854544	19637	338746	293414	47496
2008	1940094	1051973	24505	400745	401579	61292
2009	2236617	1228116	30453	387016	477113	113919*
2010	2447531	1394403	31168	394385	506240	121335
2011	2835016	1624518	32153	470153	571982	136210
2012	3185439	1834683	33868	511676	654571	150641
2013	3513124	2052345	36620	520407	737894	165858
2014	3846279	2184996	198412	482330	798629	181912
2015	4152664	2399141	219509	461894	872752	199368
2016	4511638	2587494	242567	468297	993610	219670
2017	4706496	2689900	265918	407943	1102093	240642
2018	4508802	2388947	183773	255282	1405962	274838
2019	4725028	2407657	201697	243524	1538883	333267
2020	4898428	2576352	210529	280142	1469004	362401
2021	5040149	2715300	224358	210199	1501892	388400
2022	5256457	2825677	240181	263391	1495825	431383

注：2009 年农林牧渔服务业产值根据第二次经济普查数据进行了调整，2018 年农林牧渔业总产值根据第四次经济普查数据进行了调整。

表 6-11 主要年份主要农产品产量

年 份	粮 食（万吨）	棉 花（吨）	油 料（吨）	麻 类（吨）	蚕 茧（吨）	园林水果（吨）
1949	37.84	836	9194	104	27	913
1950	49.53	892	10577	121	31	934
1955	72.44	2160	11024	595	118	1587
1960	45.84	656	7833	244	308	1448
1965	96.12	1825	10468	878	169	2887
1970	102.57	2360	9928	1693	565	4774
1975	120.44	2718	15841	2545	940	6492
1978	147.20	3621	21882	3593	797	5077
1980	138.01	5528	28025	2710	1095	9653
1985	173.70	4459	90542	9906	629	6802
1990	173.26	2392	96797	1727	487	8526
1995	168.57	3520	144872	1320	1127	13639
1997	182.51	4501	146179	1561	484	18530
1998	176.91	4838	106504	1631	580	18685
1999	169.77	3699	192144	1687	494	22032
2000	143.37	4461	220119	2318	536	23625
2005	96.54	5920	211685	4013	441	42495
2008	114.43	4327	133405	2709	431	79304
2009	110.69	4016	134144	2378	119	107016
2010	110.64	4135	117697	2008	170	85273
2012	117.50	4113	106317	1710	85	119842
2013	116.95	4217	107872	1569	85	145135
2014	114.72	4175	114711	1130	33	157721
2015	114.06	3837	108415	857	11	154459
2016	108.04	3071	74337	673	2	155916
2017	102.71	2591	62749	648		163181
2018	106.92	1418	33404	592		170515
2019	96.56	1033	35845	509		168292
2020	97.83	415	31969	500		145165
2021	98.48	358	48825	484		145670
2022	99.03	290	50430	471		150140

主要统计指标解释

农林牧渔业总产值　指以货币表现的农、林、牧、渔业全部产品和对农业生产进行各种支持性服务活动的总量，它反映一定时期内农业生产总规模和总成果。从 2003 年开始农林牧渔业总产值执行新的国民经济行业分类标准，包括农业、林业、牧业、渔业、农林牧渔服务业，不再包括农民家庭兼营商品性工业。农林牧渔业总产值中的农、林、牧、渔四业的计算方法通常是按农、林、牧、渔业产品及其副产品的产量分别乘以各自单位产品价格求得，现行价格从 2003 年开始使用生产价格调查的价格；少数生产周期较长，当年没有产品或产品产量不易统计的，则采用间接方法匡算其产值；然后将四业产品产值与农林牧渔服务业产值相加即为农林牧渔业总产值。1957 年以前的农林牧渔业总产值中包括了厩肥和农民自给性手工业（如农民自制衣服、鞋、袜，自己从事粮食初步加工等）。1958 年及以后，林业中增加了村及村以下竹木采伐产值；牧业中取消了厩肥产值；副业中取消了农民自给性手工业产值，增加了村及村以下办的工业产值；渔业中增加了海洋捕捞水产品产值。1980 年及以后，在副业中增加了农民家庭兼营工业商品部分的产值。从 1984 年起村及村以下工业产值划归工业。从 1993 年起取消副业，将野生动物的捕猎划入牧业、野生植物采集和农民家庭兼营商品性工业划归农业，从 2003 年起不再包括农民家庭兼营商品性工业产值。1996 年第一次农业普查以后，由于畜牧业产品年报数据与普查数据之间存在一定的差距，国家统计局农调总队对畜牧业年报数据与普查数据进行衔接，相应的畜牧业产值进行调整。

粮食产量　指全社会的产量。包括国有经济经营的、集体统一经营的和农民家庭经营的粮食产量，还包括工矿企业办的农场和其他生产单位的产量。粮食除包括稻谷、小麦、玉米、高粱、谷子及其他杂粮外，还包括薯类和豆类。其产量计算方法，豆类按去豆荚后的干豆计算；薯类（包括甘薯和马铃薯，不包括芋头和木薯）1963 年以前按每 4 公斤鲜薯折 1 公斤粮食计算，从 1964 年开始改为按 5 公斤鲜薯折 1 公斤粮食计算。城市郊区作为蔬菜的薯类（如马铃薯等）按鲜品计算，并且不作粮食统计。其他粮食一律按脱粒后的原粮计算。

棉花产量　指全社会的产量。包括春播棉和夏播棉。产量按皮棉计算。

油料产量　指全部油料作物的生产量。包括花生、油菜籽、芝麻、向日葵籽、胡麻籽（亚麻籽）和其他油料。不包括大豆、木本油料和野生油料。花生以带壳干花生计算。

水产品产量　指人工养殖的水产品和天然生长的水产品的捕捞量。包括海水的鱼类、虾蟹类、贝类和藻类以及内陆水域的鱼类、虾蟹类和贝类，不包括淡水水生植物。

猪、牛、羊肉产量　指当年出栏并已屠宰、除去头蹄下水后带骨肉（即胴体重）的重量。

期初（末）畜禽存栏头（只）数　指报告期初（末）农村各种合作经济组织和国营农场、农民个人、机关、团体、学校、工矿企业、部队等单位以及城镇居民饲养的大牲畜、猪、羊、家禽等畜禽的存栏数。

耕地面积 是指年初可用来种植农作物并经常进行耕种、能够正常收获的土地。包括当年实际耕种的熟地、当年新开荒地、休闲不满三年随时可以复耕的地和当年休闲地以及以种植农作物为主并附带种植桑树、茶树、果树和其他林木的土地、沿海、沿湖地区已围垦利用的“海涂”“湖田”等面积。不包括临时种植农作物的坡度在25度以上的陡坡地、在河套、湖畔、库区临时开发的成片或零星土地，属于专业性的桑园、茶园、果园、果木苗圃、林地、芦苇地、天然或人工草地面积、也不包括已列为国家和省（区、市）退耕计划但临时耕种的土地。

农作物播种面积 指实际播种或移植有农作物的面积。凡是实际种植有农作物的面积，不论种植在耕地上还是种植在非耕地上，均包括在农作物播种面积中。在播种季节基本结束后，因遭灾而重新改种和补种的农作物面积，也包括在内。

农用化肥施用量 指本年内实际用于农业生产的化肥数量，包括氮肥、磷肥、钾肥和复合肥。化肥施用量要求按折纯量计算数量。折纯量是指把氮肥、磷肥、钾肥分别按含氮、含五氧化二磷、含氧化钾的百分之一百成分进行折算后的数量。复合肥按其所含主要成分折算。

农业机械总动力 指主要用于农、林、牧、渔业的各种动力机械的动力总和。包括耕作机械、排灌机械、收获机械、农用运输机械、植物保护机械、牧业机械、林业机械、渔业机械和其他农业机械〔内燃机按引擎马力折成瓦（特）计算、电动机按功率折成瓦（特）计算〕。不包括专门用于乡、镇、村、组办工业、基本建设、非农业运输、科学试验和教学等非农业生产方面用的动力机械与作业机械。

大中型拖拉机 指发动机额定功率在14.7千瓦（含14.7千瓦即20马力）以上的拖拉机，有链轨式和轮式两种。

小型拖拉机 指发动机额定功率在2.2千瓦（含2.2千瓦）以上，小于14.7千瓦的拖拉机，包括小四轮与手扶式。

拖拉机配套农具 指由拖拉机牵引或悬挂的田间移动作业机具，例如：机引犁、拖耕机、机引耙、播种机等农具。与大中型拖拉机配套使用的农具称为大中型拖拉机配套农具，与小型拖拉机配套使用的农具称为小型拖拉机配套农具。

南京统计年鉴2023
NANJING STATISTICAL YEARBOOK

（七）工业和能源

CHAPTER 7
INDUSTRY AND ENERGY

表 7-1　规模以上工业企业主要经济指标（2022 年）

计量单位：万元

指　　标	企业单位数（个）	亏损企业	资产总计	流动资产	固定资产原价	累计折旧
合　　计	4294	1089	174898738	106726416	78359087	41537773
一、按经济类型分组：						
内资企业	3711	914	130643216	80804994	48241467	25058099
国有企业	37	12	5237340	2949482	2384173	1101754
集体企业	6		36681	34780	4015	2740
股份合作企业	3		15152	14176	3300	2466
联营企业	5	1	47603	41904	14489	9707
有限责任公司	474	115	48082419	28633333	21567047	11304756
股份有限公司	115	20	28453779	15005498	12343383	7414047
私营企业	3067	764	48716516	34090122	11887402	5198525
其他企业	4	2	53728	35698	37659	24105
港、澳、台商投资企业	196	64	14984018	8308162	8185818	3753577
外商投资企业	387	111	29271504	17613260	21931802	12726097
二、在总计中：国有控股	300	59	61518272	32584334	37735706	21862942
三、按轻重工业分组：						
轻工业	1077	300	34847298	22051252	11741587	5194433
重工业	3217	789	140051440	84675165	66617500	36343340
四、按企业规模分组：						
大型企业	88	14	75335226	42834958	44772718	25338113
中型企业	297	58	43543362	26624516	16124190	7952654
小微企业	3909	1017	56020150	37266943	17462179	8247006
五、按工业行业分组						
采矿业	3	1	1051673	546650	918609	695163
煤炭开采和洗选业						
石油和天然气开采业	1		996842	504642	893403	676014
黑色金属矿采选业	1	1	1536	1536		
有色金属矿采选业	1		53294	40472	25207	19149
非金属矿采选业						
开采专业及辅助性活动						
其他采矿业						

表 7-1 规模以上工业企业主要经济指标（2022 年）（续表 1）

计量单位：万元

指　　标	企业单位数（个）	亏损企业	资产总计	流动资产	固定资产原价	累计折旧
制造业	4209	1069	163321367	102756289	69738705	37420051
农副食品加工业	57	19	1024481	629543	324026	127793
食品制造业	80	34	1720406	1127903	582111	307166
酒、饮料和精制茶制造业	15	1	486493	256788	406756	241391
烟草制品业	1		2759234	2339639	580796	328910
纺织业	29	7	604054	413312	366955	211788
纺织服装、服饰业	124	32	2004380	1035235	322518	174007
皮革、毛皮、羽毛及其制品和制鞋业	8	1	28747	18051	14525	5136
木材加工和木、竹、藤、棕、草制品业	20	9	65384	54392	15259	7812
家具制造业	36	12	640227	353361	209210	57464
造纸和纸制品业	26	4	109865	79585	58022	32006
印刷和记录媒介复制业	70	20	770823	463552	485987	297510
文教、工美、体育和娱乐用品制造业	72	21	391869	298300	120596	57011
石油、煤炭及其他燃料加工业	8		3684506	1691352	2920882	1960662
化学原料和化学制品制造业	162	38	15945542	7206535	15184133	9822100
医药制造业	136	40	9054678	5821465	1930170	756493
化学纤维制造业	23	6	691734	240427	260862	154519
橡胶和塑料制品业	183	40	2171312	1388643	1030329	506647
非金属矿物制品业	291	101	5923509	4350570	1943184	1008579
黑色金属冶炼和压延加工业	33	13	12839700	5775867	8703767	4934759
有色金属冶炼和压延加工业	48	10	1433127	776299	234783	90430
金属制品业	319	63	3942880	3064443	1146408	638178
通用设备制造业	482	86	12111273	8926217	3303517	1514638
专用设备制造业	465	103	7615828	5918722	1472011	637293
汽车制造业	231	79	13586758	9380090	6365763	3770192
铁路、船舶、航空航天和其他运输设备制造业	103	26	5273743	3813795	1022357	593147
电气机械和器材制造业	399	91	20294013	13623071	6578936	2716133
计算机、通信和其他电子设备制造业	502	157	23921593	15250097	11914240	5687016
仪器仪表制造业	239	41	13629867	8126253	1985008	695418
其他制造业	9	4	150234	92160	48292	19908
废弃资源综合利用业	27	9	371525	185093	186123	56626
金属制品、机械和设备修理业	11	2	73581	55532	21178	9321
电力、热力、燃气及水生产和供应业	82	19	10525698	3423477	7701773	3422559
电力、热力生产和供应业	34	12	3418098	815323	4347976	2441731
燃气生产和供应业	20	2	1134080	424062	668020	176006
水的生产和供应业	28	5	5973521	2184091	2685777	804822

表 7-1 规模以上工业企业主要经济指标（2022 年）（续表 2）

计量单位：万元

指　　标	负债	流动负债	营业收入	税金及附加	盈亏相抵后利润总额	从业人员平均人数（人）
合　　计	94322922	81939751	161417173	4919632	8428438	635596
一、按经济类型分组：						
内资企业	72554411	63686891	113298321	4487507	4440317	442679
国有企业	3198470	2804950	5151459	22163	-8721	11970
集体企业	26797	26774	154772	176	2352	345
股份合作企业	10217	10217	14851	22	272	95
联营企业	30063	29472	48611	184	1822	563
有限责任公司	27158688	22456478	37298406	2704407	1452474	113846
股份有限公司	13678300	12396485	28824496	1607559	1123714	49634
私营企业	28399883	25911171	41761360	152872	1871378	265512
其他企业	51994	51344	44366	125	-2973	714
港、澳、台商投资企业	6857885	5047987	9817442	50658	1047430	63819
外商投资企业	14910627	13204873	38301410	381467	2940691	129098
二、在总计中：国有控股	32778687	27816006	60022453	4362575	1806142	118475
三、按轻重工业分组：						
轻工业	15615405	13878008	30101472	1893585	2555539	178232
重工业	78707517	68061743	131315701	3026047	5872899	457364
四、按企业规模分组：						
大型企业	42922464	36884857	83606425	4582060	4631204	209537
中型企业	21330421	18415090	30389519	150360	1868656	151182
小微企业	30070037	26639803	47421229	187212	1928578	274877
五、按工业行业分组						
采矿业	593294	524341	385161	39658	75054	1701
煤炭开采和洗选业						
石油和天然气开采业	573272	507201	336485	37473	54939	1138
黑色金属矿采选业	1440	1440	5278		-3	5
有色金属矿采选业	18582	15701	43398	2185	20119	558
非金属矿采选业						
开采专业及辅助性活动						
其他采矿业						

表 7-1 规模以上工业企业主要经济指标（2022 年）（续表 3）

计量单位：万元

指 标	负债	流动负债	营业收入	税金及附加	盈亏相抵后利润总额	从业人员平均人数（人）
制造业	87135880	77576095	154830356	4851981	8424166	620289
农副食品加工业	629359	578903	1513087	3095	24419	4818
食品制造业	799827	687391	1461414	7287	79963	16664
酒、饮料和精制茶制造业	172855	168315	577207	10736	38468	4654
烟草制品业	233517	233419	3711501	1764511	506427	1310
纺织业	278735	260734	564656	2894	23531	3611
纺织服装、服饰业	1075829	924986	1752337	5579	109171	19446
皮革、毛皮、羽毛及其制品和制鞋业	17868	17120	48535	121	-112	482
木材加工和木、竹、藤、棕、草制品业	49121	44177	90716	227	1144	770
家具制造业	373481	314682	353278	2963	17163	5046
造纸和纸制品业	73043	70070	143582	580	4211	1357
印刷和记录媒介复制业	395363	382402	708845	3084	17689	7352
文教、工美、体育和娱乐用品制造业	262154	242097	603573	3077	20233	7870
石油、煤炭及其他燃料加工业	1488129	1182096	11904272	1512987	300054	5480
化学原料和化学制品制造业	6285148	5335683	19487327	839511	673605	34688
医药制造业	3408440	2845381	4365133	36617	631837	34123
化学纤维制造业	261243	177814	269382	1759	-30097	2217
橡胶和塑料制品业	1112797	989281	2119178	8790	104450	16510
非金属矿物制品业	3932771	3717156	4097919	23694	115194	24230
黑色金属冶炼和压延加工业	7894541	7371178	14603727	38342	291522	16284
有色金属冶炼和压延加工业	813726	706278	3467700	2958	49958	3765
金属制品业	2309406	2224033	3019999	14218	231047	24343
通用设备制造业	7484525	6380772	8465275	45120	576966	60142
专用设备制造业	3672703	3497857	4832604	26421	478360	41813
汽车制造业	9477873	8526299	15304925	312934	977194	58173
铁路、船舶、航空航天和其他运输设备制造业	2892091	2754806	3211055	13896	248113	21231
电气机械和器材制造业	11396095	10559671	18892396	67426	1320158	73030
计算机、通信和其他电子设备制造业	13265474	11232914	23185705	70119	780162	100545
仪器仪表制造业	6684871	5838219	5603039	31094	826367	26248
其他制造业	104747	103439	78459	395	4469	554
废弃资源综合利用业	233962	156531	297925	1076	-205	1606
金属制品、机械和设备修理业	56186	52391	95610	469	2705	1927
电力、热力、燃气及水生产和供应业	6593748	3839315	6201656	27994	-70782	13606
电力、热力生产和供应业	1877913	1245822	2638629	19067	-157523	4861
燃气生产和供应业	700730	506484	3080303	3046	59452	2894
水的生产和供应业	4015105	2087009	482724	5881	27289	5851

表 7-2　规模以上工业企业主要产品产量

产品名称	2022 年	2021 年	同比增长（%）
饲料（吨）	58666	58919	-0.4
精制食用植物油（吨）	248860	210080	18.5
饮料酒（千升）	252110	200486	25.7
饮料（吨）	1350410	1308568	3.2
卷烟（万支）	3372940	3350600	0.7
服装（万件）	11955	9695	23.3
家具（件）	1092238	992744	10.0
机制纸及纸板（吨）	56	2066	-97.3
原油加工量（吨）	26551481	29990541	-11.5
汽油（吨）	6342254	7122447	-11.0
煤油（吨）	2559553	2893018	-11.5
柴油（吨）	5517242	5462383	1.0
液化石油气（吨）	1113103	1301047	-14.4
焦炭（吨）	3990027	3990045	0.0
硫酸（折 100%）（吨）	355693	478754	-25.7
烧碱（折 100%）（吨）	87335	91009	-4.0
乙烯（吨）	1291147	1591673	-18.9
纯苯（吨）	702832	816956	-14.0
浓硝酸（折 100%）（吨）	212337	205401	3.4
合成氨（无水氨）（吨）	325307	312476	4.1
农用氮、磷、钾化学肥料总计（折纯）（吨）	11412	15538	-26.6
化学农药原药（折有效成分 100%）（吨）	24217	19279	25.6
涂料（吨）	66463	54351	22.3
初级形态塑料（吨）	1514065	1740487	-13.0
合成橡胶（吨）	122899	253056	-51.4
合成纤维单体（吨）	554307	999945	-44.6
化学药品原药（吨）	8	77	-90.0
中成药（吨）	4851	4702	3.1

表 7-2　规模以上工业企业主要产品产量（续表）

产品名称	2022 年	2021 年	同比增长（%）
化学纤维（吨）	102009	147647	-30.9
橡胶轮胎外胎（条）	4343363	3571291	21.6
塑料制品（吨）	219358	254872	-13.9
水泥熟料（吨）	7270348	8203493	-11.4
水泥（吨）	6400703	7316292	-12.5
日用玻璃制品（吨）	106301	97428	9.1
生铁（吨）	16526241	17487606	-5.5
粗钢（吨）	18699972	19626984	-4.7
钢材（吨）	17898475	18907917	-5.3
泵（台）	231953	276174	-16.0
气体压缩机（台）	12372	16512	-25.1
汽车（辆）	363399	356605	1.9
# 基本型乘用车（轿车）	118212	174759	-32.4
客车	42989	40453	6.3
载货汽车	20695	53215	-61.1
新能源汽车（辆）	154999	54518	184.3
摩托车整车（辆）	33889	27218	24.5
民用钢质船舶（载重吨）	536400	105060	410.6
发电机组（发电设备）（千瓦）	1996500	3204500	-37.7
交流电动机（千瓦）	834466	967213	-13.7
变压器（千伏安）	28830833	64877346	-55.6
家用洗衣机（台）	5329951	5799740	-8.1
电光源（万只）	505	4778	-89.4
移动通信手持机（手机）（台）	455956	761333	-40.1
电子计算机整机（台）	758046	798833	-5.1
彩色电视机（台）	2815635	2845874	-1.1
# 液晶电视机	2815635	2845874	-1.1
发电量（万千瓦小时）	4657232	4716996	-1.3
煤气生产量（万立方米）	2671537	2714994	-1.6
自来水生产量（万立方米）	148811	148015	0.5

表 7-3　规模以上国有控股工业企业主要经济指标（2022 年）

指　　标	企业单位数（个）	亏损企业
合　　计	300	59
一、按轻重工业分组：		
轻工业	52	11
重工业	248	48
二、按企业规模分组：		
大型企业	26	6
中型企业	62	9
小微企业	212	44
三、按行业分组：		
采矿业	2	
煤炭开采和洗选业		
石油和天然气开采业	1	
黑色金属矿采选业		
有色金属矿采选业	1	
非金属矿采选业		
开采专业及辅助性活动		
其他采矿业		
制造业	256	47
农副食品加工业	2	
食品制造业	6	3
酒、饮料和精制茶制造业		
烟草制品业	1	
纺织业	2	
纺织服装、服饰业	17	2
皮革、毛皮、羽毛及其制品和制鞋业		
木材加工和木、竹、藤、棕、草制品业		
家具制造业		
造纸和纸制品业		

表 7-3 规模以上国有控股工业企业主要经济指标（2022 年）（续表 1）

指　　标	企业单位数（个）	亏损企业
印刷和记录媒介复制业	7	2
文教、工美、体育和娱乐用品制造业	1	
石油、煤炭及其他燃料加工业	1	
化学原料和化学制品制造业	17	4
医药制造业	7	1
化学纤维制造业	2	1
橡胶和塑料制品业	3	1
非金属矿物制品业	19	3
黑色金属冶炼和压延加工业	2	1
有色金属冶炼和压延加工业	1	
金属制品业	8	1
通用设备制造业	14	3
专用设备制造业	18	2
汽车制造业	26	2
铁路、船舶、航空航天和其他运输设备制造业	18	1
电气机械和器材制造业	21	3
计算机、通信和其他电子设备制造业	40	13
仪器仪表制造业	20	3
其他制造业		
废弃资源综合利用业	2	1
金属制品、机械和设备修理业	1	
电力、热力、燃气及水生产和供应业	42	12
电力、热力生产和供应业	20	8
燃气生产和供应业	6	
水的生产和供应业	16	4

表 7-3　规模以上国有控股工业企业主要经济指标（2022 年）（续表 2）

计量单位：万元

指　　标	资产总计	流动资产	固定资产原价	累计折旧	负债	流动负债
合　　计	61518272	32584334	37735706	21862942	32778687	27816006
一、按轻重工业分组：						
轻工业	4637368	3403122	1132111	632900	953638	846004
重工业	56880904	29181211	36603596	21230042	31825049	26970002
二、按企业规模分组：						
大型企业	35660231	18615539	26523918	16493791	18835185	16314027
中型企业	12866546	6936163	6250083	3205720	6808939	5956744
小微企业	12991495	7032632	4961706	2163431	7134562	5545235
三、按行业分组：						
采矿业	1050136	545114	918609	695163	591854	522901
煤炭开采和洗选业						
石油和天然气开采业	996842	504642	893403	676014	573272	507201
黑色金属矿采选业						
有色金属矿采选业	53294	40472	25207	19149	18582	15701
非金属矿采选业						
开采专业及辅助性活动						
其他采矿业						
制造业	51482711	29252069	30244813	18323329	26528364	24045730
农副食品加工业	15049	14939	6	1	4256	4161
食品制造业	60967	47950	37321	25084	59743	58320
酒、饮料和精制茶制造业						
烟草制品业	2759234	2339639	580796	328910	233517	233419
纺织业	45665	30809	10595	1983	42329	42329
纺织服装、服饰业	447329	326783	132020	75257	197040	183718
皮革、毛皮、羽毛及其制品和制鞋业						
木材加工和木、竹、藤、棕、草制品业						
家具制造业						
造纸和纸制品业						

表 7-3　规模以上国有控股工业企业主要经济指标（2022 年）（续表 3）

计量单位：万元

指　　标	资产总计	流动资产	固定资产原价	累计折旧	负债	流动负债
印刷和记录媒介复制业	183418	83696	117747	84005	57207	55382
文教、工美、体育和娱乐用品制造业	16935	16102	2165	1664	10211	10201
石油、煤炭及其他燃料加工业	2722288	1265797	2795228	1890857	1223052	966260
化学原料和化学制品制造业	8038402	2924701	10367877	7179905	3141987	2697821
医药制造业	660579	338972	149780	73330	193424	132723
化学纤维制造业	319333	100368	53915	13972	72583	47665
橡胶和塑料制品业	72003	55015	37414	23894	45523	45388
非金属矿物制品业	1933992	1357645	604026	293192	1284298	1192958
黑色金属冶炼和压延加工业	3466228	1199261	4306771	2712524	1709374	1687863
有色金属冶炼和压延加工业	171114	164060	29337	25151	50550	50224
金属制品业	924685	710226	432652	274356	504668	480385
通用设备制造业	778687	513083	186816	75575	438068	370493
专用设备制造业	942372	726044	310988	143985	605431	565221
汽车制造业	4561829	2938788	2795940	1711144	3682687	3397576
铁路、船舶、航空航天和其他运输设备制造业	3754057	2594426	676193	399882	2264664	2156731
电气机械和器材制造业	4252596	3306142	468922	211748	2043949	1991385
计算机、通信和其他电子设备制造业	5598201	2767323	4867891	2381568	3781117	3363865
仪器仪表制造业	9728024	5415413	1261356	385659	4864920	4296852
其他制造业						
废弃资源综合利用业	23807	9862	18874	9656	13107	10569
金属制品、机械和设备修理业	5917	5024	185	28	4660	4222
电力、热力、燃气及水生产和供应业	8985425	2787151	6572284	2844450	5658469	3247375
电力、热力生产和供应业	2614446	548638	3498602	1944864	1380329	982565
燃气生产和供应业	688731	219348	464811	130123	431682	295713
水的生产和供应业	5682247	2019165	2608870	769463	3846458	1969097

表 7-3　规模以上国有控股工业企业主要经济指标（2022 年）（续表 4）

计量单位：万元

指　　标	营业收入	税金及附加	盈亏相抵后利润总额	从业人员平均人数（人）
合　　计	60022453	4362575	1806142	118475
一、按轻重工业分组：				
轻工业	4794388	1771386	559498	12442
重工业	55228065	2591189	1246644	106033
二、按企业规模分组：				
大型企业	40970998	4281568	1143463	61370
中型企业	7154806	45372	258322	32245
小微企业	11896649	35634	404358	24860
三、按行业分组：				
采矿业	379883	39657	75057	1696
煤炭开采和洗选业				
石油和天然气开采业	336485	37473	54939	1138
黑色金属矿采选业				
有色金属矿采选业	43398	2185	20119	558
非金属矿采选业				
开采专业及辅助性活动				
其他采矿业				
制造业	54781247	4301648	1840792	106713
农副食品加工业	20910	17	120	26
食品制造业	118147	360	-381	885
酒、饮料和精制茶制造业				
烟草制品业	3711501	1764511	506427	1310
纺织业	83048	231	592	281
纺织服装、服饰业	293393	1734	15580	4462
皮革、毛皮、羽毛及其制品和制鞋业				
木材加工和木、竹、藤、棕、草制品业				
家具制造业				
造纸和纸制品业				

表7-3　规模以上国有控股工业企业主要经济指标（2022年）（续表5）

计量单位：万元

指　　标	营业收入	税金及附加	盈亏相抵后利润总额	从业人员平均人数（人）
印刷和记录媒介复制业	72402	652	1285	1245
文教、工美、体育和娱乐用品制造业	14066	103	260	117
石油、煤炭及其他燃料加工业	11423208	1510667	269532	3708
化学原料和化学制品制造业	12140738	809844	82041	15213
医药制造业	300454	2559	32908	2382
化学纤维制造业	5538	495	1083	307
橡胶和塑料制品业	114142	454	1887	726
非金属矿物制品业	1661822	9928	79498	4768
黑色金属冶炼和压延加工业	4029339	13499	-40383	4775
有色金属冶炼和压延加工业	2429033	1170	6732	176
金属制品业	559058	4161	15353	3533
通用设备制造业	381801	3351	33913	3260
专用设备制造业	761530	2896	17158	4232
汽车制造业	6008591	117265	26942	18830
铁路、船舶、航空航天和其他运输设备制造业	2223258	8963	164589	10747
电气机械和器材制造业	3072419	16092	362380	6847
计算机、通信和其他电子设备制造业	2143420	16851	-278398	12091
仪器仪表制造业	3190919	15657	543055	6586
其他制造业				
废弃资源综合利用业	15149	158	-1461	118
金属制品、机械和设备修理业	7362	30	80	88
电力、热力、燃气及水生产和供应业	4861323	21269	-109707	10066
电力、热力生产和供应业	1921483	13714	-143333	3419
燃气生产和供应业	2526813	2409	30832	1266
水的生产和供应业	413027	5147	2794	5381

表 7-4　规模以上民营工业企业主要经济指标（2022 年）

计量单位：个

指　　标	企业单位数	亏损企业
合　　计	3438	863
一、按轻重工业分组：		
轻工业	872	239
重工业	2566	624
二、按企业规模分组：		
大型企业	26	5
中型企业	159	30
小微企业	3253	828
三、按行业分组：		
采矿业	1	1
煤炭开采和洗选业		
石油和天然气开采业		
黑色金属矿采选业	1	1
有色金属矿采选业		
非金属矿采选业		
开采专业及辅助性活动		
其他采矿业		
制造业	3414	857
农副食品加工业	48	15
食品制造业	56	22
酒、饮料和精制茶制造业	7	1
烟草制品业		
纺织业	21	5
纺织服装、服饰业	93	26
皮革、毛皮、羽毛及其制品和制鞋业	6	
木材加工和木、竹、藤、棕、草制品业	20	9
家具制造业	35	12
造纸和纸制品业	23	4

表7-4 规模以上民营工业企业主要经济指标（2022年）（续表1）

计量单位：个

指　　标	企业单位数	亏损企业
印刷和记录媒介复制业	53	15
文教、工美、体育和娱乐用品制造业	62	20
石油、煤炭及其他燃料加工业	6	
化学原料和化学制品制造业	98	24
医药制造业	116	34
化学纤维制造业	19	3
橡胶和塑料制品业	161	33
非金属矿物制品业	251	91
黑色金属冶炼和压延加工业	30	12
有色金属冶炼和压延加工业	44	9
金属制品业	285	52
通用设备制造业	394	67
专用设备制造业	409	93
汽车制造业	145	50
铁路、船舶、航空航天和其他运输设备制造业	74	24
电气机械和器材制造业	332	76
计算机、通信和其他电子设备制造业	384	113
仪器仪表制造业	201	36
其他制造业	8	3
废弃资源综合利用业	23	6
金属制品、机械和设备修理业	10	2
电力、热力、燃气及水生产和供应业	23	5
电力、热力生产和供应业	8	2
燃气生产和供应业	7	2
水的生产和供应业	8	1

表 7-4　规模以上民营工业企业主要经济指标（2022 年）（续表 2）

计量单位：万元

指　　标	资产总计	流动资产	固定资产原价	累计折旧	负债	流动负债
合　　计	76129478	51410217	18631054	8124823	43102427	38536680
一、按轻重工业分组：						
轻工业	18369547	11673190	4028724	1465727	9379799	8306680
重工业	57759932	39737027	14602330	6659096	33722629	30230000
二、按企业规模分组：						
大型企业	20843741	12807844	6421138	2775881	13896059	11877041
中型企业	21626569	14078373	4698263	2010955	10418203	9214534
小微企业	33659169	24524001	7511653	3337988	18788166	17445104
三、按行业分组：						
采矿业	1536	1536			1440	1440
煤炭开采和洗选业						
石油和天然气开采业						
黑色金属矿采选业	1536	1536			1440	1440
有色金属矿采选业						
非金属矿采选业						
开采专业及辅助性活动						
其他采矿业						
制造业	75804123	51203638	18535961	8091772	42895084	38393808
农副食品加工业	671657	351924	233344	74517	430934	380578
食品制造业	729718	468430	196597	84364	517452	419903
酒、饮料和精制茶制造业	57105	32011	48503	28569	20726	20046
烟草制品业						
纺织业	176433	134821	52557	29759	132618	132209
纺织服装、服饰业	1416447	615199	136656	69971	810009	674304
皮革、毛皮、羽毛及其制品和制鞋业	12861	9419	5064	2425	10170	10170
木材加工和木、竹、藤、棕、草制品业	65384	54392	15259	7812	49121	44177
家具制造业	538081	319592	196140	50711	339930	292427
造纸和纸制品业	91183	66746	42306	22148	66045	63072

表7-4　规模以上民营工业企业主要经济指标（2022年）（续表3）

计量单位：万元

指　　标	资产总计	流动资产	固定资产原价	累计折旧	负债	流动负债
印刷和记录媒介复制业	375551	237668	208362	110964	203699	198237
文教、工美、体育和娱乐用品制造业	300751	226668	87575	42371	207738	195086
石油、煤炭及其他燃料加工业	925656	413619	102561	61639	253014	205774
化学原料和化学制品制造业	4054217	2551572	1614601	876414	1853936	1613725
医药制造业	6509836	4203998	1296296	483892	2499822	2124369
化学纤维制造业	77305	52027	24289	9595	42075	37532
橡胶和塑料制品业	1524551	1023034	488240	215261	760642	710024
非金属矿物制品业	3413687	2674990	867805	421657	2401537	2302210
黑色金属冶炼和压延加工业	9348967	4553695	4392803	2218920	6179830	5677979
有色金属冶炼和压延加工业	1204269	571985	195196	60303	745265	640012
金属制品业	2737518	2194613	536121	277130	1710112	1660191
通用设备制造业	7594781	5689624	1719363	799967	4958637	4267985
专用设备制造业	5465023	4233125	894832	373568	2532915	2420913
汽车制造业	4949918	3684459	903120	378851	3420892	3193750
铁路、船舶、航空航天和其他运输设备制造业	1289326	1049473	276535	148185	563189	534041
电气机械和器材制造业	9090558	6452042	1598834	546292	5757623	5315570
计算机、通信和其他电子设备制造业	9494103	6821888	1793673	475261	4664569	3770393
仪器仪表制造业	3207436	2205346	453437	171896	1443981	1239522
其他制造业	117666	90036	20117	6961	74753	73451
废弃资源综合利用业	296474	170735	114783	33077	192326	127991
金属制品、机械和设备修理业	67664	50508	20993	9293	51526	48170
电力、热力、燃气及水生产和供应业	323819	205043	95093	33051	205904	141432
电力、热力生产和供应业	104779	73036	36659	9078	32229	15030
燃气生产和供应业	40762	19523	20570	5459	31283	26095
水的生产和供应业	178279	112484	37864	18513	142393	100308

表 7-4　规模以上民营工业企业主要经济指标（2022 年）（续表 4）

计量单位：万元

指　　标	营业收入	税金及附加	盈亏相抵后利润总额	从业人员平均人数（人）
合　　计	59737269	223055	2926787	340604
一、按轻重工业分组：				
轻工业	11858836	59092	853487	107682
重工业	47878433	163963	2073300	232922
二、按企业规模分组：				
大型企业	17975368	53080	813898	53646
中型企业	15013382	64027	981839	79874
小微企业	26748520	105948	1131049	207084
三、按行业分组：				
采矿业	5278		-3	5
煤炭开采和洗选业				
石油和天然气开采业				
黑色金属矿采选业	5278		-3	5
有色金属矿采选业				
非金属矿采选业				
开采专业及辅助性活动				
其他采矿业				
制造业	59558169	222610	2913972	339509
农副食品加工业	464060	2034	16660	3660
食品制造业	693000	2780	7085	10140
酒、饮料和精制茶制造业	50957	265	4319	829
烟草制品业				
纺织业	177410	538	6338	1517
纺织服装、服饰业	1284569	3430	93110	13146
皮革、毛皮、羽毛及其制品和制鞋业	28817	78	526	382
木材加工和木、竹、藤、棕、草制品业	90716	227	1144	770
家具制造业	332774	2803	16216	4853
造纸和纸制品业	110041	383	2982	1122

表 7-4　规模以上民营工业企业主要经济指标（2022 年）（续表 5）

计量单位：万元

指　　标	营业收入	税金及附加	盈亏相抵后利润总额	从业人员平均人数（人）
印刷和记录媒介复制业	358785	1273	8137	4721
文教、工美、体育和娱乐用品制造业	515126	2470	18058	6133
石油、煤炭及其他燃料加工业	461713	2197	25094	1622
化学原料和化学制品制造业	3706671	11903	212063	12252
医药制造业	3202544	25119	534651	23261
化学纤维制造业	100380	470	4805	989
橡胶和塑料制品业	1558592	6149	69808	13312
非金属矿物制品业	2069184	10506	31378	16762
黑色金属冶炼和压延加工业	10567196	24817	331883	11466
有色金属冶炼和压延加工业	982665	1613	41476	3368
金属制品业	2195263	8319	149122	18490
通用设备制造业	4894646	24433	306260	34479
专用设备制造业	3233358	17112	276564	31744
汽车制造业	3021935	9828	38784	18672
铁路、船舶、航空航天和其他运输设备制造业	850823	4409	76997	8430
电气机械和器材制造业	6198467	22246	112623	36910
计算机、通信和其他电子设备制造业	10497758	26954	388185	41976
仪器仪表制造业	1479176	8662	125475	14809
其他制造业	68939	370	4764	544
废弃资源综合利用业	274357	781	6844	1311
金属制品、机械和设备修理业	88248	439	2624	1839
电力、热力、燃气及水生产和供应业	173822	445	12818	1090
电力、热力生产和供应业	46565	130	6481	244
燃气生产和供应业	83701	74	1053	492
水的生产和供应业	43556	241	5283	354

表 7-5　外商投资和港澳台商投资工业企业主要经济指标（2022 年）

计量单位：个

指　　标	企业单位数	
		亏损企业
合　　计	583	175
一、按轻重工业分组：		
轻工业	156	53
重工业	427	122
二、按企业规模分组：		
大型企业	41	5
中型企业	84	19
小微企业	458	151
三、按行业分组：		
采矿业		
煤炭开采和洗选业		
石油和天然气开采业		
黑色金属矿采选业		
有色金属矿采选业		
非金属矿采选业		
开采专业及辅助性活动		
其他采矿业		
制造业	562	173
农副食品加工业	7	4
食品制造业	20	11
酒、饮料和精制茶制造业	8	
烟草制品业		
纺织业	6	2
纺织服装、服饰业	14	4
皮革、毛皮、羽毛及其制品和制鞋业	2	1

表 7-5 外商投资和港澳台商投资工业企业主要经济指标（2022 年）（续表 1）

计量单位：个

指　　标	企业单位数	亏损企业
木材加工和木、竹、藤、棕、草制品业		
家具制造业	1	
造纸和纸制品业	3	
印刷和记录媒介复制业	10	3
文教、工美、体育和娱乐用品制造业	9	1
石油、煤炭及其他燃料加工业	1	
化学原料和化学制品制造业	49	10
医药制造业	13	5
化学纤维制造业	3	3
橡胶和塑料制品业	19	6
非金属矿物制品业	21	7
黑色金属冶炼和压延加工业	1	
有色金属冶炼和压延加工业	3	1
金属制品业	27	10
通用设备制造业	75	17
专用设备制造业	40	8
汽车制造业	65	28
铁路、船舶、航空航天和其他运输设备制造业	13	1
电气机械和器材制造业	47	12
计算机、通信和其他电子设备制造业	81	33
仪器仪表制造业	20	2
其他制造业	1	1
废弃资源综合利用业	3	3
金属制品、机械和设备修理业		
电力、热力、燃气及水生产和供应业	21	2
电力、热力生产和供应业	6	2
燃气生产和供应业	10	
水的生产和供应业	5	

表 7-5 外商投资和港澳台商投资工业企业主要经济指标（2022 年）（续表 2）

计量单位：万元

指 标	资产总计	流动资产	固定资产原价	累计折旧	负债	流动负债
合 计	44255522	25921423	30117620	16479673	21768511	18252860
一、按轻重工业分组：						
轻工业	11957766	7013539	6627641	3109240	5307056	4734510
重工业	32297756	18907883	23489979	13370433	16461455	13518350
二、按企业规模分组：						
大型企业	24087368	13567409	19203826	10530722	12842278	10760109
中型企业	10175056	6306089	5622071	3043529	4498302	3628543
小微企业	9993097	6047925	5291723	2905422	4427932	3864208
三、按行业分组：						
采矿业						
煤炭开采和洗选业						
石油和天然气开采业						
黑色金属矿采选业						
有色金属矿采选业						
非金属矿采选业						
开采专业及辅助性活动						
其他采矿业						
制造业	42436720	25367815	28621155	15805635	20658526	17575756
农副食品加工业	337776	262679	90676	53275	194169	194164
食品制造业	939981	617506	356932	202265	225755	212291
酒、饮料和精制茶制造业	429388	224777	358252	212822	152129	148269
烟草制品业						
纺织业	381956	247682	303803	180047	103788	86196
纺织服装、服饰业	140604	93253	53843	28780	68780	66964
皮革、毛皮、羽毛及其制品和制鞋业	15885	8632	9462	2711	7698	6950

表 7-5　外商投资和港澳台商投资工业企业主要经济指标（2022 年）（续表 3）

计量单位：万元

指　　标	资产总计	流动资产	固定资产原价	累计折旧	负债	流动负债
木材加工和木、竹、藤、棕、草制品业						
家具制造业	102146	33768	13070	6752	33552	22254
造纸和纸制品业	18682	12839	15716	9858	6999	6999
印刷和记录媒介复制业	211855	142189	159878	102540	134458	128783
文教、工美、体育和娱乐用品制造业	74183	55529	30857	12977	44205	36809
石油、煤炭及其他燃料加工业	36562	11936	23093	8166	12063	10063
化学原料和化学制品制造业	5788229	2690155	6640719	4489644	1548551	1272704
医药制造业	1884264	1278494	484094	199271	715194	588290
化学纤维制造业	402220	120649	220807	139839	168550	98680
橡胶和塑料制品业	574758	310594	504676	267493	306633	233869
非金属矿物制品业	575830	317935	471353	293730	246937	221988
黑色金属冶炼和压延加工业	24505	22911	4193	3314	5337	5336
有色金属冶炼和压延加工业	57745	40254	10250	4975	17911	16042
金属制品业	355050	212489	205084	105864	138250	116996
通用设备制造业	3765577	2745350	1397558	639143	2111995	1765694
专用设备制造业	1310910	1044697	292016	136441	584352	560019
汽车制造业	5927120	3929808	3827329	2470235	3564803	2971681
铁路、船舶、航空航天和其他运输设备制造业	396729	328564	79837	52283	175710	174705
电气机械和器材制造业	7084179	3944427	4615232	2011023	3675071	3330031
计算机、通信和其他电子设备制造业	10663702	6024590	8082384	3998011	5896457	4867489
仪器仪表制造业	839049	634798	274373	140193	454043	377914
其他制造业	32569	2124	28175	12947	29994	29988
废弃资源综合利用业	65268	9184	67494	21037	35146	24589
金属制品、机械和设备修理业						
电力、热力、燃气及水生产和供应业	1818801	553608	1496465	674038	1109985	677104
电力、热力生产和供应业	698873	193649	812715	487789	465355	248228
燃气生产和供应业	972613	305408	644676	169389	596280	407342
水的生产和供应业	147315	54550	39074	16860	48349	21534

表 7-5 外商投资和港澳台商投资工业企业主要经济指标（2022 年）（续表 4）

计量单位：万元

指 标	营业收入	税金及附加	盈亏相抵后利润总额	从业人员平均人数（人）
合 计	48118852	432125	3988121	192917
一、按轻重工业分组：				
轻工业	13455113	63591	1138162	58542
重工业	34663739	368534	2849959	134375
二、按企业规模分组：				
大型企业	29653460	339256	2892007	105368
中型企业	8953850	44648	679133	43080
小微企业	9511542	48221	416980	44469
三、按行业分组：				
采矿业				
煤炭开采和洗选业				
石油和天然气开采业				
黑色金属矿采选业				
有色金属矿采选业				
非金属矿采选业				
开采专业及辅助性活动				
其他采矿业				
制造业	46349058	425124	3948918	189272
农副食品加工业	1028117	1044	7640	1132
食品制造业	655901	4238	71575	5881
酒、饮料和精制茶制造业	526251	10471	34149	3825
烟草制品业				
纺织业	304197	2125	16600	1813
纺织服装、服饰业	174376	415	481	1838
皮革、毛皮、羽毛及其制品和制鞋业	19718	43	-638	100

表 7-5 外商投资和港澳台商投资工业企业主要经济指标（2022 年）（续表 5）

计量单位：万元

指　　标	营业收入	税金及附加	盈亏相抵后利润总额	从业人员平均人数（人）
木材加工和木、竹、藤、棕、草制品业				
家具制造业	20504	160	947	193
造纸和纸制品业	33541	197	1229	235
印刷和记录媒介复制业	277658	1159	8267	1386
文教、工美、体育和娱乐用品制造业	74381	504	1914	1620
石油、煤炭及其他燃料加工业	19351	123	5428	150
化学原料和化学制品制造业	6258760	32292	745116	9361
医药制造业	862135	8939	64278	8480
化学纤维制造业	164695	1187	-38693	1113
橡胶和塑料制品业	446444	2188	32756	2472
非金属矿物制品业	366913	3260	4318	2700
黑色金属冶炼和压延加工业	7192	25	22	43
有色金属冶炼和压延加工业	56002	175	1750	221
金属制品业	329544	2121	70499	2489
通用设备制造业	3205595	17346	236776	22465
专用设备制造业	987628	6925	187523	6933
汽车制造业	8301596	257145	922298	27658
铁路、船舶、航空航天和其他运输设备制造业	254501	886	11450	2536
电气机械和器材制造业	9813172	29723	849083	29676
计算机、通信和其他电子设备制造业	11072886	34837	549625	49393
仪器仪表制造业	1065205	7362	172152	5287
其他制造业	9520	25	-295	10
废弃资源综合利用业	13276	211	-7332	262
金属制品、机械和设备修理业				
电力、热力、燃气及水生产和供应业	1769794	7001	39202	3645
电力、热力生产和供应业	670581	5223	-20671	1198
燃气生产和供应业	1069487	1224	40440	2309
水的生产和供应业	29726	554	19433	138

表 7-6　规模以上大中型工业企业主要经济指标（2022 年）

计量单位：个

指　　标	企业单位数	亏损企业
合　　计	385	72
一、按登记注册类型分组		
内资企业	260	48
国有企业	12	3
集体企业		
股份合作企业		
联营企业		
有限责任公司	82	16
股份有限公司	42	7
私营企业	123	21
其他企业	1	1
港、澳、台商投资企业	51	12
外商投资企业	74	12
二、按轻重工业分组：		
轻工业	110	18
重工业	275	54
三、按企业规模分组：		
大型企业	88	14
中型企业	297	58
四、按行业分组：		
采矿业	2	
煤炭开采和洗选业		
石油和天然气开采业	1	
黑色金属矿采选业		
有色金属矿采选业	1	
非金属矿采选业		
开采专业及辅助性活动		
其他采矿业		
制造业	371	65
农副食品加工业	2	1
食品制造业	7	2

表 7-6 规模以上大中型工业企业主要经济指标（2022 年）（续表 1）

计量单位：个

指　　标	企业单位数	亏损企业
酒、饮料和精制茶制造业	3	
烟草制品业	1	
纺织业	1	
纺织服装、服饰业	14	1
皮革、毛皮、羽毛及其制品和制鞋业		
木材加工和木、竹、藤、棕、草制品业		
家具制造业	2	
造纸和纸制品业		
印刷和记录媒介复制业	4	
文教、工美、体育和娱乐用品制造业	5	
石油、煤炭及其他燃料加工业	3	
化学原料和化学制品制造业	19	5
医药制造业	29	6
化学纤维制造业	2	1
橡胶和塑料制品业	16	1
非金属矿物制品业	11	2
黑色金属冶炼和压延加工业	5	2
有色金属冶炼和压延加工业	3	1
金属制品业	12	1
通用设备制造业	32	3
专用设备制造业	28	6
汽车制造业	39	10
铁路、船舶、航空航天和其他运输设备制造业	14	2
电气机械和器材制造业	43	7
计算机、通信和其他电子设备制造业	60	13
仪器仪表制造业	15	1
其他制造业		
废弃资源综合利用业		
金属制品、机械和设备修理业	1	
电力、热力、燃气及水生产和供应业	12	7
电力、热力生产和供应业	6	6
燃气生产和供应业	3	
水的生产和供应业	3	1

表 7-6　规模以上大中型工业企业主要经济指标（2022 年）（续表 2）

计量单位：万元

指　　标	资产总计	流动资产	固定资产原价	累计折旧	负债	流动负债
合　　计	118878587	69459474	60896908	33290767	64252884	55299948
一、按登记注册类型分组						
内资企业	84616163	49585976	36071011	19716516	46912305	40911295
国有企业	3675022	2093295	1638542	907325	2287754	2124600
集体企业						
股份合作企业						
联营企业						
有限责任公司	34577744	20544177	16917180	9178441	19795223	16738727
股份有限公司	24509581	12588359	11736484	7121068	11946530	10786276
私营企业	21835066	14344913	5775106	2508292	12849106	11228649
其他企业	18750	15232	3699	1391	33693	33043
港、澳、台商投资企业	11885188	6538636	6881864	3157542	5528404	3984763
外商投资企业	22377237	13334862	17944033	10416709	11812176	10403889
二、按轻重工业分组：						
轻工业	24435766	15194488	8393889	3587228	10474708	9101267
重工业	94442822	54264986	52503020	29703539	53778176	46198681
三、按企业规模分组：						
大型企业	75335226	42834958	44772718	25338113	42922464	36884857
中型企业	43543362	26624516	16124190	7952654	21330421	18415090
四、按行业分组：						
采矿业	1050136	545114	918609	695163	591854	522901
煤炭开采和洗选业						
石油和天然气开采业	996842	504642	893403	676014	573272	507201
黑色金属矿采选业						
有色金属矿采选业	53294	40472	25207	19149	18582	15701
非金属矿采选业						
开采专业及辅助性活动						
其他采矿业						
制造业	110910346	67367362	54162330	29994381	59138944	52107563
农副食品加工业	362196	148384	132202	32462	263469	228547
食品制造业	1116311	750611	283819	168936	466873	405114

表 7-6 规模以上大中型工业企业主要经济指标（2022 年）（续表 3）

计量单位：万元

指　标	资产总计	流动资产	固定资产原价	累计折旧	负债	流动负债
酒、饮料和精制茶制造业	167459	101025	160124	97975	110416	109816
烟草制品业	2759234	2339639	580796	328910	233517	233419
纺织业	122096	89086	132568	102635	34107	16695
纺织服装、服饰业	1035436	333011	57396	38752	528384	394064
皮革、毛皮、羽毛及其制品和制鞋业						
木材加工和木、竹、藤、棕、草制品业						
家具制造业	272877	123357	122936	26468	152797	111854
造纸和纸制品业						
印刷和记录媒介复制业	259583	156919	119394	69701	83064	82468
文教、工美、体育和娱乐用品制造业	86481	72238	20326	11479	57701	53655
石油、煤炭及其他燃料加工业	3498988	1576978	2855256	1927443	1445507	1151407
化学原料和化学制品制造业	10737841	4511179	11735924	7995163	4285743	3615092
医药制造业	6684836	4478472	1327695	516932	2379959	1894396
化学纤维制造业	225729	68901	187089	130600	143545	95968
橡胶和塑料制品业	949567	522980	627748	306956	466368	392619
非金属矿物制品业	1574438	1068342	650905	355562	905305	813258
黑色金属冶炼和压延加工业	11951000	5221469	8413337	4813240	7347175	6961388
有色金属冶炼和压延加工业	808947	270585	99011	12687	513427	411747
金属制品业	1787116	1465115	513010	305579	1074939	1051885
通用设备制造业	7670787	5565803	2148369	1012587	5003571	4044387
专用设备制造业	3030641	2372282	580533	252572	1320512	1252255
汽车制造业	10027846	6932908	5394747	3261852	7262683	6502011
铁路、船舶、航空航天和其他运输设备制造业	4320322	3066174	757070	454545	2372967	2252436
电气机械和器材制造业	15255468	9669241	5657059	2290740	8337184	7740088
计算机、通信和其他电子设备制造业	17596582	10854830	10739898	5130969	10049272	8273953
仪器仪表制造业	8582197	5583145	861366	347074	4277222	3995805
其他制造业						
废弃资源综合利用业						
金属制品、机械和设备修理业	26366	24688	3753	2565	23236	23236
电力、热力、燃气及水生产和供应业	6918105	1546998	5815969	2601223	4522086	2669484
电力、热力生产和供应业	1951625	335428	3140970	1839967	1151755	884486
燃气生产和供应业	774583	201535	578714	154742	488772	318251
水的生产和供应业	4191897	1010034	2096285	606515	2881559	1466747

表 7-6　规模以上大中型工业企业主要经济指标（2022 年）（续表 4）

计量单位：万元

指　　标	营业收入	税金及附加	盈亏相抵后利润总额	从业人员平均人数（人）
合　　计	113995944	4732420	6499859	360719
一、按登记注册类型分组				
内资企业	75388633	4348516	2928719	212271
国有企业	2486371	17892	31230	9787
集体企业				
股份合作企业				
联营企业				
有限责任公司	28651029	2665907	931548	79200
股份有限公司	25123717	1599703	972132	41502
私营企业	19112542	65007	998070	81340
其他企业	14975	7	-4261	442
港、澳、台商投资企业	7824033	39264	938766	49234
外商投资企业	30783277	344640	2632374	99214
二、按轻重工业分组：				
轻工业	20749290	1848280	2248717	101013
重工业	93246654	2884140	4251142	259706
三、按企业规模分组：				
大型企业	83606425	4582060	4631204	209537
中型企业	30389519	150360	1868656	151182
四、按行业分组：				
采矿业		39657	75057	1696
煤炭开采和洗选业	379883			
石油和天然气开采业		37473	54939	1138
黑色金属矿采选业	336485			
有色金属矿采选业		2185	20119	558
非金属矿采选业	43398			
开采专业及辅助性活动				
其他采矿业				
制造业		4675080	6597245	349939
农副食品加工业	111155766	1279	1399	1010
食品制造业	69873	4245	81058	9257

表 7-6 规模以上大中型工业企业主要经济指标（2022 年）（续表 5）

计量单位：万元

指 标	营业收入	税金及附加	盈亏相抵后利润总额	从业人员平均人数（人）
酒、饮料和精制茶制造业	332063	2012	17594	3133
烟草制品业	3711501	1764511	506427	1310
纺织业	82981	720	1669	978
纺织服装、服饰业	494216	1604	90026	7586
皮革、毛皮、羽毛及其制品和制鞋业				
木材加工和木、竹、藤、棕、草制品业				
家具制造业	194725	1895	17427	2148
造纸和纸制品业				
印刷和记录媒介复制业	206936	1044	12886	2252
文教、工美、体育和娱乐用品制造业	112453	433	1384	2246
石油、煤炭及其他燃料加工业	11759611	1512385	286556	5027
化学原料和化学制品制造业	13862628	816045	306166	21195
医药制造业	3097020	28054	568618	24477
化学纤维制造业	189440	1081	-25909	1119
橡胶和塑料制品业	872207	4153	55287	6739
非金属矿物制品业	1275689	9392	71158	6361
黑色金属冶炼和压延加工业	13875091	34746	273915	14463
有色金属冶炼和压延加工业	359844	387	23814	1227
金属制品业	1036005	6628	144595	7014
通用设备制造业	5153074	29035	391735	30843
专用设备制造业	1832593	10685	225602	14723
汽车制造业	12502071	302997	927190	40439
铁路、船舶、航空航天和其他运输设备制造业	2505597	10384	211222	14220
电气机械和器材制造业	14529986	53117	1125081	48561
计算机、通信和其他电子设备制造业	18469213	56710	704349	70935
仪器仪表制造业	3633019	21330	577216	11679
其他制造业				
废弃资源综合利用业				
金属制品、机械和设备修理业	49442	208	782	997
电力、热力、燃气及水生产和供应业	2460294	17683	-172443	9084
电力、热力生产和供应业	1685222	13214	-198760	3161
燃气生产和供应业	505123	678	22801	1837
水的生产和供应业	269950	3790	3516	4086

表 7-7　规模以上小微型工业企业主要经济指标（2022 年）

计量单位：个

指　　标	企业单位数	亏损企业
合　　计	3909	1017
一、按登记注册类型分组		
内资企业	3451	866
国有企业	25	9
集体企业	6	
股份合作企业	3	
联营企业	5	1
有限责任公司	392	99
股份有限公司	73	13
私营企业	2944	743
其他企业	3	1
港、澳、台商投资企业	145	52
外商投资企业	313	99
二、按轻重工业分组：		
轻工业	967	282
重工业	2942	735
三、按企业规模分组：		
小型企业	3137	774
微型企业	772	243
四、按行业分组：		
采矿业	1	1
煤炭开采和洗选业		
石油和天然气开采业		
黑色金属矿采选业	1	1
有色金属矿采选业		
非金属矿采选业		
开采专业及辅助性活动		
其他采矿业		
制造业	3838	1004
农副食品加工业	55	18
食品制造业	73	32

表 7-7 规模以上小微型工业企业主要经济指标（2022 年）（续表 1）

计量单位：个

指　　标	企业单位数	亏损企业
酒、饮料和精制茶制造业	12	1
烟草制品业		
纺织业	28	7
纺织服装、服饰业	110	31
皮革、毛皮、羽毛及其制品和制鞋业	8	1
木材加工和木、竹、藤、棕、草制品业	20	9
家具制造业	34	12
造纸和纸制品业	26	4
印刷和记录媒介复制业	66	20
文教、工美、体育和娱乐用品制造业	67	21
石油、煤炭及其他燃料加工业	5	
化学原料和化学制品制造业	143	33
医药制造业	107	34
化学纤维制造业	21	5
橡胶和塑料制品业	167	39
非金属矿物制品业	280	99
黑色金属冶炼和压延加工业	28	11
有色金属冶炼和压延加工业	45	9
金属制品业	307	62
通用设备制造业	450	83
专用设备制造业	437	97
汽车制造业	192	69
铁路、船舶、航空航天和其他运输设备制造业	89	24
电气机械和器材制造业	356	84
计算机、通信和其他电子设备制造业	442	144
仪器仪表制造业	224	40
其他制造业	9	4
废弃资源综合利用业	27	9
金属制品、机械和设备修理业	10	2
电力、热力、燃气及水生产和供应业	70	12
电力、热力生产和供应业	28	6
燃气生产和供应业	17	2
水的生产和供应业	25	4

表 7-7 规模以上小微型工业企业主要经济指标（2022 年）（续表 2）

计量单位：万元

指 标	资产总计	流动资产	固定资产原价	累计折旧	负债	流动负债
合 计	56020150	37266943	17462179	8247006	30070037	26639803
一、按登记注册类型分组						
内资企业	46027053	31219018	12170456	5341583	25642106	22775595
国有企业	1562318	856188	745631	194429	910716	680350
集体企业	36681	34780	4015	2740	26797	26774
股份合作企业	15152	14176	3300	2466	10217	10217
联营企业	47603	41904	14489	9707	30063	29472
有限责任公司	13504676	8089156	4649867	2126316	7363465	5717751
股份有限公司	3944198	2417139	606899	292979	1731771	1610209
私营企业	26881449	19745209	6112295	2690233	15550777	14682522
其他企业	34977	20467	33960	22714	18301	18301
港、澳、台商投资企业	3098830	1769526	1303954	596035	1329481	1063224
外商投资企业	6894267	4278398	3987769	2309388	3098451	2800984
二、按轻重工业分组：						
轻工业	10411532	6856764	3347698	1607205	5140697	4776741
重工业	45608618	30410179	14114480	6639801	24929340	21863062
三、按企业规模分组：						
小型企业	50812167	33682335	16600948	7896883	26911634	23878777
微型企业	5207983	3584608	861231	350122	3158404	2761026
四、按行业分组：						
采矿业	1536	1536			1440	1440
煤炭开采和洗选业						
石油和天然气开采业						
黑色金属矿采选业	1536	1536			1440	1440
有色金属矿采选业						
非金属矿采选业						
开采专业及辅助性活动						
其他采矿业						
制造业	52411021	35388927	15576375	7425670	27996937	25468532
农副食品加工业	662285	481159	191825	95331	365890	350356
食品制造业	604096	377292	298292	138230	332954	282277

表 7-7 规模以上小微型工业企业主要经济指标（2022 年）（续表 3）

计量单位：万元

指 标	资产总计	流动资产	固定资产原价	累计折旧	负债	流动负债
酒、饮料和精制茶制造业	319034	155762	246632	143417	62439	58499
烟草制品业						
纺织业	481958	324226	234387	109153	244629	244039
纺织服装、服饰业	968944	702224	265122	135255	547444	530923
皮革、毛皮、羽毛及其制品和制鞋业	28747	18051	14525	5136	17868	17120
木材加工和木、竹、藤、棕、草制品业	65384	54392	15259	7812	49121	44177
家具制造业	367350	230003	86275	30996	220685	202827
造纸和纸制品业	109865	79585	58022	32006	73043	70070
印刷和记录媒介复制业	511240	306633	366594	227809	312299	299934
文教、工美、体育和娱乐用品制造业	305388	226062	100270	45532	204453	188441
石油、煤炭及其他燃料加工业	185518	114374	65626	33219	42622	30690
化学原料和化学制品制造业	5207701	2695356	3448209	1826937	1999405	1720591
医药制造业	2369843	1342993	602475	239561	1028480	950985
化学纤维制造业	466005	171526	73773	23919	117698	81846
橡胶和塑料制品业	1221745	865664	402581	199691	646429	596663
非金属矿物制品业	4349071	3282228	1292280	653018	3027466	2903899
黑色金属冶炼和压延加工业	888700	554398	290431	121519	547366	409790
有色金属冶炼和压延加工业	624180	505714	135772	77743	300299	294531
金属制品业	2155764	1599328	633398	332599	1234467	1172148
通用设备制造业	4440486	3360414	1155147	502051	2480954	2336385
专用设备制造业	4585187	3546440	891478	384721	2352191	2245602
汽车制造业	3558912	2447182	971015	508341	2215191	2024288
铁路、船舶、航空航天和其他运输设备制造业	953421	747621	265287	138602	519124	502370
电气机械和器材制造业	5038545	3953830	921877	425393	3058910	2819583
计算机、通信和其他电子设备制造业	6325011	4395268	1174342	556047	3216202	2958961
仪器仪表制造业	5047670	2543108	1123642	348344	2407650	1842414
其他制造业	150234	92160	48292	19908	104747	103439
废弃资源综合利用业	371525	185093	186123	56626	233962	156531
金属制品、机械和设备修理业	47215	30844	17426	6756	32950	29155
电力、热力、燃气及水生产和供应业	3607593	1876479	1885804	821336	2071661	1169831
电力、热力生产和供应业	1466472	479895	1207006	601764	726158	361337
燃气生产和供应业	359497	222527	89306	21265	211958	188234
水的生产和供应业	1781624	1174057	589492	198307	1133546	620261

表 7-7　规模以上小微型工业企业主要经济指标（2022 年）（续表 4）

计量单位：万元

指　　标	营业收入	税金及附加	盈亏相抵后利润总额	从业人员平均人数（人）
合　　计	47421229	187212	1928578	274877
一、按登记注册类型分组				
内资企业	37909688	138991	1511598	230408
国有企业	2665089	4272	-39951	2183
集体企业	154772	176	2352	345
股份合作企业	14851	22	272	95
联营企业	48611	184	1822	563
有限责任公司	8647378	38500	520926	34646
股份有限公司	3700779	7856	151583	8132
私营企业	22648818	87864	873308	184172
其他企业	29391	118	1288	272
港、澳、台商投资企业	1993409	11394	108663	14585
外商投资企业	7518133	36827	308317	29884
二、按轻重工业分组：				
轻工业	9352182	45305	306822	77219
重工业	38069048	141907	1621757	197658
三、按企业规模分组：				
小型企业	43595985	178510	1853266	264743
微型企业	3825245	8702	75313	10134
四、按行业分组：				
采矿业	5278		-3	5
煤炭开采和洗选业				
石油和天然气开采业				
黑色金属矿采选业	5278		-3	5
有色金属矿采选业				
非金属矿采选业				
开采专业及辅助性活动				
其他采矿业				
制造业	43674590	176901	1826921	270350
农副食品加工业	1443214	1816	23020	3808
食品制造业	512924	3042	-1094	7407

表 7-7 规模以上小微型工业企业主要经济指标（2022 年）（续表 5）

计量单位：万元

指 标	营业收入	税金及附加	盈亏相抵后利润总额	从业人员平均人数（人）
酒、饮料和精制茶制造业	245144	8724	20874	1521
烟草制品业				
纺织业	481675	2174	21861	2633
纺织服装、服饰业	1258121	3975	19145	11860
皮革、毛皮、羽毛及其制品和制鞋业	48535	121	-112	482
木材加工和木、竹、藤、棕、草制品业	90716	227	1144	770
家具制造业	158553	1068	-264	2898
造纸和纸制品业	143582	580	4211	1357
印刷和记录媒介复制业	501909	2040	4803	5100
文教、工美、体育和娱乐用品制造业	491120	2643	18849	5624
石油、煤炭及其他燃料加工业	144661	602	13498	453
化学原料和化学制品制造业	5624699	23467	367439	13493
医药制造业	1268113	8563	63219	9646
化学纤维制造业	79943	678	-4188	1098
橡胶和塑料制品业	1246971	4637	49164	9771
非金属矿物制品业	2822230	14302	44036	17869
黑色金属冶炼和压延加工业	728636	3596	17607	1821
有色金属冶炼和压延加工业	3107856	2571	26144	2538
金属制品业	1983994	7591	86452	17329
通用设备制造业	3312201	16086	185231	29299
专用设备制造业	3000010	15736	252757	27090
汽车制造业	2802854	9937	50005	17734
铁路、船舶、航空航天和其他运输设备制造业	705457	3512	36891	7011
电气机械和器材制造业	4362411	14309	195078	24469
计算机、通信和其他电子设备制造业	4716492	13408	75813	29610
仪器仪表制造业	1970020	9764	249151	14569
其他制造业	78459	395	4469	554
废弃资源综合利用业	297925	1076	-205	1606
金属制品、机械和设备修理业	46167	262	1923	930
电力、热力、燃气及水生产和供应业	3741362	10311	101661	4522
电力、热力生产和供应业	953407	5852	41237	1700
燃气生产和供应业	2575180	2367	36651	1057
水的生产和供应业	212774	2091	23773	1765

表 7-8　规模以上工业企业能源购进、消费及库存（2022 年）

项　　目	购进	工业生产消　　费	年末库存
原煤（吨）	25440490	25548642	1046228
洗精煤（用于炼焦）（吨）	5699874	5797099	202726
焦炭（吨）	6490686	9053877	158350
焦炉煤气（万立方米）	104428	136604	
高炉煤气（万立方米）	419760	2313220	
转炉煤气（万立方米）	154935	199061	
天然气（气态）（万立方米）	260736	258865	
液化天然气（吨）	3136	3122	26
氢气（万立方米）	42807	192784	
原油（吨）	26618152	26552550	686177
汽油（吨）	8627	7496	133
煤油（吨）	108	127	8
柴油（吨）	46453	46647	2334
燃料油（吨）	4212	4341	2292
液化石油气（吨）	15731	261642	1083
炼厂干气（吨）	11109	835722	
石脑油（吨）	2550641	2547348	112943
润滑油（吨）	2906	2728	72
石蜡（吨）	30	29	1
溶剂油（吨）	752	770	12
石油焦（吨）		9157	2467
其他石油制品（吨）	6064897	10400406	20845
热力（百万千焦）	59273446	85971873	
电力（万千瓦时）	2771822	3590347	
城市生活垃圾（用于燃料）（吨）	2136540	2287102	304619
生物质能（用于燃料）（吨标准煤）	10830	10803	873
余热余压（百万千焦）		41813982	
其他燃料（吨）	12691	12691	

注：本表口径为年主营业务收入在 2000 万元及以上的工业企业。

表 7-9　规模以上工业企业能源加工转换与回收利用（2022 年）

能源名称	消费量合计							加工转换产出	回收利用
		加工转换合计	火力发电	供热	炼焦	炼油及煤制油	制气		
原煤（吨）	25548642	21849437	16513516	4015444			1320477		
洗精煤（用于炼焦）（吨）	5797099	5797099			5797099				
焦炭（吨）	9031243							3990027	
焦炉煤气（万立方米）	135871	23129	11316	11813				141860	
高炉煤气（万立方米）	2276918	999676	713264	286412					2324901
转炉煤气（万立方米）	199061	108012	71264	36748					204776
天然气（万立方米）	218077	126825	88123	30203			8499		
氢气（万立方米）	169912	125072				125072		201939	1775
原油（吨）	26551481	26551481				26551481			
汽油（吨）	694							6342254	
煤油（吨）	15							2559553	
柴油（吨）	15908							5517242	
燃料油（吨）	119							1290061	
液化石油气（吨）	256718							1113103	
炼厂干气（吨）	825122	43020	14586	28434				845363	
石脑油（吨）	2547348							3032038	
溶剂油（吨）								6434	
石油焦（吨）	9157	3740	1269	2471				1118587	
石油沥青（吨）								1737186	
其他石油制品（吨）	9452919	8683431				8683431		11063398	
热力（百万千焦）	61178159							88194412	
电力（万千瓦时）	1773188							4638420	
城市生活垃圾(用于燃料)(吨)	2287035	2169605	2169605						
余热余压（百万千焦）	41813982	14059396	14059396						54604764
其他燃料（吨标准煤）	12691	12691	3648	9043				12691	

注：本表统计口径为年主营业务收入 2000 万元及以上有能源加工活动的工业企业。

表 7-10　规模以上工业企业能源产品生产销售与库存（2022 年）

产品名称	年初产成品库存	本年生产	本年销售	年末产成品库存
焦炭（吨）		3990027	1580845	
天然气(万立方米)		3341	3053	
非常规天然气(万立方米)		3341	3003	
煤层气		2265	1982	
页岩气		1076	1021	
原油（吨）	2322	467051	442657	5000
原油加工量（吨）		26551481		
汽油（吨）	59331	6342254	6302540	99046
煤油（吨）	42401	2559553	2506293	95658
柴油（吨）	63154	5517242	5520164	60140
润滑油（吨）	1469	27360	27986	843
燃料油（吨）	566	1290061	1283642	6865
石脑油（吨）	23907	3032038	3042146	13799
溶剂油（吨）		6434	6434	
石油焦（吨）	1862	1118587	1110494	3875
石油沥青（吨）	16038	1737186	1807591	25905
燃料气（吨）	3644	1958466	886282	5095
# 液化石油气	3644	1113103	865532	5095
炼厂干气		845363	20750	
其他石油制品（吨）	591	11063398	6710971	752
发电量（万千瓦时）		4657232	3838897	
火力发电量		4638420	3820152	
燃煤发电量		3577022	3240021	
燃气发电量		675158	461754	
余热、余压、余气发电量		271366	19618	
垃圾焚烧发电量		114874	98759	
风力发电量		8331	8331	
太阳能发电量		10482	10414	
热力（百万千焦）		139556171	72880774	
化石燃料供热		88194413	59302482	
余热余压供热		51361758	13578292	

注：本表统计口径为年主营业务收入在 2000 万元及以上有能源产品生产销售活动的工业企业。

表 7-11 重点能源商品经销表（2022 年）

计量单位：吨

商品名称	年初商品库存	本年购进	本年销售	年末商品库存
原煤	2167590	155446571	155255316	2344148
洗精煤（用于炼焦）	20259	5635637	5434545	215768
其他洗煤	3799	108214	101837	4098
煤制品	20415	41705	55513	6607
焦炭	2304	3280050	3281125	1228
液化天然气	4224	317986	318009	3788
原油				
汽油	694148	15065507	14885083	958255
煤油	30543	482901	489137	24324
柴油	236241	10011387	9908786	367808
燃料油	29840	1075370	1057085	48044
液化石油气	50917	804576	802340	52932
石脑油	118	249994	249861	176
润滑油	9330	44105	44359	6440
溶剂油	768	8027	8011	335
石油焦	2005	1732692	1729470	5720
石油沥青	19143	741401	746585	13967

注：本表统计口径为有能源经销活动的有资质的建筑业、限额以上批发和零售业、限额以上住宿和餐饮业、有开发经营活动的全部房地产开发经营业和规模以上服务业等重点法人单位。

表 7-12　主要能源品种按工业行业分组消费量（2022 年）

计量单位：吨

行业分类	原煤	洗精煤	其他洗煤
合　　计	25548642	5797099	
石油和天然气开采业			
有色金属矿采选业			
农副食品加工业			
食品制造业			
酒、饮料和精制茶制造业			
烟草制品业			
纺织业			
纺织服装、服饰业			
皮革、毛皮、羽毛及其制品和制鞋业			
木材加工和木、竹、藤、棕、草制品业			
家具制造业			
造纸和纸制品业			
印刷和记录媒介复制业			
文教、工美、体育和娱乐用品制造业			
石油、煤炭及其他燃料加工业	1470775		
化学原料和化学制品制造业	2645427		
医药制造业			
化学纤维制造业			
橡胶和塑料制品业			
非金属矿物制品业	859433		
黑色金属冶炼和压延加工业	1356162	5797099	
有色金属冶炼和压延加工业			
金属制品业			
通用设备制造业			
专用设备制造业			
汽车制造业			
铁路、船舶、航空航天和其他运输设备制造业			
电气机械和器材制造业			
计算机、通信和其他电子设备制造业			
仪器仪表制造业			
其他制造业			
废弃资源综合利用业			
金属制品、机械和设备修理业			
电力、热力生产和供应业	19216846		
燃气生产和供应业			
水的生产和供应业			

注：本表统计口径为年主营业务收入在 2000 万元及以上的工业企业。

表 7-12 主要能源品种按工业行业分组消费量（2022 年）（续表 1）

行业分类	焦炭（吨）	焦炉煤气（万立方米）	高炉煤气（万立方米）
合　　计	9053877	136604	2313220
石油和天然气开采业			
有色金属矿采选业			
农副食品加工业			
食品制造业			
酒、饮料和精制茶制造业			
烟草制品业			
纺织业			
纺织服装、服饰业			
皮革、毛皮、羽毛及其制品和制鞋业			
木材加工和木、竹、藤、棕、草制品业			
家具制造业			
造纸和纸制品业			
印刷和记录媒介复制业			
文教、工美、体育和娱乐用品制造业			
石油、煤炭及其他燃料加工业			
化学原料和化学制品制造业			
医药制造业			
化学纤维制造业			
橡胶和塑料制品业			
非金属矿物制品业	9675	733	15438
黑色金属冶炼和压延加工业	9031243	135871	2276918
有色金属冶炼和压延加工业	12959		
金属制品业			20864
通用设备制造业			
专用设备制造业			
汽车制造业			
铁路、船舶、航空航天和其他运输设备制造业			
电气机械和器材制造业			
计算机、通信和其他电子设备制造业			
仪器仪表制造业			
其他制造业			
废弃资源综合利用业			
金属制品、机械和设备修理业			
电力、热力生产和供应业			
燃气生产和供应业			
水的生产和供应业			

表 7-12　主要能源品种按工业行业分组消费量（2022 年）（续表 2）

行业分类	转炉煤气（万立方米）	天然气（气态）（万立方米）	液化天然气（液态）（吨）
合　　计	199061	258865	3122
石油和天然气开采业		84	
有色金属矿采选业			
农副食品加工业		341	1682
食品制造业		1563	
酒、饮料和精制茶制造业		125	
烟草制品业		308	
纺织业		695	
纺织服装、服饰业		97	
皮革、毛皮、羽毛及其制品和制鞋业			3
木材加工和木、竹、藤、棕、草制品业		2	587
家具制造业		39	
造纸和纸制品业		10	
印刷和记录媒介复制业		475	
文教、工美、体育和娱乐用品制造业		146	
石油、煤炭及其他燃料加工业		5619	
化学原料和化学制品制造业		127682	81
医药制造业		664	
化学纤维制造业		267	
橡胶和塑料制品业		2170	
非金属矿物制品业		4691	149
黑色金属冶炼和压延加工业	199061	1364	370
有色金属冶炼和压延加工业		2798	
金属制品业		647	174
通用设备制造业		999	2
专用设备制造业		1664	
汽车制造业		3542	
铁路、船舶、航空航天和其他运输设备制造业		275	74
电气机械和器材制造业		7913	
计算机、通信和其他电子设备制造业		1373	
仪器仪表制造业		14	
其他制造业		28	
废弃资源综合利用业		316	
金属制品、机械和设备修理业			
电力、热力生产和供应业		92955	
燃气生产和供应业		1	
水的生产和供应业			

表 7-12　主要能源品种按工业行业分组消费量（2022 年）（续表 3）

计量单位：吨

行业分类	原油	汽油	煤油
合　　计	26552550	7496	127
石油和天然气开采业	1069	215	
有色金属矿采选业			
农副食品加工业		52	
食品制造业		23	
酒、饮料和精制茶制造业		50	
烟草制品业			
纺织业		12	
纺织服装、服饰业		75	
皮革、毛皮、羽毛及其制品和制鞋业		48	
木材加工和木、竹、藤、棕、草制品业		8	
家具制造业		11	
造纸和纸制品业		38	
印刷和记录媒介复制业		144	
文教、工美、体育和娱乐用品制造业		68	
石油、煤炭及其他燃料加工业	17260649	116	
化学原料和化学制品制造业	9290832	336	15
医药制造业		60	
化学纤维制造业			
橡胶和塑料制品业		125	
非金属矿物制品业		110	30
黑色金属冶炼和压延加工业		581	
有色金属冶炼和压延加工业		114	
金属制品业		564	
通用设备制造业		427	21
专用设备制造业		620	
汽车制造业		758	
铁路、船舶、航空航天和其他运输设备制造业		216	1
电气机械和器材制造业		1552	
计算机、通信和其他电子设备制造业		524	60
仪器仪表制造业		387	
其他制造业		13	
废弃资源综合利用业		8	
金属制品、机械和设备修理业		20	
电力、热力生产和供应业		25	
燃气生产和供应业		17	
水的生产和供应业		176	

表 7-12　主要能源品种按工业行业分组消费量（2022 年）（续表 4）

计量单位：吨

行业分类	柴油	燃料油	液化石油气	炼厂干气
合　　计	46647	4341	261642	835722
石油和天然气开采业	1169			
有色金属矿采选业				
农副食品加工业	388			
食品制造业	1			
酒、饮料和精制茶制造业				
烟草制品业	15			
纺织业	8			
纺织服装、服饰业	76		3	
皮革、毛皮、羽毛及其制品和制鞋业	42			
木材加工和木、竹、藤、棕、草制品业	33		89	
家具制造业	12			
造纸和纸制品业	35			
印刷和记录媒介复制业	588			
文教、工美、体育和娱乐用品制造业	95		93	
石油、煤炭及其他燃料加工业	169	2727	999	704241
化学原料和化学制品制造业	4281	119	255604	131481
医药制造业	75			
化学纤维制造业	4257		115	
橡胶和塑料制品业	191			
非金属矿物制品业	19101	1490	534	
黑色金属冶炼和压延加工业	5455			
有色金属冶炼和压延加工业	365			
金属制品业	1039		2745	
通用设备制造业	409		454	
专用设备制造业	278		17	
汽车制造业	1426		103	
铁路、船舶、航空航天和其他运输设备制造业	819		701	
电气机械和器材制造业	324	5	81	
计算机、通信和其他电子设备制造业	579			
仪器仪表制造业	20		105	
其他制造业				
废弃资源综合利用业	1268			
金属制品、机械和设备修理业	798			
电力、热力生产和供应业	2706			
燃气生产和供应业	622			
水的生产和供应业	1			

表 7-12　主要能源品种按工业行业分组消费量（2022 年）（续表 5）

计量单位：吨

行业分类	石脑油	润滑油	石蜡	溶剂油
合　计	2547348	2728	29	770
石油和天然气开采业		24		
有色金属矿采选业				
农副食品加工业				
食品制造业				
酒、饮料和精制茶制造业				
烟草制品业				
纺织业				
纺织服装、服饰业				
皮革、毛皮、羽毛及其制品和制鞋业				
木材加工和木、竹、藤、棕、草制品业				
家具制造业				
造纸和纸制品业				
印刷和记录媒介复制业				
文教、工美、体育和娱乐用品制造业				
石油、煤炭及其他燃料加工业				
化学原料和化学制品制造业	2547348	11		770
医药制造业				
化学纤维制造业				
橡胶和塑料制品业				
非金属矿物制品业		46		
黑色金属冶炼和压延加工业				
有色金属冶炼和压延加工业				
金属制品业		17	29	
通用设备制造业		2047		
专用设备制造业		82		
汽车制造业		448		
铁路、船舶、航空航天和其他运输设备制造业		24		
电气机械和器材制造业		5		
计算机、通信和其他电子设备制造业				
仪器仪表制造业		5		
其他制造业				
废弃资源综合利用业		15		
金属制品、机械和设备修理业		5		
电力、热力生产和供应业				
燃气生产和供应业				
水的生产和供应业				

表 7-12　主要能源品种按工业行业分组消费量（2022 年）（续表 6）

行业分类	石油焦（吨）	其他石油制品（吨）	热力（百万千焦）	电力（万千瓦时）
合　计	9157	10400406	85971873	3590347
石油和天然气开采业				4996
有色金属矿采选业				2596
农副食品加工业			449181	10706
食品制造业			1015291	20603
酒、饮料和精制茶制造业			281771	10781
烟草制品业				2835
纺织业			53646	17608
纺织服装、服饰业			59770	7277
皮革、毛皮、羽毛及其制品和制鞋业				672
木材加工和木、竹、藤、棕、草制品业				863
家具制造业				4763
造纸和纸制品业			3817	2905
印刷和记录媒介复制业			156831	14366
文教、工美、体育和娱乐用品制造业				4035
石油、煤炭及其他燃料加工业	4823	7586720	11296011	192805
化学原料和化学制品制造业	1257	2813681	47611660	923243
医药制造业			786483	53479
化学纤维制造业			1297712	15608
橡胶和塑料制品业			171863	58560
非金属矿物制品业	3077		16198	119624
黑色金属冶炼和压延加工业			19102262	810205
有色金属冶炼和压延加工业				18197
金属制品业			90812	47222
通用设备制造业			51129	109577
专用设备制造业			7678	29135
汽车制造业			330505	134110
铁路、船舶、航空航天和其他运输设备制造业			12748	17922
电气机械和器材制造业			1587634	258795
计算机、通信和其他电子设备制造业			787077	315424
仪器仪表制造业			107	18968
其他制造业				9093
废弃资源综合利用业				4399
金属制品、机械和设备修理业		5		483
电力、热力生产和供应业			794374	275086
燃气生产和供应业				676
水的生产和供应业			7313	72727

表 7-12 主要能源品种按工业行业分组消费量（2022 年）（续表 7）

行业分类	氢气（万立方米）	城市生活垃圾（用于燃料）（吨）	生物质能（用于燃料）（吨标准煤）	余热余压（百万千焦）
合　计	192784	2287102	10803	41813982
石油和天然气开采业				
有色金属矿采选业				
农副食品加工业			341	
食品制造业			228	
酒、饮料和精制茶制造业			1694	
烟草制品业				
纺织业				
纺织服装、服饰业			282	
皮革、毛皮、羽毛及其制品和制鞋业				
木材加工和木、竹、藤、棕、草制品业				
家具制造业				
造纸和纸制品业				
印刷和记录媒介复制业			354	
文教、工美、体育和娱乐用品制造业				
石油、煤炭及其他燃料加工业	101219			16543980
化学原料和化学制品制造业	91561			4028907
医药制造业				
化学纤维制造业				155968
橡胶和塑料制品业			3333	
非金属矿物制品业		117430	2784	3053890
黑色金属冶炼和压延加工业				18031237
有色金属冶炼和压延加工业			1732	
金属制品业				
通用设备制造业		67	49	
专用设备制造业				
汽车制造业				
铁路、船舶、航空航天和其他运输设备				
电气机械和器材制造业				
计算机、通信和其他电子设备制造业	4			
仪器仪表制造业				
其他制造业				
废弃资源综合利用业				
金属制品、机械和设备修理业				
电力、热力生产和供应业		2169605		
燃气生产和供应业				
水的生产和供应业				

表 7-13　工业行业综合能耗（2022 年）

行业分类	综合能源消费量（吨标准煤）	增幅（%）
全部工业企业	37014428	-4.8
# 石油和天然气开采业	10813	-6.5
有色金属矿采选业	3191	-2.7
农副食品加工业	36911	-17.6
食品制造业	80996	8.0
酒、饮料和精制茶制造业	26263	-0.9
烟草制品业	6896	-0.2
纺织业	32273	-9.9
纺织服装、服饰业	12707	-31.9
皮革、毛皮、羽毛及其制品和制鞋业	964	-11.5
木材加工和木、竹、藤、棕、草制品业	2328	-8.7
家具制造业	6404	-4.9
造纸和纸制品业	3934	-16.6
印刷和记录媒介复制业	30698	-12.3
文教、工美、体育和娱乐用品制造业	7299	-15.9
石油、煤炭及其他燃料加工业	2731911	-2.5
化学原料和化学制品制造业	12721588	-12.6
医药制造业	101431	20.8
化学纤维制造业	72061	-24.2
橡胶和塑料制品业	107742	-1.8
非金属矿物制品业	968576	-13.8
黑色金属冶炼和压延加工业	11331344	0.4
有色金属冶炼和压延加工业	73307	8.5
金属制品业	98978	-3.2
通用设备制造业	154672	6.8
专用设备制造业	58505	9.3
汽车制造业	226047	5.2
铁路、船舶、航空航天和其他运输设备制造业	28892	-11.4
电气机械和器材制造业	474526	23.2
计算机、通信和其他电子设备制造业	433095	-0.1
仪器仪表制造业	24284	9.2
其他制造业	11562	0.7
废弃资源综合利用业	11359	7.4
金属制品、机械和设备修理业	1800	-9.3
电力、热力生产和供应业	7029407	0.5
燃气生产和供应业	1772	-20.4
水的生产和供应业	89892	5.4

注：本表统计口径为年主营业务收入在 2000 万元及以上的工业企业。

表 7-14　规模以上工业企业主要单位产品能源消耗

指标名称	计量单位	2022 年	2021 年	比上年增减%
单位油气产量综合能耗	千克标准煤/吨	21.90	23.28	-5.9
单位油气产量耗电	千瓦时/吨	101.20	105.62	-4.2
炼焦工序单位能耗	千克标准煤/吨	116.92	109.63	6.6
原油加工单位综合能耗	千克标准油/吨	56.93	55.16	3.2
原油加工单位耗电	千瓦时/吨	66.10	63.65	3.8
单位烧碱生产综合能耗（离子膜法 30%）	千克标准煤/吨	323.17	317.28	1.9
单位烧碱生产耗交流电（离子膜法 30%）	千瓦时/吨	2150.68	2097.77	2.5
单位乙烯生产综合能耗	千克标准煤/吨	895.47	779.75	14.8
单位乙烯生产耗电	千瓦时/吨	143.74	120.10	19.7
单位合成氨生产综合能耗	千克标准煤/吨	1517.23	1433.39	5.8
单位合成氨耗电	千瓦时/吨	240.59	227.09	5.9
单位合成氨耗原料煤	千克标煤/吨	1093.35	1483.41	-26.3
吨水泥熟料综合能耗	千克标准煤/吨	101.62	103.39	-1.7
吨水泥熟料综合电耗	千瓦时/吨	48.68	51.58	-5.6
吨水泥熟料烧成标准煤耗	千克标准煤/吨	92.29	94.95	-2.8
吨水泥综合能耗	千克标准煤/吨	78.66	83.98	-6.3
吨水泥综合电耗	千瓦时/吨	67.99	68.56	-0.8
吨水泥标准煤耗	千克标准煤/吨	72.30	78.92	-8.4
吨钢综合能耗	千克标准煤/吨	595.85	595.68	0.0
吨钢耗电	千瓦时/吨	418.26	394.24	6.1
吨钢可比能耗	千克标准煤/吨	522.25	535.00	-2.4
炼铁工序单位能耗	千克标准煤/吨	412.25	404.98	1.8
转炉炼钢综合工序单位能耗	千克标准煤/吨	-17.87	-17.76	0.6
电炉炼钢综合工序单位能耗	千克标准煤/吨	56.47	55.08	2.5
电炉炼钢综合电力消耗	千瓦时/吨	346.31	343.00	1.0
轧钢工序单位能耗	千克标准煤/吨	54.50	55.07	-1.0
轧钢工序单位电力消耗	千瓦时/吨	95.91	94.44	1.6
吨钢耗新水	吨/吨	2.00	2.62	-23.5
铁矿烧结工序单位能耗	千克标准煤/吨	48.55	48.62	-0.2
电厂火力发电标准煤耗	克标准煤/千瓦时	278.66	280.26	-0.6
电厂火力供电标准煤耗	克标准煤/千瓦时	287.69	287.39	0.1
发电厂用电率	%	4.64	4.66	

注：1．本表统计口径为年耗能万吨及以上工业企业。
　　2．本表中的本、同期指标值为按国家目录统计的生产每单位产品的能源消耗量。

表 7-15　规模以上工业企业取水总量按行业分类（2022 年）

计量单位：万立方米

行业分类	工业取水总量	自来水	地表水	地下水	重复用水总量
合　　计	185217	23223	159944	58	728590
石油和天然气开采业	119	74	36	8	
有色金属矿采选业	7	7			170
农副食品加工业	227	204		24	
食品制造业	496	493	4		
酒、饮料和精制茶制造业	343	343			145
烟草制品业	34	34			210
纺织业	79	79			16
纺织服装、服饰业	180	137	43	1	
皮革、毛皮、羽毛及其制品和制鞋业	3	3			
木材加工和木、竹、藤、棕、草制品业	10	10			
家具制造业	37	37			
造纸和纸制品业	15	15			
印刷和记录媒介复制业	75	75			
文教、工美、体育和娱乐用品制造业	39	39			
石油、煤炭及其他燃料加工业	2062	46	2015		2469
化学原料和化学制品制造业	10761	6868	3652	5	398673
医药制造业	614	614			43
化学纤维制造业	6152	455	5698		16
橡胶和塑料制品业	204	204			133
非金属矿物制品业	1214	650	535	19	1180
黑色金属冶炼和压延加工业	5916	27	5889		273407
有色金属冶炼和压延加工业	102	102			24
金属制品业	352	351		1	205
通用设备制造业	483	477	6		4104
专用设备制造业	347	338	8		28
汽车制造业	827	823	4		1173
铁路、船舶、航空航天和其他运输设备制造业	141	141			166
电气机械和器材制造业	1284	1283	1		149
计算机、通信和其他电子设备制造业	2776	2771	1		1680
仪器仪表制造业	127	127			
其他制造业	20	20			
废弃资源综合利用业	87	66	21		44
金属制品、机械和设备修理业	19	19			
电力、热力生产和供应业	9778	449	7600		43555
燃气生产和供应业	19	19			
水的生产和供应业	140268	5823	134434		999

注：本表口径为年主营业务收入在 2000 万元及以上的工业企业。

表 7-16　2000 年以来全社会用电量

计量单位：万千瓦时

年　份	全社会用电量	第一产业用电量	第二产业用电量	第三产业用电量
2000	1377395			
2001	1484439			
2002	1620788			
2003	1840333			
2004	2072997	15625	1516541	280799
2005	2466661	14507	1772227	377701
2006	2705710	14117	1906213	435703
2007	2991293	14806	2104964	503645
2008	3107922	15350	2109267	567103
2009	3370545	16264	2274994	626941
2010	3736638	16871	2461481	728152
2011	3997431	18313	2605097	844872
2012	4249554	18853	2699199	930843
2013	4626718	19536	2920266	1011428
2014	4704973	20441	2946677	1130462
2015	4951753	23820	3069749	1204713
2016	5247863	30133	3167669	1285568
2017	5569607	31438	3243525	1483254
2018	6064005	18389	3381783	1734407
2019	6215283	19160	3357175	1872079
2020	6329425	18660	3481973	1854276
2021	6835698	22235	3613941	2124003
2022	7244555	25641	3662388	2331260

表 7-17　2000 年以来工业和城乡居民生活用电量

计量单位：万千瓦时

年　份	工业用电量	城乡居民生活用电量
2000	983357	161776
2001	1050714	214813
2002	1160082	189578
2003	1297208	233660
2004	1476061	260031
2005	1735282	302226
2006	1870393	349677
2007	2071067	367878
2008	2077025	416202
2009	2237473	452346
2010	2426591	530134
2011	2568421	529149
2012	2656421	600659
2013	2867065	675488
2014	2890160	607393
2015	3005429	653471
2016	3108114	764493
2017	3181389	811390
2018	3312687	929426
2019	3272563	966869
2020	3388753	974516
2021	3503331	1075519
2022	3552548	1225266

表 7-18　主要年份规模以上工业企业职工人数、主营业务收入

年　　份	职工人数 （万人）	主营业务收入 （万元）
1978		479852
1979	55.26	567621
1980	58.66	616995
1981	62.90	610863
1982	65.58	668852
1983	70.87	752944
1984	71.41	876503
1985	78.50	1120919
1986	81.32	1151405
1987	85.18	1508476
1988	86.52	1845851
1989	85.66	2202471
1990	86.26	2477840
1992	89.50	4081394
1993	87.95	5642341
1994	90.74	6608363
1995	92.17	8645998
1996	86.92	9197414
1997	81.97	10077056
1998	75.04	11624513
1999	68.13	12534665
2000	62.04	15402200
2004	55.24	30914407
2005	56.27	40273019
2007	59.29	58189978
2008	70.96	66355400
2009	73.39	67309878
2010	80.59	86253519
2012	79.71	112832558
2014	80.64	130038382
2015	78.42	121806956
2016	74.44	124423598
2017	64.26	109364660
2018	64.41	121572303
2019	57.00	113689366
2020	60.14	119266780
2021	61.24	147180403
2022	63.56	161417173

注：根据国家统计局制度变化，从 2022 年起主营业务收入调整为营业收入。

表 7-19　2022 年大中型工业企业名单

企业名称	规模	企业名称	规模
中国石油化工股份有限公司金陵分公司	大型	中国石化集团南京化学工业有限公司	大型
中国石化扬子石油化工有限公司	大型	国电南瑞科技股份有限公司	大型
南京钢铁股份有限公司	大型	南京乐金熊猫电器有限公司	大型
爱尔集新能源（南京）有限公司	大型	上汽大通汽车有限公司南京分公司	大型
中兴通讯（南京）有限责任公司	大型	西门子数控（南京）有限公司	大型
上海梅山钢铁股份有限公司	大型	南京爱立信熊猫通信有限公司	大型
上汽大众汽车有限公司南京分公司	大型	南京中车浦镇城轨车辆有限责任公司	大型
江苏中烟工业有限责任公司南京卷烟厂	大型	舍弗勒（南京）有限公司	大型
扬子石化-巴斯夫有限责任公司	大型	南京金龙客车制造有限公司	大型
喜星电子（南京）有限公司	大型	南京京东方显示技术有限公司	大型
乐金显示（南京）有限公司	大型	瑞仪光电（南京）有限公司	大型
南京金江冶金炉料有限公司	大型	博西华电器（江苏）有限公司	大型
南京汽车集团有限公司	大型	中国石化集团金陵石油化工有限责任公司	大型
国电南瑞南京控制系统有限公司	大型	南京长安汽车有限公司	大型
爱尔集新能源科技（南京）有限公司	大型	南京夏普电子有限公司	大型
南京南瑞继保工程技术有限公司	大型	南京市比亚迪汽车有限公司	大型
长安马自达汽车有限公司	大型	南京正大天晴制药有限公司	大型
南京高速齿轮制造有限公司	大型	南京依维柯汽车有限公司	大型
台积电（南京）有限公司	大型	南京南钢产业发展有限公司	大型
南京泉峰科技有限公司	大型	南京顶益食品有限公司	大型
爱尔集新能源电池（南京）有限公司	大型	创维电器股份有限公司	大型
中车南京浦镇车辆有限公司	大型	仕达利恩（南京）光电有限公司	大型

表7-19　2022年大中型工业企业名单（续表1）

企业名称	规模	企业名称	规模
艾欧史密斯（中国）热水器有限公司	大型	江苏中旗科技股份有限公司	大型
南京南瑞继保电气有限公司	大型	南京泉峰汽车精密技术股份有限公司	大型
南京高精齿轮集团有限公司	大型	南京喜之郎食品有限公司	大型
江苏中圣压力容器装备制造有限公司	大型	华天科技（南京）有限公司	大型
南京群志光电有限公司	大型	南微医学科技股份有限公司	大型
南京国博电子股份有限公司	大型	南京药石科技股份有限公司	大型
南京奥托立夫汽车安全系统有限公司	大型	南京中电熊猫液晶显示科技有限公司	大型
南京港华燃气有限公司	大型	基蛋生物科技股份有限公司	大型
南京卫岗乳业有限公司	大型	南京金斯瑞生物科技有限公司	大型
吉宝通讯（南京）有限公司	大型	正大天晴药业集团南京顺欣制药有限公司	大型
格力电器（南京）有限公司	大型	汉桑（南京）科技股份有限公司	大型
南京天加环境科技有限公司	大型	代傲电子控制（南京）有限公司	大型
南京玻璃纤维研究设计院有限公司	大型	南京水务集团有限公司	大型
江苏太古可口可乐饮料有限公司	大型	南京造币有限公司	大型
菲尼克斯亚太电气（南京）有限公司	大型	南京科远智慧科技集团股份有限公司	大型
南京诺唯赞生物科技股份有限公司	大型	南京我乐家居智能制造有限公司	大型
中国石油化工股份有限公司华东油气分公司	大型	英华达（南京）科技有限公司	大型
南京冠盛汽配有限公司	大型	江苏国轩新能源科技有限公司	大型
南京汽轮电机（集团）有限责任公司	大型	日立安斯泰莫动力系统（南京）有限公司	大型
艾欧史密斯（中国）环境电器有限公司	大型	蜂巢能源科技（南京）有限公司	大型
南京康尼机电股份有限公司	大型	南京金陵金箔集团股份有限公司	大型
南京市欣旺达新能源有限公司	大型	南京梅山工程技术新产业开发有限公司	大型

表 7-19　2022 年大中型工业企业名单（续表 2）

企业名称	规模	企业名称	规模
南京国轩电池有限公司	中型	南京化学工业园热电有限公司	中型
南京 LG 新港新技术有限公司	中型	南京大全电气有限公司	中型
南京钢铁有限公司	中型	江苏双龙集团有限公司	中型
中兴智能科技南京有限公司	中型	南京奥特佳新能源科技有限公司	中型
杉金光电（南京）有限公司	中型	江苏奥赛康药业有限公司	中型
塞拉尼斯（南京）化工有限公司	中型	布雷博（南京）汽车零部件有限公司	中型
国电南京自动化股份有限公司	中型	安百拓（南京）建筑矿山设备有限公司	中型
南京诚志清洁能源有限公司	中型	南京华信藤仓光通信有限公司	中型
华能南京金陵发电有限公司	中型	南京聚隆科技股份有限公司	中型
南京乐金汽车零部件有限公司	中型	南京莱斯信息技术股份有限公司	中型
南京福邦特东方化工有限公司	中型	南京诺唯赞医疗科技有限公司	中型
南京中联混凝土有限公司	中型	南京国睿防务系统有限公司	中型
南京国轩新能源有限公司	中型	兰精（南京）纤维有限公司	中型
江苏苏博特新材料股份有限公司	中型	扬子江药业集团南京海陵药业有限公司	中型
南京健友生化制药股份有限公司	中型	精博电子（南京）有限公司	中型
招商局金陵船舶（南京）有限公司	中型	艾默生过程控制流量技术有限公司	中型
蔚然（南京）动力科技有限公司	中型	南京迈瑞生物医疗电子有限公司	中型
南京国电南自电网自动化有限公司	中型	华能国际电力江苏能源开发有限公司南京电厂	中型
江苏德纳化学股份有限公司	中型	南京中燃城市燃气发展有限公司	中型
南京创维平面显示科技有限公司	中型	南京红太阳生物化学有限责任公司	中型
南京华洲药业有限公司	中型	南京宝色股份公司	中型
先声药业有限公司	中型	国能龙源环保南京有限公司	中型
南京云海特种金属股份有限公司	中型	锦泓时装集团股份有限公司	中型
江苏南热发电有限责任公司	中型	霍尼韦尔传感控制（中国）有限公司	中型
蓝星安迪苏南京有限公司	中型	南京大全变压器有限公司	中型
中国石化集团资产经营管理有限公司扬子石化分公司	中型	南京联塑科技实业有限公司	中型
江苏苏美达五金工具有限公司	中型	南京协众汽车空调集团有限公司	中型
博世汽车技术服务（中国）有限公司	中型	南京钛白化工有限责任公司	中型
大唐南京发电厂	中型	南京四方亿能电力自动化有限公司	中型

表 7-19　2022 年大中型工业企业名单（续表 3）

企业名称	规模	企业名称	规模
南京炼油厂有限责任公司	中型	南京埃斯顿机器人工程有限公司	中型
江苏钟山新材料有限公司	中型	南京同仁堂药业有限责任公司	中型
布雷博（南京）制动系统有限公司	中型	法雷奥凯佩科液力变矩器（南京）有限公司	中型
江苏华瑞服装有限公司	中型	南京恩瑞特实业有限公司	中型
南京汽轮电机长风新能源股份有限公司	中型	江苏信宁新型建材有限公司	中型
南京南瑞水利水电科技有限公司	中型	南京熊猫电子制造有限公司	中型
南京中联水泥有限公司	中型	艾德克斯电子（南京）有限公司	中型
南京立业电力变压器有限公司	中型	中船重工鹏力（南京）塑造科技有限公司	中型
江苏无线电厂有限公司	中型	江苏金智科技股份有限公司	中型
南京大吉铁塔制造有限公司	中型	中国能源建设集团南京线路器材有限公司	中型
东爵有机硅（南京）有限公司	中型	南京百事可乐饮料有限公司	中型
南京锦湖轮胎有限公司	中型	可隆（南京）特种纺织品有限公司	中型
南京熊猫信息产业有限公司	中型	中石化南京化工机械有限公司	中型
南京法雷奥离合器有限公司	中型	南京汽车锻造有限公司	中型
美埃（中国）环境科技股份有限公司	中型	南京万德斯环保科技股份有限公司	中型
诺玛科（南京）汽车零部件有限公司	中型	南京六九零二科技有限公司	中型
江苏金陵机械制造总厂	中型	南京星乔威泰克汽车零部件有限公司	中型
南京邦奇自动变速箱有限公司	中型	南京国电南自维美德自动化有限公司	中型
南京埃斯顿自动化股份有限公司	中型	中国水泥厂有限公司	中型
长安马自达发动机有限公司	中型	南京消防器材股份有限公司	中型
艾欧史密斯（中国）水系统有限公司	中型	南京北路智控科技股份有限公司	中型
南京迪威尔高端制造股份有限公司	中型	南京江宁水务集团有限公司	中型
南京国盛电子有限公司	中型	南京白象食品有限公司	中型
海太欧林集团有限公司	中型	江苏久吾高科技股份有限公司	中型
南京音飞储存设备（集团）股份有限公司	中型	江苏金陵环境股份有限公司	中型
南京红宝丽聚氨酯有限公司	中型	南京圣和药业股份有限公司	中型
南京恒生制药有限公司	中型	南京威孚金宁有限公司	中型
南京洛普股份有限公司	中型	南京中车浦镇海泰制动设备有限公司	中型
南京全信传输科技股份有限公司	中型	南京瀚宇彩欣科技有限责任公司	中型
中建五洲工程装备有限公司	中型	南京氟源化工管道设备有限公司	中型

表 7-19　2022 年大中型工业企业名单（续表 4）

企业名称	规模	企业名称	规模
南京绿叶制药有限公司	中型	南京创源天地动力科技有限公司	中型
南京华脉科技股份有限公司	中型	南京爱德印刷有限公司	中型
南京易亨制药有限公司	中型	南京美高美新材料有限公司	中型
江苏卡思迪莱服饰有限公司	中型	南京海辰药业股份有限公司	中型
南京大桥机器有限公司	中型	天华院（南京）智能制造有限公司	中型
江苏龙蟠科技股份有限公司	中型	亿泰精密工业（南京）有限公司	中型
南京众山电池电子有限公司	中型	南京西普尔科技实业有限公司	中型
展讯半导体（南京）有限公司	中型	南京工艺装备制造有限公司	中型
南京正源搪瓷设备制造有限公司	中型	南京康尼电子科技有限公司	中型
苏世博（南京）减振系统有限公司	中型	维讯化工（南京）有限公司	中型
南京苏美达动力产品有限公司	中型	南京洛普科技有限公司	中型
金城化学（江苏）有限公司	中型	马勒发动机零部件（南京）有限公司	中型
南京康尼新能源汽车零部件有限公司	中型	南京恒电电子有限公司	中型
南京佳力图机房环境技术股份有限公司	中型	溢泰（南京）环保科技有限公司	中型
江苏中圣管道工程技术有限公司	中型	江苏金恒信息科技股份有限公司	中型
南京高精船用设备有限公司	中型	南京银茂铅锌矿业有限公司	中型
金陵药业股份有限公司	中型	亿嘉和科技股份有限公司	中型
齐丰科技股份有限公司	中型	多伦科技股份有限公司	中型
南京扬子检修安装有限责任公司	中型	南京腾亚精工科技股份有限公司	中型
蓝深集团股份有限公司	中型	南京美华羽绒制品有限公司	中型
赛科利（南京）汽车模具技术应用有限公司	中型	胡连电子（南京）有限公司	中型
江苏华创微系统有限公司	中型	南京安维士传动技术股份有限公司	中型
南京圣迪奥时装有限公司	中型	南京雷尔伟新技术股份有限公司	中型
南京胜捷电机制造有限公司	中型	江苏集萃药康生物科技股份有限公司	中型
佳源科技股份有限公司	中型	南京海鲸药业有限公司	中型
弓箭玻璃器皿（中国）有限公司	中型	艾志（南京）环保管接技术股份有限公司	中型
南京华德仓储设备制造有限公司	中型	江苏六维智能物流装备股份有限公司	中型
南京利德东方橡塑科技有限公司	中型	迈拓仪表股份有限公司	中型
南京双星塑料模具有限公司	中型	南京亿高医疗科技股份有限公司	中型
南京世和基因生物技术股份有限公司	中型	南京光明乳品有限公司	中型

表 7-19　2022 年大中型工业企业名单（续表 5）

企业名称	规模	企业名称	规模
南京电气绝缘子有限公司	中型	含羞草（江苏）食品有限公司	中型
东集技术股份有限公司	中型	南京模拟技术研究所	中型
南京乐金麦格纳易驱动汽车零部件有限公司	中型	南京马波斯自动化设备有限公司	中型
南京金梦都工贸实业有限责任公司	中型	南京恒天领锐汽车有限公司	中型
蒂森克虏伯发动机零部件（中国）有限公司	中型	江苏雨润肉食品有限公司	中型
南京冠佳科技有限公司	中型	南京高华科技股份有限公司	中型
江苏金海宁新型建材科技有限公司	中型	南京沪江复合材料股份有限公司	中型
中航工业南京伺服控制系统有限公司	中型	南京扬子塑料化工有限责任公司	中型
南京斯瑞奇医疗用品有限公司	中型	南京中盛铁路车辆配件有限公司	中型
东盟电气集团南京股份有限公司	中型	巨能机械（中国）有限公司	中型
南京磁谷科技股份有限公司	中型	南京百江液化气有限公司	中型
南京云海轻金属精密制造有限公司	中型	南京波长光电科技股份有限公司	中型
南京圣诺热管有限公司	中型	南京茂莱光学科技股份有限公司	中型
江苏苏美达创智服装科技发展有限公司	中型	南京力高建筑构件有限公司	中型
南京正力新能电池技术有限公司	中型	大协西川东阳汽车部件（南京）有限公司	中型
泰艺电子（南京）有限公司	中型	南京东陶有限公司	中型
南京东润特种橡塑有限公司	中型	江苏艾思飞精密零部件有限公司	中型
南京巨鲨显示科技有限公司	中型	南京麦澜德医疗科技股份有限公司	中型
南京奥联汽车电子电器股份有限公司	中型	南京扬子检维修有限责任公司	中型
南京白敬宇制药有限责任公司	中型	南京派格斯游乐设备有限公司	中型
南京康尼精密机械有限公司	中型	南京诺尔曼生物技术股份有限公司	中型
南京永湖电子有限公司	中型	南京润京乳胶制品有限公司	中型
南京伟思医疗科技股份有限公司	中型	南京佳盛机电器材制造有限公司	中型
江苏芯德半导体科技有限公司	中型	南京金城机械有限公司	中型
南京能瑞电力科技有限公司	中型	江苏本川智能电路科技股份有限公司	中型
南京塔塔汽车零部件系统有限公司	中型	江苏高淳陶瓷股份有限公司	中型
南京市腾阳机械有限公司	中型	南京臣功制药股份有限公司	中型
南京威凯尔生物医药科技有限公司	中型	南京沃天科技股份有限公司	中型
南京甘汁园股份有限公司	中型	南京钢铁集团江苏冶金机械有限公司	中型
南京嘉浩科技有限公司	中型	南京普爱医疗设备股份有限公司	中型

表 7-19　2022 年大中型工业企业名单（续表 6）

企业名称	规模	企业名称	规模
南京肯特复合材料股份有限公司	中型	南京速鸿电子科技有限公司	中型
南京扬子动力工程有限责任公司	中型	南京舒普思达医疗设备有限公司	中型
江苏中车数字科技有限公司	中型	南京澳博阳射频技术有限公司	中型
南京飞燕活塞环股份有限公司	中型	南京熊猫电子装备有限公司	中型
南京二机齿轮机床有限公司	中型	南京奥特佳祥云冷机有限公司	中型
南京长明光电科技有限公司	中型	南京禾诚石化装备工程有限公司	中型
南京小洋人生物科技发展有限公司	中型	前沿生物药业（南京）股份有限公司	中型
茂莱（南京）仪器有限公司	中型	芯华章科技股份有限公司	中型
南京万德体育产业集团有限公司	中型	南京争锋信息科技有限公司	中型
南京鑫业电动工具制造有限公司	中型	南京嘉美服饰辅料有限公司	中型
丸仁电子（南京）有限公司	中型	麦格纳宏立汽车系统（江苏）有限公司	中型
伟创力（南京）科技有限公司	中型	江苏东航食品有限公司	中型
南京江南永新光学有限公司	中型	南京金浦利轨道车辆装备有限公司	中型
南京卓胜自动化设备有限公司	中型	南京南梅金属加工有限公司	中型
侨伟运动器材（南京）有限公司	中型	新格元（南京）生物科技有限公司	中型
南京熊猫电子股份有限公司	中型	江苏苏美达创为针织服饰有限公司	中型
南京东亚高新材料有限公司	中型	南京昊天制衣有限公司	中型
南京特种电机厂有限公司	中型	南京诗梦服装设计有限公司	中型
江苏长晶浦联功率半导体有限公司	中型	江苏优尔蓝信息科技有限公司	中型
南京拓邦微电子有限公司	中型	南京苏美达创锦服饰科技有限公司	中型
南京苏美达创元制衣有限公司	中型	上海瑞博密封件南京有限公司	中型
南京百泽机械有限公司	中型	南京创思特服饰有限公司	中型
南京际华五三零二服饰装具有限责任公司	中型	南京铖联激光科技有限公司	中型
得润双飞电气系统南京有限公司	中型	南京百花光电有限公司	中型
南京春辉科技实业有限公司	中型	南京龙鑫电子科技有限公司	中型
江苏凤凰新华印务集团有限公司	中型	南京制药厂有限公司	中型
南京苏美达服装技术研发有限公司	中型	南京东利来光电实业有限责任公司	中型
南京牧龙食品有限公司	中型	南京圣可尼服饰实业有限公司	中型
永镫科技（南京）有限公司	中型	南京老山药业股份有限公司	中型
南京瑞润新材料科技有限公司	中型		

主要统计指标解释

工业　指从事自然资源的开采，对采掘品和农产品进行加工和再加工的物质生产部门。具体包括：（1）对自然资源的开采，如采矿、晒盐、森林采伐等（但不包括禽兽捕猎和水产捕捞）；（2）对农副产品的加工、再加工，如粮油加工、食品加工、轧花、缫丝、纺织、制革等；（3）对采掘品的加工、再加工，如炼铁、炼钢、化工生产、石油加工、机器制造、木材加工等，以及电力、自来水、煤气的生产和供应等；（4）对工业品的修理、翻新，如机器设备的修理、交通运输工具（包括小卧车）的修理等。

1984 年以前农村的村及村以下办工业归属农业，1984 年以后划归工业。

国有控股企业　即原来的国有及国有控股企业，根据企业实收资本中国有经济成分的出资人的实际投资情况，或国有经济成分的出资人对企业资产的实际控制、支配程度进行分类。以下情况为国有控股：（1）在企业的全部实收资本中，国有经济成分的出资人拥有的实收资本（股本）所占企业全部实收资本（股本）的比例大于 50%的国有绝对控股。（2）在企业的全部实收资本中，国有经济成分的出资人拥有的实收资本（股本）所占比例虽未大于 50%，但相对大于其他任何一方经济成分的出资人所占比例的国有相对控股；或者虽不大于其他经济成分，但根据协议规定拥有企业实际控制权的国有协议控股。（3）投资双方各占 50%，且未明确由谁绝对控股的企业，若其中一方为国有经济成分的，一律按国有控股处理。

集体企业　指企业资产归集体所有，并按《中华人民共和国企业法人登记管理条例》规定登记注册的经济组织。是社会主义公有制经济的组成部分。包括城乡所有使用集体投资举办的企业，以及部分个人通过集资自愿放弃所有权并依法经工商行政管理机关认定为集体所有制的企业。

股份合作企业　指以合作制为基础，由企业职工共同出资入股，吸收一定比例的社会资产投资组建，实行自主经营，自负盈亏，共同劳动，民主管理，按劳分配与按股分红相结合的一种集体经济组织。

联营企业　指两个及两个以上相同或不同所有制性质的企业法人或事业单位法人，按自愿、平等、互利的原则，共同投资组成的经济组织。联营企业包括：国有联营企业指国有企业与国有企业间的联营；集体联营企业指集体企业与集体企业间的联营；国有与集体联营企业指国有企业与集体企业间的联营。

有限责任公司　指根据《中华人民共和国公司登记管理条例》规定登记注册，由两个以上，五十个以下的股东共同出资，每个股东以其所认缴的出资额对公司承担有限责任，公司以其全部资产对其债务承担责任的经济组织。

有限责任公司包括国有独资公司以及其他有限责任公司。

股份有限公司　指根据《中华人民共和国企业法人登记管理条例》规定登记注册，其全部注册资本由等额股份构成并通过发行股票筹集资本，股东以其认购的股份对公司承担有限责任，公司以其全部资产对其债务承担责任的经济组织。

私营企业 指由自然人投资设立或由自然人控股，以雇佣劳动为基础的营利性经济组织。包括按照《公司法》《合伙企业法》《私营企业暂行条例》规定登记注册的私营有限责任公司、私营股份有限公司、私营合伙企业和私营独资企业。

港、澳、台商投资企业 指企业注册登记类型中的港、澳、台资合资、合作、独资经营企业和股份有限公司之和。

外商投资企业 指企业注册登记类型中的中外合资、合作经营企业、外资企业和外商投资股份有限公司之和。

轻工业 指主要提供生活消费品和制作手工工具的工业。按其所使用的原料不同，可分为两大类：（1）以农产品为原料的轻工业，是指直接或间接以农产品为基本原料的轻工业。主要包括食品制造、饮料制造、烟草加工、纺织、缝纫、皮革和毛皮制作、造纸以及印刷等工业；（2）以非农产品为原料的轻工业，是指以工业品为原料的轻工业。主要包括文教体育用品、化学药品制造、合成纤维制造、日用化学制品、日用玻璃制品、日用金属制品、手工工具制造、医疗器械制造、文化和办公用机械制造等工业。

重工业 是指为国民经济各部门提供物质技术基础的主要生产资料的工业。按其生产性质和产品用途，可以分为下列三类：（1）采掘（伐）工业，是指对自然资源的开采，包括石油开采、煤炭开采、金属矿开采、非金属矿开采和木材采伐等工业；（2）原材料工业，指向国民经济各部门提供基本材料、动力和燃料的工业。包括金属冶炼及加工、炼焦及焦炭、化学、化工原料、水泥、人造板以及电力、石油和煤炭加工等工业；（3）加工工业，是指对工业原材料进行再加工制造的工业。包括装备国民经济各部门的机械设备制造工业、金属结构、水泥制品等工业，以及为农业提供的生产资料如化肥、农药等工业。

根据上述划分原则，修理业中以重工业产品为修理作业对象的划为重工业，反之划为轻工业。

工业总产值 是以货币表现的工业企业在一定时期内生产的已出售或可供出售工业产品总量，它反映一定时间内工业生产的总规模和总水平。它包括：在本企业内不再进行加工，经检验、包装入库（规定不需包装的产品除外）的成品价值，对外加工费收入，自制半成品、在产品期末初差额价值。工业总产值采用“工厂法”计算，即以工业企业作为一个整体，按企业工业生产活动的最终成果来计算，企业内部不允许重复计算，不能把企业内部各个车间（分厂）生产的成果相加。但在企业之间、行业之间、地区之间存在着重复计算。

轻重工业总产值的划分是按“工厂法”计算的，即一个工业企业生产的主要产品性质属于轻工业，则该企业的全部总产值作为轻工业总产值；如它的主要产品性质属于重工业，则该企业的全部总产值作为重工业总产值。

实收资本　指企业实际收到的投资人投入的资本。按投资主体可分为国家资本、集体资本、法人资本、个人资本、港澳台资本和外商资本等。

资产合计　指企业拥有或控制的能以货币计量的经济资源。包括各种财产、债权和其他权利。资产按其流动性划分为流动资产、长期投资、固定资产、无形及递延资产和其他资产。

（1）流动资产　指企业可以在一年内或者超过一年的一个生产周期内变现或耗用的资产合计。包括现金及各种存款、短期投资、应收及预付款项、存货等。

（2）固定资产　指企业固定资产净值、固定资产清理、在建工程、待处理固定资产损失所占用的资金合计。

（3）无形资产　指企业长期使用而没有实物形态的资产。包括专利权、非专利技术、商标权、著作权、土地使用权、商誉等。

负债合计　指企业承担的能以货币计量，将以资产或劳务偿付的债务。负债一般按偿还期长短分为流动负债和长期负债、递延税项等。

（1）流动负债　指企业在一年内或者超过一年的一个营业周期内需要偿还的债务合计，其中包括短期借款、应付及预收款项、应付工资、应交税金和应交利润等。

（2）长期负债　指企业在一年以上或者超过一年的一个营业周期以上需要偿还的债务合计，其中包括长期借款、应付债务、长期应付款项等。

所有者权益　指企业投资人对企业净资产的所有权。企业净资产等于企业全部资产减去全部负债后的余额，其中包括投资者对企业的最初投入，以及资本公积金、盈余公积金和未分配利润，对股份制企业即为股东权益。

固定资产原价　指企业在建造、购置、安装、改建、扩建、技术改造某项固定资产时所支出的全部货币总额。它一般包括买价、包装费、运杂费和安装费等。

固定资产净值　是指固定资产原价减去历年已提折旧额后的净额。

流动资产　是指可以在一年或者超过一年的一个营业周期内变现或者耗用的资产，包括现金及各种存款、短期投资、应收及预付货款、存货等。

主营业务收入　指企业销售产品和提供劳务等主要经营业务取得的收入总额。

主营业务成本　指企业销售产品和提供劳务等主要经营业务的实际成本。

主营业务税金及附加　指企业销售产品和提供工业性劳务等主要经营业务应负担的城市维护建设税、消费税、资源税和教育费附加。

主营业务利润　指企业销售产品和提供工业性劳务等主要经营业务收入扣除其成本、费用、税金后的利润。

利润总额 指企业实现的利润。

应交增值税 指企业在报告期内应交纳的增值税额。

能源购进量 指能源使用企业（单位）在报告期购进各种能源数量。购进量的核算原则：

（1）计算购进量的能源必须具备以下三个条件：

一是已实际到达本单位；

二是经过验收、检验；

三是办理完入库手续。但是，在未办理完入库手续前已经投入使用，要计算在购进量中；使用多少，计算多少。

（2）“谁购进，谁统计”。

凡属本单位实际购进的，符合上述原则，不论从何处购进，均应计算在内，包括作价的加工来料。

凡属本报告期实际购进的，办理完入库手续，即计算购进量；什么时间办理入库手续，什么时间计算购进量。

工业生产能源消费量 指工业企业为进行工业生产活动所消费的能源。主要包括：

（1）用于本企业产品生产、工业性作业的能源，包括用作原料、材料、燃料、动力的能源；作为能源加工转换企业，还包括用作加工转换的能源。

（2）产品生产过程中作为辅助材料使用的能源。

（3）生产工艺过程使用的能源。

（4）新技术研究、新产品试制、科学试验使用的能源。

（5）为了工业生产活动而在进行的各种修理过程中使用的能源。

（6）生产区内的劳动保护用能等。

综合能源消费量 指企业（单位）在报告期内工业生产实际消费的各种能源（扣除能源加工转换产出和能源回收利用等重复因素）的总和。

能源库存量 指能源使用企业（单位）在报告期的某时间点所拥有的、用于企业（单位）消费或转卖（不包括本企业自己生产）的各种能源的库存量。

能源产成品库存量 指企业在期初、期末时点上，由本企业生产、办理了入库手续而暂未售出的产品的实物数量。

能源产品生产量 指企业在报告期内生产的并符合产品质量要求的实物数量，包括商品量和自用量两部分。

能源产品销售量 指报告期内企业实际销售的由本企业生产（包括本期生产和非本期生产）的符合规定

的质量标准或定货合同规定的技术条件的产品的实物数量。凡用订货者来料加工生产的产品，并且加工企业只收取加工费的，如果订货者是境内非工业企业和境外企业，其产品销售量由加工企业（即承包企业）统计；如果订货者是境内工业企业，产品销售量由委托企业（即发包企业）统计，加工企业不统计。

能源商品购进量 指从本单位以外的单位或个人购买和调入的商品数量。购进的各种商品，不论是否进入本单位仓库，凡是通过本单位结算货款的，都统计在商品购进量中。

能源商品销售量 指销售和调出给本单位以外的单位或个人的商品数量。销售的各种商品，凡是收到货款或取得收款凭证的，都统计在商品销售量中。

能源商品库存量 指本单位已取得所有权的全部商品数量。商品库存量必须按照规定时点核算，期初库存量指报告期第一天零时的实际库存量，期末库存量指报告期最后一天24时的实际库存量。

取水量 指企业从各种水源直接提取或者从市场购买的用于厂区、办公区内工业生产活动的水量，以实际获得的新水量为准。用于工业生产活动的水量，包括主要生产用水、辅助生产用水（如机修、运输、空压站等）和附属生产用水（如绿化、办公室、浴室、食堂、厕所、保健站等），不包括非工业生产单位的用水量（如基建用水、厂内居民家庭用水和企业附属幼儿园、学校、对外营业的浴室、游泳池等的用水量）和居民生活用水量。取水量包括企业取自地表、地下、城镇供水工程的水，外购的再生水(中水)、其他水或水的产品，以及企业为生产外供水或水产品而取用的水。

重复用水量 指在确定的用水单元或系统内，所有未经处理和处理后又重复使用的水量总和。

满足下列任意一种情况，即可视为重复用水：

1、循环水：指在确定的用水单元或系统内，生产过程中已用过、再循环用于同一过程的水。例如火力发电企业的循环冷却水。循环水量循环使用一次计算一次，根据循环水泵的流量乘以工作时间计算。

2、串联水：指在确定的用水单元或系统，由生产过程中产生的或使用后、再用于另一单元或系统的水。例如先用于冷却再用于洗涤的水；生产过程中产生的，用于烟气脱硫、冲渣（灰）的水。串联水量重复使用一次计算一次。

3、回用水：指企业产生的，没有排放而是直接或经处理后再利用于某一用水单元或系统的水。例如收集回用的蒸汽冷凝水，生产活动产生的、净化后回用的污（废）水，自来水厂冲洗沉淀池、滤池再处理后回用的水。回用水量回用一次计算一次。

南京统计年鉴2023
NANJING STATISTICAL YEARBOOK

（八）
交通运输和邮电通讯业

CHAPTER 8
TRANSPORT, POSTAL AND TELECOMMUNICATION SERVICES

表 8-1 铁路运输基本情况（南京市辖范围）

指 标	2022 年	2021 年
车站（个）	28	28
货物发送量（万吨）	600.20	684.70
旅客发送量（万人次）	3180.60	5004.90

表 8-2 航空运输情况

指 标	2022 年	2021 年
民用航空里程（公里）	156517	184823
# 国际航线（公里）	2960	
民用机场数（个）	1	1
飞机架数（架）	72	72
旅客吞吐量（万人）	1214.05	1760.69
货邮吞吐量（万吨）	37.79	35.91

注：货邮吞吐量中不含行李重量；民用航空里程按不重复距离计算。

表 8-3　全社会客货运输（吞吐）量（2022 年）

指　　标	客运量（万人）	旅客周转量（万人公里）	货运量（万吨）	货物周转量（万吨公里）	货物吞吐量（万吨）	集装箱吞吐量（万标箱）
全社会	8626	1069221	45758	38487473	27265	320
公路运输	4871	303320	20834	2898163		
水上运输	59	272	19456	35087424		
内河	59	272	3874	1955632		
海洋			15582	33131792		
港口					27227	320
铁路运输	3181		600			
民航运输	515	765629	4	6512	38	
管道运输			4864	495374		

注：本表数据不含城市公共交通，管道运输包括输油管道运输和天然气管道运输；全社会货运量和货物周转量包含管道运输。2020 年开始，铁路货运量统计口径调整为货物发送量，铁路客运量统计口径调整为旅客发送量，表中货物周转量合计中不包括铁路货运周转量，旅客周转量合计中不包括铁路客运周转量。

表 8-4　公路基本情况

计量单位：公里

指　　标	2022 年	2021 年
公路总里程	9850	9746
按等级分		
高速	604	583
一级	1222	1187
二级	987	1060
三级	1828	1801
四级	5209	5115
按行政等级分		
国道	824	824
省道	775	760
县道	1961	1989
乡道	3965	3941
村道	2325	2232
按路面标准分		
高级	9850	9746
次高级		
其他		

表 8-5　独立核算内河（沿海）港货物吞吐量

指　　标	2022 年	2021 年
货物吞吐量（万吨）	27226	26938
出口量（万吨）	9246	8876
# 外贸	1250	1462
进口量（万吨）	17980	18062
# 外贸	1706	1746
箱数（万标箱）	320.02	310.98

表 8-6　民用车辆拥有量（2022 年）

计量单位：辆

指　　标	总　计	
		私　人
一、汽车	3065358	2333964
1．载客汽车	2856480	2307298
# 大型	19696	40
轿车	1886401	1572252
2．载货汽车	191070	24947
# 重型	74382	1472
中型	4250	367
栏板货车	44979	11258
3．其他汽车	17808	1719
二、摩托车	113598	93836
1．普通	103429	84035
2．轻便	10169	9801
三、拖拉机	3725	2958
1．大中型	1565	935
2．小型方向盘式	361	317
四、挂车	24304	337

表 8-7　邮政电信基本情况（2022 年）

指　　标	2022 年	2021 年
邮电业务总量（亿元）	305.47	306.87
# 邮政业务总量	117.42	117.80
邮电业务收入（亿元）	321.93	293.27
# 邮政业务收入	134.15	126.44
函件（万件）	1939.25	1949.66
# 国际函件	3.79	38.55
包裹（万件）	14.47	18.99
# 国际包裹	0.45	0.57
快递（万份）	91565.84	91687.37
# 国际快递	646.37	990.46
固定电话年末用户（万户）	157.02	163.76
互联网接入用户（万户）	1810.72	1735.73
# 宽带用户	624.39	589.54
移动电话用户（万户）	1354.08	1301.72

注：邮电业务总量为 2020 年不变价计算。固定电话、互联网接入用户、宽带用户、移动电话用户数据由江苏省南京通信行业管理办公室提供。

表 8-8　城市公共交通情况

指　　标	2022 年	2021 年
一、公共汽电车		
1. 运营车数（辆）	8314	8814
2. 标准运营车数（标台）	9898	10527
3. 运营里程（公里）	13010	12833
4. 公交专用车道长度（公里）	281	281
5. 客运总量（万人次）	47853	59120
二、巡游出租汽车		
1. 运营车辆（辆）	10003	10724
2. 客运总量（万人次）	6120	7027
三、轨道交通		
1. 配属车辆数（辆）	2108	1892
# 地铁	2008	1792
2. 标准运营车数（标台）	5020	4480
3. 运营里程（公里）	466	443
（1）地铁	449	427
（2）轻轨		
（3）有轨电车	17	17
4. 客运总量（万人次）	76909	88125
四、客运轮渡		
1. 运营船数（艘）	11	12
2. 客运总量（万人次）	247	191

表 8-9　主要年份旅客和货物运输量、邮电业务总量

年份	旅客运输量（万人）	公路	货物运输量（万吨）	公路	水运	邮电业务总量（万元）
1990	4595	3211	9304	3756	3337	9339/19628
1995	10068	8765	12168	5666	4600	117843
2000	15294	13869	14102	7590	4275	515111
2005	20537	18660	18083	10530	6483	717821
2010	39104	36004	34225	17683	11292	1390704
2011	42289	39080	35737	19820	14090	1209088/1514472
2012	46255	42519	41999	22020	15090	1348100
2013	49407	45070	44052	23738	15556	1822877
2014	15269	10596	31798	12143	15056	2111700
2015	15929	10892	29824	12365	13322	2509169
2016	16301	10694	31558	13341	13812	3064151
2017	16418	10160	35462	14974	14840	3346646
2018	15882	9146	38564	15751	15955	4707215
2019	15902	8644	41034	16886	17061	6036800
2020	11375	6016	48100	23611	18740	12789234
2021	11482	5608	49342	24419	18975	3068684
2022	8626	4871	45758	20834	19456	3054725

注：根据 2013 年交通运输部和国家统计局开展交通运输经济专项调查的规定，2014 年对公路客运及货运的统计口径进行了调整。邮电业务总量 1990 年以前为 1980 年不变价，1990 年以后为 1990 年不变价；1990 年当年有两个价格计算的数字。2010 年-2020 年为 2010 年不变价计算，2020 年以后为 2020 年不变价计算。2013 年南京市邮政管理局成立，2014 年邮政业务总量由基本邮政业务调整为含快递业务。2020 年，中国移动对电信业务总量的指标口径进行了调整。

表 8-10　2000 年以来全社会客运周转量

计量单位：万人公里

年　份	全社会客运周转量	公路	铁路	水路	航空
2000	1708277	1235741	327987		144549
2005	2435204	1674203	476469		284532
2010	3297808	1810054	878250		609477
2011	3673170	1968500	995167	28	709475
2012	4143190	2143697	1163900	42	835551
2013	4533225	2274460	1318675	43	940046
2014	3772538	1238040	1474074	37	1060387
2015	4034210	1288416	1593946	38	1151810
2016	4374861	1264667	1742183	39	1367973
2017	4741501	1205101	1942605	41	1593754
2018	4907556	1124968	2084416	42	1698130
2019	5128826	1046558	2196974	43	1885251
2020	1781929	686927	—	18	1094984
2021	1592522	439982	—	134	1152405
2022	1069221	303320	—	272	765629

注：2020 年以后年份的全社会客运周转量不含铁路客运周转量数据。

表 8-11　2000 年以来全社会货物周转量

计量单位：万吨公里

年 份	全社会货运周转量	公路	铁路	水路	航空
2000	5258412	463779	922413	3804805	2982
2005	14553118	624339	1291702	12631259	5818
2010	34671721	1323342	842150	32220780	7759
2011	39473702	1522170	996431	36661051	8422
2012	46247288	1681131	978800	43296700	9057
2013	50804593	1865320	932925	47684350	9519
2014	54527587	1778491	86217	52367755	10324
2015	29400713	1821582	751322	26468374	9918
2016	24914558	1917038	688963	21853856	10947
2017	33315320	2197884	710810	30018242	11718
2018	31235666	2532622	734267	27553382	10558
2019	33983844	2748401	798148	29952859	10967
2020	37282019	3263517	—	33559760	9260
2021	38437448	3291339	—	34651600	8468
2022	38487473	2898163	—	35087424	6512

注：2020 年以后年份全社会货运周转量不含铁路货运周转量数据。

主要统计指标解释

（一）铁路运输

铁路运输 指有固定的运行轨道，以铁路机车、客、货车辆为运输工具，承担旅客、货物运送任务的一种运输方式。具有全天候、大批量、长距离、成本低、高效率的现代化运输特点，是我国综合运输体系中，起骨干力量的重要运输方式。我国铁路运输是由国家铁路、地方铁路、合资铁路和铁路专用线及专用铁道组成，主要承担大宗货物中长距离运输和中长途旅客运输。

铁路旅客周转量 指一定时期内使用铁路客车运送的旅客人数与运输距离的乘积之和。计算公式为：

旅客周转量（人公里）=Σ（实际运送的每一乘客×该旅客出发站与到达站间距离）

=实际运送的旅客人数×旅客平均运程

铁路货物周转量 指一定时期内使用铁路货车完成的货物运量与运送距离的乘积之和。计算公式为：

货物周转量（吨公里）=Σ（每批货物重量×该批货物的运送距离）

=实际运送货物吨数×货物平均运程

（二）公路运输

公路运输 指以汽车为主在公路上运送旅客和货物的一种运输方式。具有线路网密度大、分布广、运输中转环节少等特点，适合承担短途旅客、货物运输及铁路、公路、航空港（站）的集散和接运任务。

公路里程 指在一定时期内实际达到《公路工程技术标准 JTG B01-2003》规定的技术等级的公路，并经公路主管部门正式验收交付使用的公路里程数。包括大、中城市的郊区公路，以及公路通过小城镇（指县城、集镇）街道的公路里程和公路桥梁长度、隧道长度、渡口的宽度以及分期修建的公路已验收交付使用的里程，不包括大中城市的街道、厂矿、林区生产用道和农业生产用道的里程。两条或多条公路共同经由同一路段，只计算一次，不得重复计算里程长度。按公路技术等级分为等级公路和等外公路，其中等级公路分为高速公路、一级公路、二级公路、三级公路和四级公路。

民用汽车拥有量 指报告期末，在公安交通管理部门按照《机动车注册登记工作规范》，已注册登记领有民用车辆牌照的全部汽车数量。汽车拥有量统计的主要分类：根据汽车结构分为载客汽车、载货汽车、其他汽车；根据汽车所有者不同分为个人（私人）汽车、单位汽车；根据汽车的使用性质分为营运汽车、非营运汽车；根据汽车大小规格不同，载客汽车分为大型、中型、小型和微型，载货汽车分为重型、中型、轻型和微型。

其他类型车 指除民用汽车、摩托车及拖拉机以外的其他民用机动车辆，如简易机动车、电瓶车等。

载货挂车 指自身没有动力，需依靠机动牵引车拖带的公路载货用挂车。

公路运输汽车 指在公路运输管理部门注册登记的从事公路运输的营业性及非营业性运输工具。

公路营运汽车拥有量 指报告期末公路运输管理部门注册登记的未办理报废、销、转出手续从事公路运输的营业性客货汽车数量。不包括出租汽车、公共汽车。

普通载货汽车 指具有一般构造的栏板式、平板式及厢式货运汽车，包括自卸车、半挂车、厢式车等。

专用载货汽车 指具有特殊构造及附属设备从事专门用途的货运汽车，包括集装箱车、大件运输车、商品汽车运输车、冷藏保温车、罐车和其他货车。

公路货运量 指一定时期内由各种公路运输工具实际运送到目的地并卸完的货物数量。反映公路货运量的指标有发送货物吨数、到达货物吨数和运送货物吨数。

公路货物周转量 指一定时期内由各种公路运输工具实际完成的货物运量与相应的运送距离的乘积之和。计算公式为：

货物周转量（吨公里）=Σ（每批货物重量×该批货物的运送距离）

公路客运量 指公路运输企业及由其组织的其他单位在一定时期内实际运送的旅客人数。公路客运量的计算方法：不论乘车路程远近和票价的多少，以客票为依据，“人”为计量单位；不足购票年龄的免票儿童不计算客运量。

公路旅客周转量 指一定时期内由各种公路运输工具实际运送的旅客人数与相应的运送距离的乘积之和。计算公式为：

旅客周转量（人公里）=Σ（实际运送的每一旅客×该旅客出发站与到达站间距离）

（三）水路运输

水路运输 指利用船舶、排筏和其他浮运工具，在江、河、湖泊、水库、人工水道和海上运送旅客和货物的一种运输方式。在水运运输中，远洋及江海水运干线具有成本低、运量大的特点，适合于大宗货物的运送；支流小河运输线星罗棋布，深入小港小巷，沟通城乡货物运输和人员出入。

水路货运量 指在一定时期内由各种水运工具实际运送的货物数量，包括内河、江海、远洋货运量。

水路货物周转量 指一定时期内由各种水路运输工具实际完成的货物运量与相应的运送距离的乘积之和。

水路客运量 指水运企业及由其组织的其他单位在一定时期内实际运送的旅客人数。

水路旅客周转量 指水运企业和由其组织的其他单位在一定时期内实际运送的旅客人数与相应的运送距离的乘积之和。

（四）港口

港口　指位于江河湖海或水库沿岸，具有一定的设施和条件（如装卸机械、仓库堆场、码头泊位、客运设备等），供船舶停靠、旅客上下、货物装卸、生活物料供应或其他专门业务的地方。包括港内水域及紧接水域的陆地。按港口所处的水域分为海港、河港、湖港等；按港口是否对外国船舶开放分为对外开放港口和不对外开放港口。

港口货物吞吐量　指经由水路进、出港区范围，并经过装卸的货物数量。按货物流向分为进港吞吐量和出港吞吐量，按货物的贸易性质分为内贸和外贸吞吐量。按货物的类别分，可根据现行的交通行业标准《运输货物分类和代码》分类。

（五）民用航空运输

民用航空运输　指利用飞机和空中航线运送旅客和货邮的一种运输方式，具有速度快和不受地形限制的特点。航空运输成本高、运量小，适合对时间要求高的运输事务。

国际航线　指航线中任一航段的起讫点（技术经停点除外）在外国领土上的航线。

民用飞机期末架数　指报告期末实有的、持有有效适航证书的飞机数量。

民用航空客运量　指公共航空运输飞行所载运的旅客人数。成人和儿童各按一人计算，婴儿不计人数。每一特定航班的每一旅客只计算一次。唯一例外的是，乘坐定期航班既经过国内航段又经过国际航段的旅客，同时计算一个国内旅客和一个国际旅客。不定期航班运送的旅客每一特定航班（同一航班）只计算一次。

民用航空旅客周转量　反映旅客在空中实现位移的综合性生产指标，体现航空运输企业所完成的旅客运输工作量。计算单位为人公里（或称“客公里”）。计算公式为：

旅客周转量（人公里）=Σ（航段旅客运输量×航段距离）

民用航空货邮运量　指公共航空运输飞行所载运的货物、邮件重量。每一特定航班的货邮只计算一次。唯一例外的是，定期航班既经过国内航段又经过国际航段运输的货邮，同时各计算一次国内货邮和一次国际货邮。不定期航班运输的货物每一特定航班（同一航班）只计算一次。

民用航空货邮周转量　指一定时期内，公共航空运输单位实际运送的货物、邮件的重量与相应的货邮运输距离乘积之和。计算公式为：

货邮周转量（吨公里）=Σ（每批货邮重量×该批货邮运送距离）

民用航空总周转量　指反映旅客、货邮在空中运载工具的作用下发生位移的综合性指标，体现航空运输过程的生产效果。计算公式为：

民用航空总周转量=旅客周转量+邮件周转量+货物周转量

（六）管道运输

管道运输 指以管道输送的方式将原油、天然气、成品油、其他气体等输送到用户的一种运输形式。包括油气田企业直接通向炼油厂、化工厂、电站等用户及装车站、油码头的管道，炼油厂通向用户（包括商业石油公司油库）的成品油、气管道，管道运输企业通向用户及装车（站）栈桥、油码头的管道；不包括油气田、炼油厂内的集输管线和工艺管线，油气井口输送到集气站或经集气站到净化处理装置的管线。

输油（气）能力 指在油气产量及设备正常的条件下，在年度有效工作时间内，最大可能的输油（气）量。一般按设计能力填报，当实际条件发生很大变化时，则按上级批准的查定能力计算。在计算输油气管道的输送能力时，对于一条输油气管道的输送能力只能根据干线的输送能力来确定，可以不考虑干线与支线的能力平衡。在几条输油气管线连网时，该管网的输油气能力则应根据各输油气管网的运行情况由有关部门综合确定，而不是把各条管道的能力简单相加。

输油（气）量 指输油气管道实际输送的油气数量。计算一条管线的管输量指首站和各进油点的输出量之和。一个单位管几条输油气管线，在计算输油气量时，应分别列出每条管线的输油气量。天然气按一千立方米折一吨原油计算。

输油（气）周转量 指在一定时期内输油气管道输送油气数量与输送距离的乘积。计算公式为：

输油气周转量=输油气量×输油气里程-自用量×输油气里程

（七）城市公共交通

城市公共交通 指城市中供公众乘用的、经济方便的各种交通方式的总称。包括公共汽车、电车、轨道交通（地铁、轻轨、有轨电车、索道、缆车）、出租汽车、公共轮渡等客运交通设施。

运营线路总长度 指全部运营线路长度之和。计算公式为：

运营线路长度=Σ各条运营线路长度

=Σ〔1/2（上行起点至终点里程+下行起点至终点里程+上下行终点掉头里程）〕

单向行驶的环行线路长度等于起点至终点里程与终点下客站至起点里程之和的一半，不包括折返、试车、联络线等非运营线路。

公交专用车道 指为了调整公共交通车辆与其他社会车辆的路权使用分配关系，提高公共交通车辆运营速度和道路资源利用率，而科学、合理设置的公共交通优先车道、专用车道（路）、路口专用线（道）、专用街道、单向优先专用线（道）等。

运营车数 指城市中用于公共交通运营业务的全部车辆数。地铁和轻轨在统计时一自然节为一辆。出租汽车指已经领取出租汽车专用牌照的运营车辆，包括技术完好的、在修的、长期行驶的以及拟报废尚未经上级机关批准的车辆。

轮渡运营船数 指用于城市客渡运营业务的全部船舶数。不含旅游客轮（长途旅游，市内供游人游览江、河、湖泊的船只）。

城市公共交通客运总量 指报告期内城市公共交通各种运输方式运送乘客的总人次。

（八）邮电通信

邮电业务总量（又称通信业务总量） 指以价值量形式表现的邮电通信企业为社会提供各类邮电通信服务的总数量。邮电业务量按专业分类包括函件、包件、汇票、报刊发行、邮政快件、特快专递、邮政储蓄、集邮、传真、长途电话、出租电路、移动电话、分组交换数据通信、出租代维等。计算方法为各类产品乘以相应的平均单价（不变价）之和，再加上出租电路和设备、代用户维护电话交换机和线路等的服务收入。该指标综合反映了一定时期邮电业务发展的总成果，是研究邮电业务量构成和发展趋势的重要指标。计算公式为：

邮电业务总量=Σ（各类邮电业务量×不变单价）+出租代维及其他业务收入

=邮政业务总量+电信业务总量

移动电话用户 指通过移动电话交换机进入移动电话网、占用移动电话号码的电话用户。用户数量以报告期末在移动电话营业部门实际办理登记手续进入移动电话网的户数进行计算，一部移动电话统计为一户。

固定电话用户 指在电信运营企业营业网点办理开户登记手续并已接入固定电话网上的全部电话用户。包括普通电话用户、公用电话用户、窄带综合业务数字网（N—ISDN）用户、智能网专用接入终端用户等。按行政区划分为城市电话用户和农村电话用户。1997 年以前，“市内电话用户”是指接入县城及县以上城市电话网的电话用户；“农村电话用户”是指接入县邮电局农话台及县以下农村电话交换点，以县城为中心（除市话用户外）联通县、乡（镇）、行政村、村民小组的用户。从 1997 年起，电话用户数分组调整为以用户所在区域划分为“城市电话用户”和“乡村电话用户”，与过去的按市内电话和农村电话划分方法不同。而电话用户总数、电话机总部数统计范围不变。

南京统计年鉴2023
NANJING STATISTICAL YEARBOOK

（九）
固定资产投资和建筑业

CHAPTER 9
INVESTMENT IN FIXED ASSETS AND CONSTRUCTION

表 9-1　全社会固定资产投资（2022 年）

计量单位：亿元

指　　标	2022 年	2022 年为上年%
全市投资总额	5874.92	103.5
按产业分		
第一产业	6.18	49.1
第二产业	1172.93	111.1
# 工业	1172.74	111.0
第三产业	4695.80	101.9
# 房地产开发投资	2758.77	101.4
按经济类型分		
国有经济	2911.61	113.3
非国有经济	2963.31	95.4
# 外资	742.12	100.2
私营、个体经济	1498.34	104.5

表 9-2　项目固定资产投资（2022 年）

计量单位：万元

指　　标	计　划 总投资	累计完成 投　　资
合　　计	214877417	96692395
一、按登记注册类型		
内资	197234509	88611058
国有	39701278	19964891
集体	97480	41748
股份合作	30000	13859
联营企业		
国有联营		
集体联营		
国有与集体联营		
其他联营		
有限责任公司	104053892	47803272
国有独资公司	48511416	22825959
其他有限责任公司	55542476	24977313
股份有限公司	7343456	3207092
私营	45477196	17263781
其他	531207	316415
港澳台商投资	10015007	4480929
合资经营	1499941	898952
合作经营		
独资	8201918	3456240
股份有限	308148	123366
其他港澳台商投资企业	5000	2371
外商投资	7625601	3599118
合资经营	1895763	967526
合作经营		
独资	5557546	2569766
股份有限	91292	45370
其他外商投资企业	81000	16456
个体经营	2300	1290
个体户	2300	1290
个人合伙		
二、按国民经济行业		
农、林、牧、渔业	508900	177560
采矿业		

表 9-2　项目固定资产投资（2022 年）（续表 1）

指　　标	计　划 总投资	累计完成 投　　资
制造业	62083308	23798351
电力、燃气及水的生产和供应业	7924392	3095854
建筑业	128000	19941
批发和零售业	948089	454787
交通运输、仓储和邮政业	35867272	18491636
住宿和餐饮业	1065162	658782
信息传输、计算机服务和软件业	8261731	3968318
金融业	76247	67829
房地产业	24236034	9808803
租赁和商务服务业	8185437	3367207
科学研究、技术服务和地质勘查业	18067818	7935390
水利、环境和公共设施管理业	31611419	15970849
居民服务和其他服务业	636494	403906
教育	6388395	3753825
卫生、社会保障和社会福利业	4477989	1836085
文化、体育和娱乐业	3598034	2299998
公共管理和社会组织	812696	583274
国际组织		
三、按隶属关系		
中央	10852780	5261034
省		
市		
区		
其他	81659710	32566233
四、按建设性质		
新建	166761157	72609696
扩建	22618088	10735110
改建	22088869	11511391

表 9-2 项目固定资产投资（2022 年）（续表 2）

指　　标	计　划 总投资	累计完成 投　　资
单纯建造生活设施	305015	77175
迁建	2040805	1143055
恢复	151411	45113
单纯购置	912072	570855
五、按控股情况		
国有控股	129168573	62385546
集体控股	1687536	483196
私人控股	59942707	23406905
港澳台商控股	8957393	3920086
外商控股	6033406	2888329
六、按期末项目建设状态		
在建	184895292	74117504
全部投产	22553666	20066193
全部停缓建	7428459	2508698
七、按投资规模		
100 万-500 万元	20000	17834
500 万-1000 万元	252969	209769
1000 万-3000 万元	1253363	938047
3000 万-5000 万元	1715925	1133043
5000 万-1 亿元	4133694	2629664
1 亿-5 亿元	27531924	14959798
5 亿-10 亿元	27681361	13657706
10 亿元以上	152288181	63146534

表 9-2 项目固定资产投资（2022 年）（续表 3）

指　　标	本　年 完成投资	住　宅	本年新增 固定资产
合　　计	31161502	763602	13393810
一、按登记注册类型			
内资	27561928	739640	12344774
国有	6534852	80259	4264740
集体	22577		10956
股份合作	13859		10724
联营企业			
国有联营			
集体联营			
国有与集体联营			
其他联营			
有限责任公司	13671347	594905	5697956
国有独资公司	6499405	340166	2657407
其他有限责任公司	7171942	254739	3040549
股份有限公司	1128341		528231
私营	6050818	63531	1822656
其他	140134	945	9511
港澳台商投资	2198638	14935	528803
合资经营	295592		234022
合作经营			
独资	1857198	14935	286010
股份有限	43477		8771
其他港澳台商投资企业	2371		
外商投资	1399646	9027	520233
合资经营	412726		57521
合作经营			
独资	959591	8994	449891
股份有限	24204		12716
其他外商投资企业	3125	33	105
个体经营	1290		
个体户	1290		
个体合伙			
二、按国民经济行业			
农、林、牧、渔业	84312		30249
采矿业			

表 9-2 项目固定资产投资（2022 年）（续表 4）

指　　标	本年完成投资	住　宅	本年新增固定资产
制造业	9989820	25913	2562737
电力、燃气及水的生产和供应业	1737566	461	1556936
建筑业	19941		14486
批发和零售业	86601		21951
交通运输、仓储和邮政业	4086360	3261	2625184
住宿和餐饮业	235363		149008
信息传输、计算机服务和软件业	1492814	1189	856674
金融业	67829		61657
房地产业	3000235	673293	1110673
租赁和商务服务业	903182	20676	180399
科学研究、技术服务和地质勘查业	2356798	6518	587400
水利、环境和公共设施管理业	4420660	945	2241683
居民服务和其他服务业	121974		156745
教育	1281905	25130	694441
卫生、社会保障和社会福利业	640567		141691
文化、体育和娱乐业	387813	6	249339
公共管理和社会组织	247762	6210	152557
国际组织			
三、按隶属关系			
中央	1408463	6467	987742
省			
市			
区			
其他	11845820	156890	3423624
四、按建设性质			
新建	22430942	739366	8973828
扩建	3554790	17347	1815872
改建	4381746	6889	2218281

表 9-2 项目固定资产投资（2022 年）（续表 5）

指　　标	本　年 完成投资	住　宅	本年新增 固定资产
单纯建造生活设施	31552		
迁建	286618		30921
恢复	1638		1711
单纯购置	474216		353197
五、按控股情况			
国有控股	18848372	601464	9709161
集体控股	191711	44594	62405
私人控股	7575683	92578	2173357
港澳台商控股	2004860	14935	438397
外商控股	1045687	8994	454554
六、按期末项目建设状态			
在建	25155907	677556	2438857
全部投产	5880364	78485	10949062
全部停缓建	125231	7561	5891
七、按投资规模			
100 万-500 万元	14870		12288
500 万-1000 万元	169857	981	142966
1000 万-3000 万元	672111	1008	525733
3000 万-5000 万元	778013	4701	561152
5000 万-1 亿元	1590771	9283	910871
1 亿-5 亿元	6376949	123618	2991874
5 亿-10 亿元	4746909	138218	2467756
10 亿元以上	16812022	485793	5781170

表 9-2 项目固定资产投资（2022 年）（续表 6）

指 标	资金来源				
	上年末结余资金	本年资金来源			
		小 计	国家预算内资金	国内贷款	利用外资
合 计	2090938	29643343	1882120	2904200	39922
一、按登记注册类型					
内资	1833815	26192164	1875052	2817574	27313
国有	934708	5549305	1245894	810241	5068
集体	968	27225	4846		
股份合作	20	13840			
联营企业					
国有联营					
集体联营					
国有与集体联营					
其他联营					
有限责任公司	660853	13437179	562716	1710173	
国有独资公司	338748	6245805	383141	979457	
其他有限责任公司	322105	7191374	179575	730716	
股份有限公司	79550	1240531	19445	75550	
私营	156786	5791954	40452	221610	22245
其他	930	132130	1699		
港澳台商投资	70588	2140131	65	73741	11817
合资经营	35210	263730	65	40300	20
合作经营					
独资	30856	1842165		31389	11797
股份有限	4522	31836		2052	
其他港澳台商投资		2400			
外商投资	186535	1309698	7003	12885	792
合资经营	95461	397999		12735	
合作经营					
独资	90908	885135	7003	150	792
股份有限	46	23542			
其他外商投资企业	120	3022			
个体经营		1350			
个体户		1350			
个人合伙					
二、按国民经济行业					
农、林、牧、渔业	1907	81358	3570	300	
采矿业					

表 9-2　项目固定资产投资（2022 年）（续表 7）

指　　标	资金来源				
	上年末结余资金	本年资金来源			
		小　计	国家预算内资金	国内贷款	利用外资
制造业	402325	9833965	12928	327909	14267
电力、燃气及水的生产和供应业	5628	1700176	36615	666501	
建筑业	200	20086			
批发和零售业	1548	76410		8683	17045
交通运输、仓储和邮政业	711846	3644248	851789	256090	
住宿和餐饮业	9893	126435	24854	19950	
信息传输、计算机服务和软件业	71073	1426726	31200	32677	3542
金融业		68683			
房地产业	209946	2828801	29083	349658	5068
租赁和商务服务业	26782	802392	32238	70260	
科学研究、技术服务和地质勘查业	94987	2098736	91459	361955	
水利、环境和公共设施管理业	270772	4473360	409728	632207	
居民服务和其他服务业	11711	116039	13947	7055	
教育	66686	1223881	189815	110103	
卫生、社会保障和社会福利业	46629	569842	85964	1750	
文化、体育和娱乐业	144327	331113	16615	56980	
公共管理和社会组织	14678	221092	52315	2122	
国际组织					
三、按隶属关系					
中央	172812	1424857	75965	262958	
省					
市					
区					
其他	514204	11866832	49366	458451	34854
四、按建设性质					
新建	1720088	21117537	1472117	2308293	39110
扩建	182371	3586412	204215	299556	
改建	148274	4178033	162951	222887	812

表 9-2 项目固定资产投资（2022 年）（续表 8）

指　　标	资　金　来　源				
	上年末结余资金	本年资金来源			
		小　计	国家预算内资金	国内贷款	利用外资
单纯建造生活设施	6	27607			
迁建	7705	284184		62096	
恢复	10582	15168		4586	
单纯购置	21912	434402	42837	6782	
五、按控股情况					
国有控股	1525187	17394222	1791079	2408606	5068
集体控股	2192	196964	4846		
私人控股	305753	7304539	40452	257499	22245
港澳台商控股	45870	1968416	65	56956	11817
外商控股	92148	971056	7003	3992	792
六、按期末项目建设状态					
在建	1737737	23920147	1290320	2656445	35568
全部投产	348107	5599557	591800	224261	4354
全部停缓建	5094	123639		23494	
七、按投资规模					
100 万-500 万元		14832	693	212	
500 万-1000 万元	2129	155283	21082	4260	20
1000 万-3000 万元	26800	630419	69660	16150	3542
3000 万-5000 万元	38492	734187	52321	26583	
5000 万-1 亿元	42353	1464067	105330	37478	5132
1 亿-5 亿元	400171	6200596	374775	349256	27313
5 亿-10 亿元	207661	4541179	218458	515547	3915
10 亿元以上	1373332	15902780	1039801	1954714	

表 9-2　项目固定资产投资（2022 年）（续表 9）

指　　标	本年资金来源	
	自筹资金	其　他 资金来源
合　　计	22393179	2398149
一、按登记注册类型		
内资	19096127	2350325
国有	2420381	1057716
集体	11932	10447
股份合作	13840	
联营企业		
国有联营		
集体联营		
国有与集体联营		
其他联营		
有限责任公司	10491353	659098
国有独资公司	4548304	334903
其他有限责任公司	5943049	324195
股份有限公司	1020348	125188
私营	5009796	495922
其他	128477	1954
港澳台商投资	2021610	32898
合资经营	214480	8865
合作经营		
独资	1795430	3549
股份有限	9300	20484
其他港澳台商投资企业	2400	
外商投资	1274092	14926
合资经营	377212	8052
合作经营		
独资	870316	6874
股份有限	23542	
其他外商投资企业	3022	
个体经营	1350	
个体户	1350	
个人合伙		
二、按国民经济行业		
农、林、牧、渔业	58337	19151
采矿业		

表 9-2 项目固定资产投资（2022 年）（续表 10）

指 标	本年资金来源	
	自筹资金	其他资金来源
制造业	9324067	154030
电力、燃气及水的生产和供应业	957491	39569
建筑业	20086	
批发和零售业	36974	13708
交通运输、仓储和邮政业	2121078	409286
住宿和餐饮业	80931	700
信息传输、计算机服务和软件业	1310554	47588
金融业	68683	
房地产业	2346072	98920
租赁和商务服务业	526498	173396
科学研究、技术服务和地质勘查业	1542338	102984
水利、环境和公共设施管理业	2361926	1069499
居民服务和其他服务业	93037	2000
教育	820003	103960
卫生、社会保障和社会福利业	376891	91398
文化、体育和娱乐业	214536	42982
公共管理和社会组织	133677	28978
国际组织		
三、按隶属关系		
中央	1074302	11632
省		
市		
区		
其他	10743307	578925
四、按建设性质		
新建	15346927	1945161
扩建	2960805	107997
改建	3489089	296289

表 9-2 项目固定资产投资（2022 年）（续表 11）

指　　标	本年资金来源	
	自筹资金	其他资金来源
单纯建造生活设施	27602	5
迁建	198231	23857
恢复	10582	
单纯购置	359943	24840
五、按控股情况		
国有控股	11383025	1782600
集体控股	180903	11215
私人控股	6478163	504251
港澳台商控股	1893251	6327
外商控股	950043	9226
六、按期末项目建设状态		
在建	18048551	1863490
全部投产	4271217	507925
全部停缓建	73411	26734
七、按投资规模		
100 万-500 万元	12427	1500
500 万-1000 万元	114041	15880
1000 万-3000 万元	483112	57955
3000 万-5000 万元	608562	46721
5000 万-1 亿元	1205604	105358
1 亿-5 亿元	4982245	460238
5 亿-10 亿元	3487037	302383
10 亿元以上	11500151	1408114

表 9-3　全社会工业投资（2022 年）

计量单位：万元

指　　标	计　划 总投资	累计完成 投　　资
合　　计	70007700	26894205
一、按登记注册类型		
内资	56756127	20912619
国有	2690060	1250137
集体		
股份合作	1000	140
联营企业		
国有联营		
集体联营		
国有与集体联营		
其他联营		
有限责任公司	27272734	9156554
国有独资公司	8099846	2620234
其他有限责任公司	19172888	6536320
股份有限公司	1227720	652690
私营	25341613	9746632
其他	223000	106466
港澳台商投资	7022705	2917108
合资经营	663199	378000
合作经营		
独资	6235209	2477847
股份有限	119297	58890
其他港澳台商投资企业	5000	2371
外商投资	6226568	3063188
合资经营	1262763	723692
合作经营		
独资	4791513	2277670
股份有限	91292	45370
其他外商投资企业	81000	16456
个体经营	2300	1290
个体户	2300	1290
个人合伙		

表 9-3　全社会工业投资（2022 年）（续表 1）

指　　标	计　划 总投资	累计完成 投　　资
二、按国民经济行业		
采矿业		
煤炭开采和洗选业		
石油和天然气开采业		
黑色金属矿采选业		
有色金属矿采选业		
非金属矿采选业		
开采辅助活动		
其他采矿业		
制造业	62083308	23798351
农副食品加工业	74400	30627
食品制造业	567234	258380
饮料制造业	34299	25305
烟草制品业	14160	10904
纺织业	29700	19818
纺织服装、鞋、帽制造业	37900	26056
皮革、毛皮、羽毛（绒）及其制品业		
木材加工及木、竹、藤、棕、草制品业	23410	13320
家具制造业	56488	23686
造纸及纸制品业	48100	24320
印刷业和记录媒介的复制业	71320	48311
文教体育用品制造业	278696	87941
石油加工、炼焦及核燃料加工业	849037	284635
化学原料及化学制品制造业	1376196	798653
医药制造业	4799322	2358747
化学纤维制造业	200341	148681
橡胶和塑料制品业	871385	294925

表9-3　全社会工业投资（2022年）（续表2）

指　　标	计　划 总投资	累计完成 投　　资
非金属矿物制品业	1380036	640536
黑色金属冶炼及压延加工业	751815	423011
有色金属冶炼及压延加工业	511290	185021
金属制品业	814681	409706
通用设备制造业	2960086	1228839
专用设备制造业	5901452	1845636
汽车制造业	4141349	1761965
铁路船舶航空航天制造业	1828550	864338
电气机械及器材制造业	8114316	2873225
通信设备、计算机及其他电子设备制造业	23630024	7698712
仪器仪表及文化、办公用机械制造业	2273199	1218071
工艺品及其他制造业	286924	93703
废弃资源和废旧材料回收加工业	92133	62104
金属制品、机械和设备修理业	65465	39175
电力、燃气及水的生产和供应业	7924392	3095854
电力、热力的生产和供应业	6489184	2150120
燃气生产和供应业	144472	78499
水的生产和供应业	1290736	867235
三、按隶属关系		
中央	3505728	1471367
省		
市		
区		
其他	47532855	17949713
四、按建设性质		
新建	41557686	13873966
扩建	11536505	4950954
改建	15711031	7494148

表 9-3 全社会工业投资（2022 年）（续表 3）

指 标	计 划 总投资	累计完成 投 资
单纯建造生活设施	3820	993
迁建	923872	483017
恢复		
单纯购置	274786	91127
五、按控股情况		
国有控股	20029368	7739899
集体控股	109344	33196
私人控股	33769685	12599282
港澳台商控股	6675833	2760347
外商控股	5221553	2556401
六、按期末项目建设状态		
在建	60903165	20383635
全部投产	6319450	5409385
全部停缓建	2785085	1101185
七、按投资规模		
100 万-500 万元	15500	11438
500 万-1000 万元	90466	68841
1000 万-3000 万元	503127	331356
3000 万-5000 万元	806955	492600
5000 万-1 亿元	1801416	1095718
1 亿-5 亿元	12014124	5760579
5 亿-10 亿元	10213615	4520567
10 亿以上	44562497	14613106

表 9-3　全社会工业投资（2022 年）（续表 4）

指　标	本年完成投　资	住　宅	本年新增固定资产
合　计	11727386	26374	4119673
一、按登记注册类型			
内资	8785408	17337	3432525
国有	523916		165717
集体			
股份合作	140		35
联营企业			
国有联营			
集体联营			
国有与集体联营			
其他联营			
有限责任公司	4020666	6853	2057863
国有独资公司	1812265		1292747
其他有限责任公司	2208401	6853	765116
股份有限公司	321814		151748
私营	3846568	10484	1054212
其他	72304		2950
港澳台商投资	1674723	10	188672
合资经营	98014		126599
合作经营			
独资	1540333	10	53302
股份有限	34005		8771
其他港澳台商投资企业	2371		
外商投资	1265965	9027	498476
合资经营	347511		40632
合作经营			
独资	891125	8994	445023
股份有限	24204		12716
其他外商投资企业	3125	33	105
个体经营	1290		
个体户	1290		
个人合伙			

表 9-3　全社会工业投资（2022 年）（续表 5）

指　标	本年完成投　资	住　宅	本年新增固定资产
二、按国民经济行业			
采矿业			
煤炭开采和洗选业			
石油和天然气开采业			
黑色金属矿采选业			
有色金属矿采选业			
非金属矿采选业			
开采辅助活动			
其他采矿业			
制造业	9989820	25913	2562737
农副食品加工业	7456		
食品制造业	97204		29021
饮料制造业	17052		15337
烟草制品业	8652		
纺织业	10058		10123
纺织服装、鞋、帽制造业	20127		6258
皮革、毛皮、羽毛（绒）及其制品业			
木材加工及木、竹、藤、棕、草制品业	4328		115
家具制造业	16014		108
造纸及纸制品业	12956		1569
印刷业和记录媒介的复制业	8961		4391
文教体育用品制造业	57430		3509
石油加工、炼焦及核燃料加工业	158556		91942
化学原料及化学制品制造业	325309	11882	58497
医药制造业	828747	6300	243254
化学纤维制造业	45891		503
橡胶塑料制品业	158641		54696

表 9-3 全社会工业投资（2022 年）（续表 6）

指 标	本年完成投 资	住 宅	本年新增固定资产
非金属矿物制品业	230015		127565
黑色金属冶炼及压延加工业	295892		130838
有色金属冶炼及压延加工业	19407		5231
金属制品业	178351		33266
通用设备制造业	432357		313849
专用设备制造业	948720	10	254842
汽车制造业	465361		116677
铁路船舶航空航天制造业	362657		51088
电气机械及器材制造业	1333479		313644
通信设备、计算机及其他电子设备 制造业	3318494	7619	588247
仪器仪表及文化、办公用机械制造业	521532	102	96325
工艺品及其他制造业	47958		7840
废弃资源和废旧材料回收加工业	40236		3122
金属制品、机械和设备修理业	17979		880
电力、燃气及水的生产和供应业	1737566	461	1556936
电力、热力的生产和供应业	1446527	461	1395177
燃气生产和供应业	28747		14832
水的生产和供应业	262292		146927
三、按隶属关系			
中央	547326		582938
省			
市			
区			
其他	7693509	19555	1962790
四、按建设性质			
新建	5819494	13012	2077694
扩建	2448739	9397	351109
改建	3262981	3965	1638939

表 9-3　全社会工业投资（2022 年）（续表 7）

指　标	本年完成投资	住　宅	本年新增固定资产
单纯建造生活设施	354		
迁建	120277		9504
恢复			
单纯购置	75541		42427
五、按控股情况			
国有控股	3847981	6761	2104792
集体控股	30393		12611
私人控股	4664333	10517	1185678
港澳台商控股	1641414	10	205389
外商控股	975471	8994	447936
六、按期末项目建设状态			
在建	9671721	23395	1542084
全部投产	2014007	2979	2575147
全部停缓建	41658		2442
七、按投资规模			
100 万-500 万元	8599		7017
500 万-1000 万元	47789	91	35480
1000 万-3000 万元	195991	918	139995
3000 万-5000 万元	352928	2946	222395
5000 万-1 亿元	670017	471	380539
1 亿-5 亿元	2582481	13012	884783
5 亿-10 亿元	1668457	8936	581431
10 亿以上	6201124		1868033

表9-3 全社会工业投资（2022年）（续表8）

指标名称	上年末结余资金	本年资金来源合计			
		小计	国家预算内资金	国内贷款	利用外资
合计	407953	11534141	49543	994410	14267
一、按登记注册类型					
内资	213289	8704800	42475	983461	5200
国有	4252	543725	19440	90021	
集体					
股份合作	20	120			
联营企业					
国有联营					
集体联营					
国有与集体联营					
其他联营					
有限责任公司	46381	4013279	15961	797449	
国有独资公司	450	1805937	9715	667870	
其他有限责任公司	45931	2207342	6246	129579	
股份有限公司	72499	356106		550	
私营	90137	3719265	7074	95441	5200
其他		72305			
港澳台商投资	9390	1654115	65	1457	8275
合资经营	92	90023	65	65	20
合作经营					
独资	5437	1539749			8255
股份有限	3861	21943		1392	
其他港澳台商投资企业		2400			
外商投资	185274	1173876	7003	9492	792
合资经营	94200	330652		9342	
合作经营					
独资	90908	816660	7003	150	792
股份有限	46	23542			
其他外商投资企业	120	3022			
个体经营		1350			
个体户		1350			
个人合伙					

表 9-3　全社会工业投资（2022 年）（续表 9）

指标名称	上年末结余资金	本年资金来源合计			
		小计	国家预算内资金	国内贷款	利用外资
二、按国民经济行业					
采矿业					
煤炭开采和洗选业					
石油和天然气开采业					
黑色金属矿采选业					
有色金属矿采选业					
非金属矿采选业					
开采辅助活动					
其他采矿业					
制造业	402325	9833965	12928	327909	14267
农副食品加工业		7526			
食品制造业		97373			
饮料制造业	92	14293			
烟草制品业		8652			
纺织业		10064			
纺织服装、鞋、帽制造业	107	19682			
皮革、毛皮、羽毛（绒）及其制品业					
木材加工及木、竹、藤、棕、草制品业	428	3971			
家具制造业	32	15629			
造纸及纸制品业	7	13060			
印刷业和记录媒介的复制业		7658		500	
文教体育用品制造业		57264			
石油加工、炼焦及核燃料加工业		220515		74340	
化学原料及化学制品制造业	4822	317711	7003	3060	792
医药制造业	40745	818787		6617	
化学纤维制造业	4930	47767		5500	
橡胶和塑料制品业	1546	154798	5374	600	

表 9-3 全社会工业投资（2022 年）（续表 10）

指标名称	上年末结余资金	本年资金来源合计			
		小计	国家预算内资金	国内贷款	利用外资
非金属矿物制品业	1390	223423		30540	
黑色金属冶炼及压延加工业	38	275232			
有色金属冶炼及压延加工业	39	17505			
金属制品业	183	175363		3980	
通用设备制造业	2062	419042	120	2219	20
专用设备制造业	78890	926035		43065	
汽车制造业	23428	402808		3559	
铁路、船舶航空航天制造业	1959	374408		21120	
电气机械及器材制造业	20402	1275614		4600	
通信设备、计算机及其他电子设备制品业	211145	3334219		108299	8255
仪器仪表及文化、办公用机械制造业	8225	486240	431	1900	5200
工艺品及其他制造业	265	47774			
废弃资源和废旧材料回收加工业		43171		18010	
金属制造品、机械和设备修理业	1590	18381			
电力、燃气及水的生产和供应业	5628	1700176	36615	666501	
电力、热力的生产和供应业	4478	1444631	20709	617837	
燃气生产和供应业		28830			
水的生产和供应业	1150	226715	15906	48664	
三、按隶属关系					
中央	780	593884		88690	
省					
市					
区					
其他	360813	7504794	15988	119616	14267
四、按建设性质					
新建	147740	5732864	34915	770083	13455
扩建	157118	2490751		133150	
改建	101226	3116240	14628	85629	812

表 9-3　全社会工业投资（2022 年）（续表 11）

指标名称	上年末结余资金	本年资金来源			
		小计	国家预算内资金	国内贷款	利用外资
单纯建造生活设施	1	355			
迁建	1818	119040		4356	
恢复					
单纯购置	50	74891		1192	
五、按控股情况					
国有控股	15642	3896533	33555	874644	
集体控股	1054	30414			
私人控股	199457	4523432	7074	96307	5200
港澳台商控股	9390	1626075	65	1457	8275
外商控股	90958	902016	7003	3992	792
六、按期末项目建设状态					
在建	274688	9568019	18963	868398	13455
全部投产	128540	1926089	30580	121103	812
全部停缓建	4725	40033		4909	
七、按投资规模					
100 万-500 万元		8560		212	
500 万-1000 万元	616	44438	65	2917	20
1000 万-3000 万元	4078	183617	55	6485	
3000 万-5000 万元	34012	337495	431	5812	
5000 万-1 亿元	10696	639463	13206	9559	5132
1 亿-5 亿元	220515	2560276	16777	127308	5200
5 亿-10 亿元	93238	1623274	19009	142847	3915
10 亿以上	44798	6137018		699270	

表 9-3　全社会工业投资（2022 年）（续表 12）

指　　标	本年资金来源	
	自筹资金	其他资金来源
合　　计	10281558	193599
一、按登记注册类型		
内资	7509132	163768
国有	431564	2700
集体		
股份合作	120	
联营企业		
国有联营		
集体联营		
国有与集体联营		
其他联营		
有限责任公司	3194224	5645
国有独资公司	1128352	
其他有限责任公司	2065872	5645
股份有限公司	349599	5957
私营	3461320	149466
其他	72305	
港澳台商投资	1623713	20605
合资经营	89828	45
合作经营		
独资	1530485	1009
股份有限	1000	19551
其他港澳台商投资企业	2400	
外商投资	1147363	9226
合资经营	318958	2352
合作经营		
独资	801841	6874
股份有限	23542	
其他外商投资企业	3022	
个体经营	1350	
个体户	1350	
个人合伙		

表 9-3　全社会工业投资（2022 年）（续表 13）

指　　标	本年资金来源	
	自筹资金	其　他 资金来源
二、按国民经济行业		
采矿业		
煤炭开采和洗选业		
石油和天然气开采业		
黑色金属矿采选业		
有色金属矿采选业		
非金属矿采选业		
开采辅助活动		
其他采矿业		
制造业	9324067	154030
农副食品加工业	7526	
食品制造业	97373	
饮料制造业	14293	
烟草制品业	8652	
纺织业	10064	
纺织服装、鞋、帽制造业	19682	
皮革、毛皮、羽毛（绒）及其制品业		
木材加工及木、竹、藤、棕、草制品业	3971	
家具制造业	15629	
造纸及纸制品业	13060	
印刷业和记录媒介的复制业	6791	367
文教体育用品制造业	57264	
石油加工、炼焦及核燃料加工业	146175	
化学原料及化学制品制造业	284960	21132
医药制造业	776886	35284
化学纤维制造业	42267	
橡胶和塑料制品业	148824	

表9-3　全社会工业投资（2022年）（续表14）

指　标	本年资金来源	
	自筹资金	其他资金来源
非金属矿物制品业	191011	1872
黑色金属冶炼及压延加工业	275232	
有色金属冶炼及压延加工业	17505	
金属制品业	171240	143
通用设备制造业	412141	4542
专用设备制造业	873194	9776
汽车制造业	385725	13524
船舶航空航天制造业	353288	
电气机械及器材制造业	1253473	17541
通信设备、计算机及其他电子设备	3172372	45293
仪器仪表及文化、办公用机械制造业	476909	1800
工艺品及其他制造业	47774	
废弃资源和废旧材料回收加工业	25105	56
金属制品、机械和设备修理业	15681	2700
电力、燃气及水的生产和供应业	957491	39569
电力、热力的生产和供应业	766516	39569
燃气生产和供应业	28830	
水的生产和供应业	162145	
三、按隶属关系		
中央	504694	500
省		
市		
区		
其他	7173785	180374
四、按建设性质		
新建	4813601	100046
扩建	2312349	45252
改建	2984595	30576

表 9-3　全社会工业投资（2022 年）（续表 15）

指　　标	本年资金来源	
	自筹资金	其他资金来源
单纯建造生活设施	355	
迁建	96959	17725
恢复		
单纯购置	73699	
五、按控股情况		
国有控股	2979679	8655
集体控股	30364	50
私人控股	4259619	154468
港澳台商控股	1615224	1054
外商控股	881003	9226
六、按期末项目建设状态		
在建	8507024	159415
全部投产	1757594	16000
全部停缓建	16940	18184
七、按投资规模		
100 万元以下		
100 万-500 万元	7848	500
500 万-1000 万元	40525	911
1000 万-3000 万元	172980	4097
3000 万-5000 万元	325852	5400
5000 万-1 亿元	579863	31703
1 亿-5 亿元	2355087	55140
5 亿-10 亿元	1437982	19521
10 亿以上	5361421	76327

表 9-4 房地产开发投资、资金和土地情况（2022 年）

计量单位：万元

项 目	合 计	内资				
		内资小计	国有	集体	股份合作	国有联营
计划总投资	215292281	185971417	12589292			726200
累计完成投资	123428063	107628647	6565811			576280
本年完成投资额	27587699	23764772	2208792			98223
建筑工程	10797732	9513392	927147			50059
安装工程	470986	457093	41048			
设备工器具购置	139473	131277	10109			
其他费用	16179508	13663010	1230488			48164
# 土地购置费	14481637	12292589	1137345			48164
住宅	20523800	17987428	1600638			98011
# 90 平方米及以下	4640815	4137467	303522			
144 平方米以上	3298591	2803780	170962			
办公楼	1387442	1059278	76761			
商业营业用房	2037218	1507279	165404			187
其他	3639239	3210787	365989			25
本年新增固定资产	8578718	7200360	436503			1801

表9-4 房地产开发投资、资金和土地情况（2022年）（续表1）

计量单位：万元

项 目	内资				
	国有与集体联营企业	其他联营企业	国有独资公司	其他有限责任公司	股份有限公司
计划总投资		84857	7356708	92848830	6392845
累计完成投资		16482	4171871	54936143	3872200
本年完成投资额		15682	807639	10979669	702404
建筑工程		12879	456464	4496512	313889
安装工程		2803	37948	186345	17104
设备工器具购置			11981	51660	13040
其他费用			301246	6245152	358371
# 土地购置费			247356	5465274	317523
住宅		15249	592970	7876308	463575
# 90平方米及以下			172834	1492762	76625
144平方米以上			46423	1416370	58124
办公楼			4409	666157	89730
商业营业用房		250	35409	798443	93175
其他		183	174851	1638761	55924
本年新增固定资产			263840	3886375	284345

表 9-4 房地产开发投资、资金和土地情况（2022 年）（续表 2）

计量单位：万元

项　目	私营独资	私营合伙	私营有限责任公司	私营股份有限公司	其他企业
计划总投资	1615966	834997	61386122	2013600	122000
累计完成投资	642906	288689	35955950	574830	27485
本年完成投资额	300333	85631	8334506	210808	21085
建筑工程	79554	36881	3071553	52893	15561
安装工程		2110	159358	10377	
设备工器具购置		2140	41948	399	
其他费用	220779	44500	5061647	147139	5524
# 土地购置费	207207	44500	4673065	147055	5100
住宅	279378	81526	6765200	208383	6190
# 90 平方米及以下	105192	32069	1888477	64508	1478
144 平方米以上	105200	5300	965160	36241	
办公楼			221117	1104	
商业营业用房			403359	1257	9795
其他	20955	4105	944830	64	5100
本年新增固定资产			2312296	15200	

表 9-4 房地产开发投资、资金和土地情况（2022 年）（续表 3）

计量单位：万元

项 目	合 计	港澳台商投资				
		与港澳台商合资经营	与港澳台商合资合作经营	港澳台商独资	港澳台商投资股份有限公司	其他港澳台投资
计划总投资	22619098	17129817	560000	3412381	822000	694900
累计完成投资	11290436	7482874	162247	2608473	698692	338150
本年完成投资额	2976147	2322921	160787	204919	157064	130456
建筑工程	959665	682391	26946	119219	85584	45525
安装工程	13893	13612		281		
设备工器具购置	8196	8196				
其他费用	1994393	1618722	133841	85419	71480	84931
# 土地购置费	1709460	1381182	120000	64881	69307	74090
住宅	1861340	1507854	160787	9801	109252	73646
# 90 平方米及以下	420413	236582	880	2040	107265	73646
144 平方米以上	301842	281500	16721	3621		
办公楼	316832	194017		56172	18921	47722
商业营业用房	437162	291588		124744	16286	4544
其他	360813	329462		14202	12605	4544
本年新增固定资产	1371715	1156640		157513	1200	56362

表 9-4　房地产开发投资、资金和土地情况（2022 年）（续表 4）

计量单位：万元

项　目	合　计	外商投资			
		中外合资经营	中外合作经营	外资企业	外商投资股份有限公司
计划总投资	6701766	3989149	332000	2251263	129354
累计完成投资	4508980	1682071	313940	2489303	23666
本年完成投资额	846780	625670	8067	189377	23666
建筑工程	324675	191804	8067	116220	8584
安装工程					
设备工器具购置					
其他费用	522105	433866		73157	15082
# 土地购置费	479588	411788		55000	12800
住宅	675032	502065	8067	142603	22297
# 90 平方米及以下	82935	72840		10095	
144 平方米以上	192969	54142	2600	115369	20858
办公楼	11332			11332	
商业营业用房	92777	78096		13312	1369
其他	67639	45509		22130	
本年新增固定资产	6643		6396	247	

表 9-4　房地产开发投资、资金和土地情况（2022 年）（续表 5）

计量单位：万元

项　目	合　计	内　资				
		内资小计	国　有	集　体	股份合作	国有联营
本年资金来源合计	51395087	44211399	3757879			186266
1．上年末结余资金	16872998	14334797	829471			177609
2．本年资金来源小计	34522089	29876602	2928408			8657
（1）国内贷款	5172882	4301085	630251			
# 银行贷款	4846955	4016458	630251			
非银行金融机构贷款	325927	284627				
（2）利用外资	8574	8574				
（3）自筹资金	8747719	8010235	512159			
（4）其他资金来源	906128	729632	97712			
# 定金及预收款	11927105	9940610	862293			2639
个人按揭贷款	7759681	6886466	825993			6018
本年各项应付款合计	9622426	8874050	445739			54299
# 工程款	4749740	4252787	306720			52220

表 9-4 房地产开发投资、资金和土地情况（2022 年）（续表 6）

计量单位：万元

项 目	内资				
	国有集体联营企业	其他联营企业	国有独资公司	其他有限责任公司	股份有限公司
本年资金来源合计		66844	1839470	21425066	1527365
1. 上年末结余资金		26504	722348	6775756	743913
2. 本年资金来源小计		40340	1117122	14649310	783452
（1）国内贷款			146866	2058595	70515
# 银行贷款			146866	1914358	70515
非银行金融机构贷款				144237	
（2）利用外资				8574	
# 外商直接投资			326493	4397480	35959
（3）自筹资金			91150	375726	5000
# 自有资金			315850	4658308	368708
（4）其他资金来源		40340	236763	3150627	303270
# 定金及预收款		8500	86214	5180021	153006
个人按揭贷款		6975	69279	1994286	79013
本年各项应付款合计		66844	1839470	21425066	1527365
# 工程款		26504	722348	6775756	743913

表 9-4　房地产开发投资、资金和土地情况（2022 年）（续表 7）

计量单位：万元

项　目	私营独资企业	私营合伙企业	私营有限责任公司	私营股份有限公司	其他企业
本年资金来源合计	532847	423137	13881547	532960	38018
1. 上年末结余资金	303797	185654	4123625	444390	1730
2. 本年资金来源小计	229050	237483	9757922	88570	36288
（1）国内贷款			1394858		
# 银行贷款			1254468		
非银行金融机构贷款			140390		
（2）利用外资					
# 外商直接投资	14200	188	2704900	720	18136
（3）自筹资金			160044		
# 自有资金	179292	91778	3427951	15639	18152
（4）其他资金来源	35558	145517	2070169	72211	
# 定金及预收款	86805	16171	2697904	119571	25820
个人按揭贷款	53724	16171	1609519	55580	9300
本年各项应付款合计	532847	423137	13881547	532960	38018
# 工程款	303797	185654	4123625	444390	1730

表 9-4　房地产开发投资、资金和土地情况（2022 年）（续表 8）

计量单位：万元

项　目	合　计	港澳台商投资				
		与港澳台商合资经营	与港澳台商合资合作经营	港澳台商独资	港澳台商投资	其他港澳台投资
本年资金来源合计	5493325	4150357	704334	304744	188727	145163
1. 上年末结余资金	1953274	1311496	427734	152317	36964	24763
2. 本年资金来源小计	3540051	2838861	276600	152427	151763	120400
（1）国内贷款	612393	430763	55500	2400	113730	10000
# 银行贷款	571093	389463	55500	2400	113730	10000
非银行金融机构贷款	41300	41300				
（2）利用外资						
# 外商直接投资	657507	514084		63823	1000	78600
（3）自筹资金	157350	91843		58741	6766	
# 自有资金	1552193	1352039	124566	27171	27517	20900
（4）其他资金来源	560608	450132	96534	292	2750	10900
# 定金及预收款	647370	490378	2895	110345	31850	11902
个人按揭贷款	452029	349165	2895	79736	13026	7207
本年各项应付款合计	5493325	4150357	704334	304744	188727	145163
# 工程款	1953274	1311496	427734	152317	36964	24763

表 9-4　房地产开发投资、资金和土地情况（2022 年）（续表 9）

计量单位：万元

项　目	合　计	外商投资			
		中外合资经营	中外合作经营	外资企业	外商投资股份有限公司
本年资金来源合计	1690363	1121047	11532	458330	99454
1．上年末结余资金	584927	283550	57	298371	2949
2．本年资金来源小计	1105436	837497	11475	159959	96505
（1）国内贷款	259404	181961		19443	58000
# 银行贷款	259404	181961		19443	58000
非银行金融机构贷款					
（2）利用外资					
# 外商直接投资	79977	74869		5108	
（3）自筹资金	19146		7753	11393	
# 自有资金	434302	382600	3722	11728	36252
（4）其他资金来源	312607	198067		112287	2253
# 定金及预收款	101006	93842		3090	4074
个人按揭贷款	44924	38000		2850	4074
本年各项应付款合计	1690363	1121047	11532	458330	99454
# 工程款	584927	283550	57	298371	2949

表 9-5 房地产开发施工、竣工和销售按用途分组（2022 年）

项目	计量单位	合计	住宅			
				90 平方米及以下	144 平方米以上	别墅、高档公寓
房屋施工面积	平方米	78451248	49198981			
# 新开工面积		13023139	8683994			
房屋竣工面积	平方米	6823353	4134105			
# 不可销售面积		643180	198252			
商品住宅竣工套数	套		37740			
竣工房屋价值	万元	5362899	3748063			
出租房屋面积	平方米	34646				
商品房销售面积	平方米	9423234	7919632	1257174	1080580	
# 现房销售面积		1598728	953470			
期房销售面积		7824506	6966162			
商品房销售额	万元	24281447	22036945	2416797	3988520	
# 现房销售额		3146751	2278684			
期房销售额		21134696	19758261			
商品住宅销售套数	套		68263			
# 现房销售套数			7490			
期房销售套数			60773			

表 9-5　房地产开发施工、竣工和销售按用途分组（2022 年）（续表）

项　目	计量单位	办公楼	商业营业用房	其他
房屋施工面积	平方米	6460944	7544840	15246483
# 新开工面积		851773	1153185	2334187
房屋竣工面积	平方米	565385	623128	1500735
# 不可销售面积		49724	173309	221895
竣工房屋价值	万元	642347	370419	602070
出租房屋面积	平方米	34646		
商品房销售面积	平方米	604859	518578	380165
# 现房销售面积		278889	223751	142618
期房销售面积		325970	294827	237547
商品房销售额	万元	897172	818585	528745
# 现房销售额		385315	286398	196354
期房销售额		511857	532187	332391

表9-6 房地产企业财务状况（2022年）

计量单位：千元

项目	合计	内资				
		内资小计	国有	集体	股份合作	国有联营
流动资产合计	1775231232	1507359737	113160731		6416787	5172297
# 存货	1050234003	909967818	78794438		4532441	3728001
固定资产原价	36509468	29789082	579271		645	729
累计折旧	4004349	2780362	89226		394	641
# 本年折旧	755537	525638	14339		16	191
资产总计	1996159644	1671050329	126451106		6425039	5297020
负债合计	1535014128	1322167542	104895583		6580476	4594452
所有者权益合计	461145516	348882787	21555523		-155437	702568
营业收入	251823408	231471421	18336938			2032119
营业成本	215549591	200013802	16113725			1810562
营业税金及附加	6545208	5597070	298299		2496	9627
营业利润	10139628	7801524	1213185		-78691	204755
其他业务利润	187690	166748	23906			
投资收益	1171534	635442	174619			
其他收益	404061	398103	8945			16
营业外收入	156002	133480	43531			537
营业外支出	1043813	446050	973		119	17
利润总额	9172466	7486495	1255743		-78810	205275
应交增值税	9995012	8831533	365154			33053
应付职工薪酬（本年贷方累计发生数）	4518365	3664426	248330			4210

表 9-6　房地产企业财务状况（2022 年）（续表 1）

项　目	内　资				
	国有与集体联营企业	其他联营企业	国有独资公司	其他有限责任公司	股份有限公司
流动资产合计	5328356	919704	111537751	756581769	54219611
# 存货	4298575	645978	58851562	435186707	30452869
固定资产原价	8	59	3304028	4271028	961972
累计折旧		11	423973	522408	417163
# 本年折旧		11	215361	95536	26754
资产总计	5346112	921460	139803005	815542714	66739427
负债合计	3646038	845128	91101626	650767435	50340399
所有者权益合计	1700074	76332	48701379	164775279	16399028
营业收入			9746949	123590768	14359635
营业成本	3247		9275588	109038247	10051640
营业税金及附加	509	792	64724	3096353	576442
营业利润	-3247	-18445	155705	5184081	519066
其他业务利润			-46306	104179	
投资收益			160942	567812	-32353
其他收益			256229	27220	37522
营业外收入		29	31046	90708	4145
营业外支出			4542	315294	6238
利润总额	-3247	-18416	182209	4959496	516972
应交增值税	36004		142507	4350251	697791
应付职工薪酬（本年贷方累计发生数）	4840	-3947	297213	1591790	252067

表 9-6　房地产企业财务状况（2022 年）（续表 2）

项　目	内资					
	私营企业小计	私营独资企业	私营合伙企业	私营有限责任公司	私营股份有限公司	其他企业
流动资产合计	454022731	14469320	5481763	420739903	13331745	
# 存货	293477247	12450434	3598917	267423929	10003967	
固定资产原价	20671342	94	672	20670018	558	
累计折旧	1326546	38	549	1325541	418	
# 本年折旧	173430	16	43	173260	111	
资产总计	504524446	16030012	5505591	469653997	13334846	
负债合计	409396405	13545297	5200218	379237599	11413291	
所有者权益合计	95128041	2484715	305373	90416398	1921555	
营业收入	63405012	1000	3611541	59720462	72009	
营业成本	53720793	1000	3312920	50350906	55967	
营业税金及附加	1547828	4454	13332	1524658	5384	
营业利润	625115	-139741	-46215	832838	-21767	
其他业务利润	84969	-92		85061		
投资收益	-235578	-36		-235542		
其他收益	68171	35	17	68119		
营业外收入	-36516	721	1158	-38915	520	
营业外支出	118867		212	118778	-123	
利润总额	467273	-139020	-45269	672686	-21124	
应交增值税	3206773	14156	332948	2790704	68965	
应付职工薪酬（本年贷方累计发生数）	1269923	31290	19580	1189353	29700	

表 9-6　房地产企业财务状况（2022 年）（续表 3）

项　目	合　计	港澳台商投资				
		与港澳台商合资经营	与港澳台商合资合作经营企业	港澳台商独资经营	港澳台商投资股份有限公司	港澳台商投资股份
流动资产合计	225206782	154994098	5832848	55622870	5337481	3419485
# 存货	117153655	97562033	4398999	9277006	3685913	2229704
固定资产原价	3199780	2574300	94	612340	11674	1372
累计折旧	659278	320139	17	331045	7216	861
# 本年折旧	82423	53116	16	27853	1024	414
资产总计	277035636	168083178	5897729	91805299	7677089	3572341
负债合计	182758162	102643662	4430923	68302261	4718474	2662842
所有者权益合计	94277474	65439516	1466806	23503038	2958615	909499
营业收入	8127450	6660560	4	1174503	292383	
营业成本	5799357	4988461		682793	128103	
营业税金及附加	615182	195462	2000	88704	327025	1991
营业利润	771140	714269	-63467	539518	-411947	-7233
其他业务利润	17136	-276		15998	1414	
投资收益	536092	525051		19	11022	
其他收益	5784	5027		530	227	
营业外收入	19094	8710		8285	2099	
营业外支出	620754	9225		611169	360	
利润总额	157493	713754	-63467	-75353	-410208	-7233
应交增值税	599616	537184	2493	45128	12531	2280
应付职工薪酬（本年贷方累计发生数）	654855	323718	19121	150719	153673	7624

表 9-6　房地产企业财务状况（2022 年）（续表 4）

项　目	合　计	外商投资			
		中外合资经营	中外合作经营	外资企业	外商投资股份有限公司
流动资产合计	42664713	29449949	981141	9846591	
# 存货	23112530	15228142	266174	6771682	
固定资产原价	3520606	751	375730	3144090	
累计折旧	564709	1726	1005	561965	
# 本年折旧	147476	635		146829	
资产总计	48073679	29958255	1356882	14371488	
负债合计	30088424	19214631	672633	7816938	
所有者权益合计	17985255	10743624	684249	6554550	
营业收入	12224537	3515474	77938	8631125	
营业成本	9736432	2965614	47734	6723084	
营业税金及附加	332956	25612	4339	302261	
营业利润	1566964	392286	428	1190922	
其他业务利润	3806		3806		
投资收益					
其他收益	174	28	56	90	
营业外收入	3428	1936	583	529	
营业外支出	-22991	-30401	1849	5560	
利润总额	1528478	363575	-4695	1185891	
应交增值税	563863	395700	2127	166036	
应付职工薪酬（本年贷方累计发生数）	199084	72774	5659	118999	

表 9-7　建筑业企业基本情况（2022 年）

（总承包、专业承包）

指标名称	计量单位	合　计
企业个数	个	2093
建筑业总产值	万元	50830163
固定资产原价	万元	4255655
# 本年折旧		262300
资产合计	万元	58622501
负债合计	万元	41329136
实收资本	万元	8300643
营业收入	万元	47255810
# 主营业务收入		46972302
营业成本	万元	43768763
# 主营业务成本		43572660
营业税金及附加	万元	154944
# 主营业务税金及附加		142816
销售费用	万元	124836
管理费用	万元	1409287
财务费用	万元	173936
利润总额	万元	1515869
应付职工薪酬（本年贷方累计发生额）	万元	4852552

表 9-8　建筑业企业生产情况（2022 年）

（总承包及专业承包）

指　　标	计量单位	2022 年	2021 年	2022 年为上年%
建筑合同额	万元	105551747	102322971	103.2
上年结转建筑合同额		54805720	55359061	99.0
本年新签建筑合同额		50746028	46963909	108.1
建筑业总产值	万元	50830163	49180355	103.4
建筑工程产值		47005266	45217755	104.0
安装工程产值		3243657	3381632	95.9
其他产值		581240	580969	100.0
竣工产值	万元	29890413	40459185	73.9
房屋施工面积	万平方米	31090	26470	117.5
房屋竣工面积	万平方米	5553	5883	94.4
# 住宅		3579	4326	82.7
建筑业全员劳动生产率	元/人	434974	373857	116.3

表 9-9　按行业分建筑业企业生产情况（2022 年）

（总承包及专业承包）

指　　标	计量单位	房屋建筑业	土木工程建筑业
企业个数	个	795	573
建筑合同额	万元	53261256	29226582
上年结转建筑合同额		30635224	14147613
本年新签建筑合同额		22626032	15078969
建筑业总产值	万元	26098557	12849253
建筑工程产值		25577508	12369551
安装工程产值		305404	331135
其他产值		215645	148568
竣工产值	万元	16524546	7333351
房屋施工面积	万平方米	28209	1366
房屋竣工面积	万平方米	5121	275
# 住宅		3315	182
全员劳动生产率	元/人	416448	540846

表 9-9　按行业分建筑业企业生产情况（2022 年）（续表）

（总承包及专业承包）

指　　标	计量单位	建筑安装业	建筑装饰和其他建筑业
企业个数	个	299	426
建筑合同额	万元	16496493	6567417
上年结转建筑合同额		7281010	2741873
本年新签建筑合同额		9215483	3825545
建筑业总产值	万元	7612735	4269618
建筑工程产值		4980566	4077642
安装工程产值		2435290	171828
其他产值		196879	20148
竣工产值	万元	3577731	2454785
房屋施工面积	万平方米	1400	115
房屋竣工面积	万平方米	117	41
# 住宅		64	17
全员劳动生产率	元/人	435920	329265

表 9-10　按经济类型分建筑业企业生产情况（2022 年）

（总承包及专业承包）

指　　标	计量单位	总　　计	国有经济	集体经济	其他经济
企业个数	个	2093	99	21	1973
建筑合同额	万元	105551747	63884095	941912	40725740
上年结转建筑合同额		54805720	35600711	203385	19001624
本年新签建筑合同额		50746028	28283385	738528	21724115
建筑业总产值	万元	50830163	23692770	704250	26433144
建筑工程产值		47005266	22371421	346976	24286870
安装工程产值		3243657	1131993	357041	1754624
其他产值		581240	189356	233	391650
竣工产值	万元	29890413	13343966	578329	15968118
房屋施工面积	万平方米	31090	10766	1	20323
房屋竣工面积	万平方米	5553	2877	1	2675
# 住宅		3579	1868		1710
全员劳动生产率	元/人	434974	523050	260756	383869

表 9-11 建筑业企业财务情况（2022 年）

（总承包及专业承包）

计量单位：万元

指　　标	合　计	国有经济	集体经济	其他经济
资产合计	58622501	28867010	3019882	26735609
流动资产合计	50106910	24300003	2484962	23321945
# 存　货	8406413	3223421	243057	4939934
固定资产原价	4255655	1732336	150687	2372632
累计折旧	2147139	832060	78326	1236752
# 本年折旧	262300	104393	10961	146946
负债合计	41329136	23271368	2385750	15672018
所有者权益合计	17293364	5595642	634132	11063591
营业收入	47255810	24456015	1501608	21298187
# 主营业务收入	46972302	24305658	1440152	21226492
营业成本	43768763	22944434	1295452	19528876
# 主营业务成本	43572660	22879112	1245154	19448394
营业税金及附加	154944	58105	4052	92787
# 主营业务税金及附加	142816	54334	2146	86337
销售费用	124836	49664	2462	72710
管理费用	1409287	457045	57334	894909
财务费用	173936	63147	-13124	123913
利润总额	1515869	677079	168635	670155
应付职工薪酬（本年贷方累计发生额）	4852552	1751136	79788	3021628

表 9-12 主要年份全社会固定资产投资完成额

计量单位：亿元

年 份	全社会固定资产投资完成额		
		城镇固定资产投资	房地产开发投资
1949	0.02	0.02	
1952	0.26	0.26	
1957	1.18	1.18	
1962	0.76	0.76	
1965	1.44	1.44	
1970	1.53	1.53	
1975	2.96	2.96	
1978	6.63	6.35	
1979	7.01	6.86	
1980	7.82	7.56	
1985	27.65	24.28	
1990	42.65	36.80	
1991	49.71	40.91	2.58
1995	233.86	133.63	59.45
1997	351.66	223.79	72.89
1998	376.60	217.96	101.06
1999	373.01	211.94	97.91
2000	412.20	241.95	99.34
2004	1201.88	703.92	292.88
2005	1402.72	820.30	296.14
2008	2154.17	1226.16	508.17
2009	2668.03	1572.08	595.68
2010	3306.05	2029.87	754.76
2012	4683.45	3122.05	1015.76
2014	5460.03		1125.49
2015	5484.47		1429.02
2016	5533.56		1845.60
2017	4312.66		2170.21
2018	4718.05		2354.17
2019	5082.77		2501.26
2020	5418.23		2631.40
2021	5675.24		2719.80
2022	5874.92		2758.77

注：1. 国家固定资产投资统计方法制度改革，2018 年数据按新制度执行。2017 年数同口径调整。
2. 城镇固定资产投资包括以前年度基本建设、更新改造、城镇集体和其他投资，2005 年起不再细分。

表 9-13　2000 年以来固定资产投资情况

计量单位：亿元

年　份	全社会固定资产投资额	第一产业	第二产业	#工业投资	第三产业	#房地产开发投资
2000	412.20	3.44	110.09	108.42	298.67	99.34
2001	464.91	5.30	169.27	158.55	290.34	111.00
2002	602.95	1.42	236.97	240.00	364.56	137.63
2003	954.05	3.75	357.71	356.06	592.59	183.80
2004	1201.88	5.83	481.50	458.54	714.55	292.88
2005	1402.72	4.78	586.43	582.04	811.51	296.14
2006	1613.55	6.90	738.12	732.63	868.53	351.17
2007	1867.96	10.81	936.79	930.42	920.36	445.97
2008	2154.17	12.43	1088.93	1081.09	1052.81	508.17
2009	2668.03	12.24	1311.31	1300.40	1344.48	595.68
2010	3306.05	21.21	1618.41	1601.31	1666.43	754.76
2011	4010.03	29.31	2041.43	2000.22	1939.29	896.73
2012	4683.45	23.59	2414.95	2400.93	2244.91	1015.76
2013	5265.55	23.55	2518.53	2509.40	2723.47	1120.18
2014	5460.03	34.87	2180.71	2152.36	3244.45	1125.49
2015	5484.47	36.95	2093.03	2071.66	3354.49	1429.02
2016	5533.56	40.78	1784.22	1761.65	3708.57	1845.60
2017	4312.66	2.16	699.84	684.94	3600.33	2170.21
2018	4718.05	1.67	774.02	745.90	3942.36	2354.17
2019	5082.77	2.31	802.51	801.66	4277.95	2501.26
2020	5418.23	16.66	889.41	889.84	4512.15	2631.40
2021	5675.24	12.60	1055.86	1056.97	4606.78	2719.80
2022	5874.92	6.18	1172.93	1172.74	4695.80	2758.77

注：因国家固定资产投资统计方法制度改革，2018 年数据按新制度执行，2017 年数据同口径调整。

表 9-14 2000 年以来房屋竣工面积与商品房销售情况

年 份	房屋竣工面积（万平方米）	商品房销售面积（万平方米）	商品房销售额（亿元）
2000	383.11	222.23	62.11
2001	402.76	281.60	81.85
2002	434.59	382.05	111.66
2003	392.82	444.48	139.90
2004	644.45	607.96	213.73
2005	646.09	943.81	384.37
2006	807.46	1010.50	452.41
2007	682.97	1137.88	603.51
2008	1062.26	703.55	359.46
2009	1516.28	1186.94	852.81
2010	1039.57	823.17	787.38
2011	1169.09	767.70	714.72
2012	1699.73	950.87	960.98
2013	1039.39	1222.01	1404.75
2014	967.40	1207.58	1352.20
2015	1449.10	1543.16	1772.89
2016	1241.33	1558.18	2766.35
2017	1077.49	1429.61	2237.74
2018	1245.44	1224.20	2404.09
2019	1582.34	1320.65	2510.15
2020	1448.42	1324.67	3269.50
2021	1136.18	1510.95	4063.84
2022	682.34	942.32	2428.14

主要统计指标解释

全社会固定资产投资 固定资产投资是社会固定资产再生产的主要手段。固定资产投资额是以货币表现的建造和购置固定资产活动的工作量，它是反映固定资产投资规模、速度、比例关系和使用方向的综合性指标。

房地产开发投资 指房地产开发公司、商品房建设公司及其他房地产开发法人单位和附属于其他法人单位实际从事房地产开发或经营的活动单位统一开发的包括统代建、拆迁还建的住宅、厂房、仓库、饭店、宾馆、度假村、写字楼、办公楼等房屋建筑物和配套的服务设施，土地开发工程（如道路、给水、排水、供电、供热、通讯、平整场地等基础设施工程）的投资；不包括单纯的土地交易活动。

固定资产投资按国民经济行业分 建设项目归哪个行业，按其建成投产后的主要产品或主要用途及社会经济活动性质来确定。

固定资产投资按建设性质分 建设项目的性质一般分为新建、扩建、改建、迁建、恢复。

（1）新建：一般是指从无到有、“平地起家”新开始建设的单位。有的单位原有的基础很小，经过建设后其新增加的固定资产价值超过原有固定资产价值（原值）三倍以上的也算新建。

（2）扩建：一般是指为扩大原有产品的生产能力，在厂内或其他地点增建主要生产车间（或主要工程）、独立的生产线或分厂的企业；事业单位和行政单位在原单位增建业务用房（如学校增建教学用房、医院增建门诊部或病床用房、行政机关增建办公楼等）也作为扩建。

（3）改建：一般是指现有企业、事业单位为了技术进步，提高产品质量，增加花色品种，促进产品升级换代，降低消耗和成本，加强资源综合利用和三废治理、劳保安全等，采用新技术、新工艺、新设备、新材料等对现有设施、工艺条件进行技术改造或更新（包括相应配套的辅助性生产、生活福利设施）。有的企业为充分发挥现有生产能力，进行填平补齐而增建不增加本单位主要产品生产能力的车间等，也属于改建。

固定资产投资按构成分 固定资产投资活动按其工作内容和实现方式分为建筑安装工程，设备、工具、器具购置，其他费用三个部分。

（1）建筑安装工程（建筑安装工作量）：指各种房屋、建筑物的建造工程和各种设备、装置的安装工程。包括各种房屋建造工程，各种用途设备基础和各种工业窑炉的砌筑工程；为施工而进行的各种准备工作和临时工程以及完工后的清理工作等；铁路、道路的铺设，矿井的开凿及石油管道的架设等；水利工程；防空地下建筑等特殊工程；以及各种机械设备的安装工程；为测定安装工程质量，对设备进行的试运工作。在安装工程中，不包括被安装设备本身的价值。

（2）设备、工具、器具购置：指购置或自制达到固定资产标准的设备、工具、器具的价值，固定资产的标准按财务部门规定。新建单位、扩建单位的新建车间按照设计和计划要求购置或自制的全部设备、工具、器具，不论是否达到固定资产标准均计入“设备、工具、器具购置”中。

（3）其他费用：指在固定资产建造和购置过程中发生的，除建筑安装工程和设备、工具、器具购置以外的各种应摊入固定资产的费用。

固定资产投资的资金来源 根据固定资产投资的资金来源不同，分为国家预算内资金、国内贷款、利用外资、自筹资金和其他资金来源。

（1）国家预算内资金：指中央财政和地方财政中由国家统筹安排的基本建设拨款和更新改造拨款，以及中央财政安排的专项拨款中用于基本建设的资金和基本建设拨款改贷款的资金等。

（2）国内贷款：指报告期内企、事业单位向银行及非银行金融机构借入的用于固定资产投资的各种国内借款。包括银行利用自有资金及吸收的存款发放的贷款、上级主管部门拨入的国内贷款、国家专项贷款（包括煤代油贷款、劳改煤矿专项贷款等）、地方财政专项资金安排的贷款、国内储备贷款、周转贷款等。

（3）利用外资：指报告期内收到的用于固定资产投资的国外资金，包括统借统还、自借自还的国外贷款，中外合资项目中的外资，以及对外发行债券和股票等。国家统借统还的外资指由我国政府出面同外国政府、团体或金融组织签订贷款协议、并负责偿还本息的国外贷款。

（4）自筹资金：指建设单位报告期内收到的，用于进行固定资产投资的上级主管部门、地方和企、事业单位自筹资金。

（5）其他资金来源：指报告期内收到的除以上各种拨款、借款、自筹资金以外其他用于固定资产投资的资金。

施工项目 指报告期内曾进行建筑或安装工程施工活动的建设项目，包括报告期内新开工项目、报告期以前年度开工跨入报告期继续施工的项目以及报告期施过工并在报告期内全部建成投产或停缓建的项目。

全部建成投产项目 工业项目是指设计文件规定形成生产能力的主体工程及其相应配套的辅助设施全部建成，经负荷试运转，证明具备生产设计规定合格产品的条件，并经过验收鉴定合格或达到竣工验收标准，与生产性工程配套的生活福利设施可以满足近期正常生产的需要，正式移交生产的建设项目。非工业项目是指设计文件规定的主体工程和相应的配套工程全部建成，能够发挥设计规定的全部效益，经验收鉴定合格或达到竣工验收标准，正式移交使用的建设项目。

新增生产能力 指通过固定资产投资活动而增加的设计能力或工程效益，它是用实物形态表示的固定资产投资的成果。新增生产能力的计算，是以能独立发挥生产能力或工程效益的单项工程（或项目）为对象。当单项工程（或项目）建成，经有关部门鉴定合格，正式移交投入生产，即可计算新增生产能力。

新增生产能力或工程效益有以下几种表现形式：

（1）以建设项目或单项工程建成后的年产能力表示，如煤炭开采、石油开采等。

（2）以建设项目或单项工程建成后处理原料的能力表示，如选矿工程的年处理矿石能力、洗煤厂年洗原煤能力等。

（3）以新增的主要设备数量或容量表示，如棉纺锭锭数、发电机组容量等。

（4）以建筑物容积、容量、面积或长度表示，如水库容量、铁路公路里程等。

新增生产能力的数量一般按设计能力计算。设计能力是指设计文件中规定的在正常情况下能够达到的生产能力，而不论投产后的实际产量如何。以设备数量、建筑物容积、面积、长度等表示的新增生产能力或工程效益，则按建成的实际数量计算。

房屋建筑面积　指从房屋外墙线算起的各层平面面积的总和，包括可供使用的有效面积和房屋结构（如柱、墙）占用的面积。多层建筑按各层（包括地下室）面积总和计算。

住宅建筑面积　指施工和竣工房屋建筑面积中供居住用的施工和竣工房屋建筑面积。

施工面积　指报告期内施工的全部房屋建筑面积。包括本期新开工的面积、上期跨入本期继续施工的房屋面积、上期停缓建在本期恢复施工的房屋面积、本期竣工的房屋面积及本期施工后又停缓建的房屋面积。

竣工面积　指在报告期内房屋建筑按照设计要求已全部完工，达到住人和使用条件，经验收鉴定合格，正式移交使用单位的建筑面积。

房屋建筑面积竣工率　指一定时期内房屋竣工面积占同期房屋施工面积的比率。它是从房屋建筑施工速度的角度反映投资效果和建筑业经济效益的指标。

本年新增固定资产　指在报告期已经完成建造和购置过程，并已交付生产或使用单位的固定资产的价值。具体指在报告期已经完成建造和开发过程并交付使用的房屋和土地开发面积的价值。是房地产开发公司进行开发经营活动的最终成果，即为社会提供的固定资产，而且是在报告期内新增加的。不是反映房地产开发企业本身固定资产的增加。

调查单位通过划拨方式取得土地使用权所发生的建设用地费计入新增固定资产；通过出让或“招拍挂”方式取得土地使用权而发生的建设用地费不计入新增固定资产；租用建设用地的费用，不计入新增固定资产。

建设项目投产率　指一定时期内全部建成投入生产项目个数与同期正式施工项目个数的比率。它是从项目建设速度的角度反映投资效果的指标。

建设周期　是指报告期（年）所有正式施工项目全部建成平均需要的时间。它是从宏观角度反映建设速度的指标。建设周期的计算方法有两种。

（1）按建设项目计算：建设周期=报告期正式施工项目个数/报告期全部建成投产项目个数。

（2）按投资额计算：建设周期=报告期正式施工项目计划总投资之和/报告期正式施工项目完成投

资之和。

建筑业统计单位 指从事房屋、构筑物建造、装饰装修、设备安装活动和工程准备、提供施工设备服务等其他建筑活动的法人企业。建筑业法人企业应同时具备的条件是：①依法成立，有自己的名称、组织机构和场所，能够承担民事责任；②独立拥有和使用资产，承担负债，有权与其他单位签订合同；③独立核算盈亏，能够编制资产负债表。

建筑业总产值（即自行完成施工产值） 是以货币表现的建筑业企业在一定时期内生产的建筑业产品和服务的总和。建筑业总产值包括：

（1）建筑工程产值：指列入建筑工程预算内的各种工程价值。

（2）安装工程产值：指设备安装工程价值，不包括被安装设备本身价值。

（3）其他产值：指建筑业总产值中除建筑工程、安装工程以外的产值。包括房屋、构筑物修理所完成的产值（不包括被修理的房屋、构筑物本身的价值）、非标准设备制造产值、总包企业向分包企业收取的管理费和不能明确划分的施工活动所完成的产值。

建筑业增加值 指建筑业企业在报告期内以货币表现的建筑业生产经营活动的最终成果。目前建筑业增加值采用分配法（收入法）计算，即从收入的角度出发，根据生产要素在生产过程中应得的收入份额计算。具体计算公式为：

建筑业增加值=本年提取的固定资产折旧+本年应付工资总额+本年应付福利费总额+管理费用中的劳动待业保险费、税金+工程结算税金及附加+营业利润

房屋建筑施工面积 指在报告期内施过工的全部房屋建筑面积，包括本期新开工的房屋面积、上期跨入本期继续施工的房屋面积、上期停缓建在本期恢复施工的房屋面积、本期竣工的房屋面积及本期施工后又停缓建的房屋面积。

房屋建筑竣工面积 指在报告期内房屋建筑按照设计要求全部完工，达到了住人和使用条件，经检查验收鉴定合格的房屋建筑面积。

自有机械设备年末总台数 指归本企业（或单位）所有，属于本企业（或单位）固定资产的生产性机械设备年末总台数。包括施工机械、生产设备、运输设备以及其他设备。

自有机械设备年末总功率 指本企业（或单位）自有施工机械、生产设备、运输设备以及其他设备等列为固定资产的生产性机械设备年末总功率，按设定能力或查定能力计算。包括机械本身的动力和为该机械服务的单独动力设备，如电动机等。计算单位用千瓦，动力换算可按 1 马力＝0.735 千瓦折合成千瓦数。电焊机、变压器、锅炉不计算动力。

工程结算收入 指企业承包工程实现的工程价款结算收入，以及向发包单位收取的除工程价款以外按规

定列作营业收入的各种款项，如临时设施费、劳动保险费、施工机械调迁费等以及向发包单位收取的各种索赔款。

工程结算利润 指已结算工程实现的利润，如亏损以“－”号表示。

计算公式为：工程结算利润＝工程结算收入－工程结算成本－工程结算税金及附加

企业总收入 指与企业生产经营直接有关的各项收入，包括工程结算收入和其他业务收入。

计算公式为：企业总收入＝工程结算收入＋其他业务收入

计算建筑业劳动生产率的平均人数 指建筑业企业（或单位）报告期实际拥有的、与建筑施工活动有关的人员的平均人数，包括参加本企业（或单位）建筑施工活动的非本企业（或单位）人员，但不包括企业内部社会服务性机构的人员以及由本企业支付工资但所从事的工作与本企业生产基本无关的人员。

（十）批发和零售业、住宿和餐饮业

CHAPTER 10
WHOLESALE AND RETAIL TRADES, ACCOMMODATION AND CATERING SERVICES

表 10-1　社会消费品零售总额（2022 年）

计量单位：亿元

指　　标	2022 年	2022 年为上年%
社会消费品零售总额	7832.41	99.2
# 限额以上社会消费品零售总额	4627.37	97.8
一、按销售单位所在地分		
城镇	4587.12	97.9
# 城区	4224.10	96.1
乡村	40.26	87.8
二、按消费形态分		
餐饮收入	260.75	92.9
商品零售	4366.63	98.1

表 10-2　限额以上批发和零售业法人企业基本情况（2022 年）

项　目	法人企业（个）	从业人员期末人数（人）
批发和零售业合计	5753	242171
一、批发业总计	3807	116847
（一）按登记注册类型分		
内资企业	3722	101995
国有企业	50	3139
集体企业	4	79
股份合作企业	2	31
联营企业		
国有与集体联营企业		
其他联营企业		
有限责任公司	423	31388
国有独资公司	38	2636
其他有限责任公司	385	28752
股份有限公司	36	5403
私营企业	3178	60878
私营独资企业	36	328
私营合伙企业	5	98
私营有限责任公司	3102	58086
私营股份有限公司	35	2366
其他企业	29	1077
港、澳、台商投资企业	30	1116
与港澳台商合资经营企业	4	68
港澳台商独资经营企业	24	911
其他港澳台投资企业	2	137
外商投资企业	55	13736
中外合资经营企业	13	652
外资企业	39	12012
外商投资股份有限公司	2	1041
（二）按国民经济行业分		
农、林、牧、渔产品批发	59	2468
食品、饮料及烟草制品批发	302	12940
纺织、服装及家庭用品批发	388	26808
文化、体育用品及器材批发	171	7000
医药及医疗器材批发	294	18181
矿产品、建材及化工产品批发	1598	22888
机械设备、五金产品及电子产品批发	868	23028
贸易经纪与代理	31	938
其他批发业	96	2596

表 10-2 限额以上批发和零售业法人企业基本情况（2022 年）（续表 1）

项 目	法人企业（个）	从业人员期末人数（人）
（三）按单位经营形式分		
独立门店	1758	40392
连锁总店（总部）	8	3032
连锁直营店	8	1551
连锁加盟店	2	301
其他	2031	71571
二、零售业总计	1946	125324
（一）按登记注册类型分		
内资企业	1883	99839
国有企业	23	1322
集体企业	12	472
股份合作企业	5	93
联营企业	1	21
其他联营企业	1	21
有限责任公司	199	30856
国有独资公司	8	379
其他有限责任公司	191	30477
股份有限公司	20	3582
私营企业	1572	61863
私营独资企业	22	341
私营合伙企业	4	81
私营有限责任公司	1533	60310
私营股份有限公司	13	1131
其他企业	51	1630
港、澳、台商投资企业	33	7733
与港澳台商合资经营企业	7	647
港澳台商独资经营企业	22	4324
港澳台商投资股份有限公司	3	2571
其他港澳台投资企业	1	191
外商投资企业	30	17752
中外合资经营企业	8	12931
外资企业	20	4711
其他外商投资企业	2	110
（二）按国民经济行业分		
综合零售	90	34277
食品、饮料及烟草制品专门零售	306	12188
纺织、服装及日用品专门零售	117	7855
文化、体育用品及器材专门零售	225	11911
医药及医疗器材专门零售	63	10144

表 10-2 限额以上批发和零售业法人企业基本情况（2022 年）（续表 2）

项 目	法人企业（个）	从业人员期末人数（人）
汽车、摩托车、零配件和燃料及其他动力销售	416	24928
家用电器及电子产品专门零售	297	12115
五金、家具及室内装饰材料专门零售	162	2100
货摊、无店铺及其他零售业	270	9806
（三）按单位经营形式分		
独立门店	1278	64245
连锁总店（总部）	50	28086
连锁直营店	43	11102
连锁加盟店	11	399
其他	564	21492
（四）按零售业态分		
有店铺零售	1573	112858
便利店	13	1079
超市	49	27524
折扣店	5	186
仓储会员店	2	176
百货店	34	5562
购物中心	15	347
专业店	922	50555
品牌专卖店	508	27015
集合店	25	414
无店铺零售	373	12466
网络零售	223	8410
电视/广播零售	2	501
邮寄零售	5	66
无人售货设备零售	3	143
电话零售	6	811
直销	12	281
其他	122	2254

表 10-3　限额以上住宿和餐饮业法人企业基本情况（2022 年）

项　目	法人企业（个）	从业人员期末人数（人）
住宿和餐饮业合计	1137	106456
一、住宿业总计	399	23828
（一）按登记注册类型分		
内资企业	387	22225
国有企业	24	2394
集体企业	2	
股份合作企业	1	27
联营企业		
国有联营企业		
有限责任公司	75	7726
国有独资公司	15	2591
其他有限责任公司	60	5135
股份有限公司	8	1417
私营企业	277	10661
私营独资企业	5	100
私营有限责任公司	268	9166
私营股份有限公司	4	1395
港、澳、台商投资企业	6	1076
与港澳台商合资经营企业	3	500
港澳台商独资经营企业	3	576
外商投资企业	6	527
中外合资经营企业	3	460
外资企业	3	67
（二）按国民经济行业分		
旅游饭店	151	15541
一般旅馆	222	7124
民宿服务	8	155
露营地服务	1	28
其他住宿业	17	980
（三）按单位经营形式分		
独立门店	267	19780
连锁总店（总部）	3	270
连锁直营店	11	173
连锁加盟店	89	1935
其他	29	1670
（四）按住宿业企业星级评定情况分		
一星	2	94
二星	1	15
三星	21	1465
四星	29	3351
五星	16	4221
其他	330	14682

表 10-3 限额以上住宿和餐饮业法人企业基本情况（2022 年）（续表）

项 目	法人企业（个）	从业人员期末人数（人）
二、餐饮业总计	738	82628
（一）按登记注册类型分		
内资企业	721	60982
国有企业	7	745
有限责任公司	92	14392
国有独资公司	7	564
其他有限责任公司	85	13828
股份有限公司	2	212
私营企业	620	45633
私营独资企业	17	932
私营合伙企业	5	124
私营有限责任公司	593	44377
私营股份有限公司	5	200
其他企业		
港、澳、台商投资企业	7	10127
与港澳台商合资经营企业	1	365
港澳台商独资经营企业	6	9762
外商投资企业	10	11519
中外合资经营企业	1	20
外资企业	9	11499
（二）按国民经济行业分		
正餐服务	632	49512
快餐服务	47	24243
饮料及冷饮服务	25	2321
餐饮配送及外卖送餐服务	17	3257
其他餐饮业	17	3295
（三）按单位经营形式分		
独立门店	540	30183
连锁总店（总部）	35	30622
连锁直营店	49	11599
连锁加盟店	9	601
其他	105	9623

表 10-4 限额以上批发和零售业法人企业商品购进、销售和库存总额（2022 年）

计量单位：千元

项　目	商品购进额	进口	商品库存额	商品销售额
批发和零售业合计	2134673879	84209629	123747926	2081833780
一、批发业总计	1786136400	79187873	92385284	1703987650
（一）按登记注册类型分				
内资企业	1560284657	76067755	83243829	1590404156
国有企业	54817936	1488427	10576851	62389042
集体企业	2282349		31491	2321468
股份合作企业	179644		1720	181781
联营企业				
有限责任公司	721028791	48064686	30409795	747154284
股份有限公司	188246924	16372650	14118574	152351754
私营企业	593502271	10141992	28082264	625737245
其他企业	226742		23134	268582
港、澳、台商投资企业	23911048	176161	499607	24299463
与港澳台商合资经营企业	6189294	23605	223783	6152687
港澳台商独资经营企业	17520818	121510	269209	17859583
其他港澳台投资企业	200936	31046	6615	287193
外商投资企业	201940695	2943957	8641848	89284031
中外合资经营企业	162324169	1294369	3276897	38594859
外资企业	38990769	1649588	3814085	49681413
外商投资股份有限公司	574408		1543128	936704
其他外商投资企业	51349		7738	71055
（二）按国民经济行业分				
农、林、牧、渔产品批发	13197671	900000	2705338	14029194
食品、饮料及烟草制品批发	95275371	7759260	16162212	104560307
纺织、服装及家庭用品批发	264857770	20855118	18739314	268584539
文化、体育用品及器材批发	34136193	610876	4630258	36363684
医药及医疗器材批发	96020743	743705	8120482	104649485
矿产品、建材及化工产品批发	1049433291	38600396	28842349	925959702
机械设备、五金产品及电子产品批发	184246031	6806386	10289946	197205103
贸易经纪与代理	16924313	1935395	1400059	17560167
其他批发业	32045017	976737	1495326	35075469
（三）按单位经营形式分				
独立门店	528587097	28170510	30565183	558437092
连锁总店（总部）	289311649		12963064	126167305
连锁直营店	1262989	1101	1597945	2026580
连锁加盟店	7893873		583	7967598
其他	959080792	51016262	47258509	1009389075

表10-4 限额以上批发和零售业法人企业商品购进、销售和库存总额（2022年）（续表1）

计量单位：千元

项　目	批发额	出口	零售额
批发和零售业合计	1650805518	106627852	428147645
一、批发业总计	1613246752	106536221	87864993
（一）按登记注册类型分			
内资企业	1507264663	105543833	80539177
国有企业	59610772	4071226	2778270
集体企业	2320896		572
股份合作企业	181781	148515	
联营企业			
有限责任公司	728043993	46091177	18822119
股份有限公司	133559697	7416733	18792057
私营企业	583376622	47816182	40090786
其他企业	170902		55373
港、澳、台商投资企业	23892531	206276	205141
与港澳台商合资经营企业	6152687	106845	
港澳台商独资经营企业	17452651	99431	205141
其他港澳台投资企业	287193		
外商投资企业	82089558	786112	7120675
中外合资经营企业	37666760	222764	928098
外资企业	43674978	563348	5932638
外商投资股份有限公司	700945		235759
其他外商投资企业	46875		24180
（二）按国民经济行业分			
农、林、牧、渔产品批发	12919895	180279	1080992
食品、饮料及烟草制品批发	98275249	1067285	6037083
纺织、服装及家庭用品批发	235281674	36912970	32933978
文化、体育用品及器材批发	33458319	3480427	2888158
医药及医疗器材批发	102194636	4349354	2405831
矿产品、建材及化工产品批发	894641038	31925329	29303248
机械设备、五金产品及电子产品批发	185411853	21338323	11731629
贸易经纪与代理	17378892	6111303	181275
其他批发业	33685196	1170951	1302799
（三）按单位经营形式分			
独立门店	523397231	19908176	33002755
连锁总店（总部）	108166067		18001238
连锁直营店	1453318	49510	573262
连锁加盟店	7930042		37556
其他	972300094	86578535	36250182

表 10-4　限额以上批发和零售业法人企业商品购进、销售和库存总额（2022 年）（续表 2）

计量单位：千元

项　目	商品购进额	进口	商品库存额	商品销售额
二、零售业总计	348537479	5021756	31362642	377846130
（一）按登记注册类型分				
内资企业	260391834	3490946	25313646	290339159
国有企业	29822038	280517	301147	24660051
集体企业	488486		37656	569240
股份合作企业	259317		21322	247960
联营企业	5287		357	13227
有限责任公司	83656756	1162446	9401653	97609201
股份有限公司	12934056		675738	22083658
私营企业	132839445	2047983	14844026	144309010
其他企业	386449		31747	846812
港、澳、台商投资企业	55332275	1440630	1783767	50904934
与港澳台商合资经营企业	3209346	43879	326885	3175294
港澳台商独资经营企业	35162678	1396751	833005	38608950
港澳台商投资股份有限公司	16371675		575149	8494178
其他港澳台投资企业	588576		48728	626512
外商投资企业	32813370	90180	4265229	36602037
中外合资经营企业	22016049		3573308	22483507
外资企业	10668200	83527	634889	14041408
其他外商投资企业	129121	6653	57032	77122
（二）按国民经济行业分				
综合零售	75540255		5330755	80152292
食品、饮料及烟草制品专门零售	12369733	135584	1434850	15550850
纺织、服装及日用品专门零售	7115489	69697	1092591	9385015
文化、体育用品及器材专门零售	22000381	58816	7157412	30414081
医药及医疗器材专门零售	7116017		1065583	9310714
汽车、摩托车、零配件和燃料及其他动力销售	137560079	4512676	10421387	135311572
家用电器及电子产品专门零售	31429327	42211	2382857	37009116
五金、家具及室内装饰材料专门零售	3501407	129534	356953	4234025
货摊、无店铺及其他零售业	51904791	73238	2120254	56478465

表10-4 限额以上批发和零售业法人企业商品购进、销售和库存总额（2022年）（续表3）

计量单位：千元

项 目	商品购进额	进口	商品库存额	商品销售额
（三）按单位经营形式分				
独立门店	194394998	4430792	17428641	208472064
连锁总店（总部）	75189887		8364997	79271575
连锁直营店	10200334		840461	13994959
连锁加盟店	326456		126930	312758
其他	68425804	590964	4601613	75794774
（四）按零售业态分				
有店铺零售	291979497	4924234	28791173	315704191
便利店	802993		56123	992221
超市	33259306		4265104	32702243
折扣店	693657		16508	1027920
仓储会员店	103193		5	158963
百货店	40555728		1008547	44600634
购物中心	1113520	2	35769	2081393
专业店	105012106	1226837	13687955	120463623
品牌专卖店	109714674	3697395	9617987	112871203
集合店	724320		103175	805991
无店铺零售	56557982	97522	2571469	62141939
网络零售	50489875	54676	2009339	54775188
电视/广播零售	186387		13138	303042
邮寄零售	58496		11002	64707
无人售货设备零售	162000		41125	194732
电话零售	1056533	205	46086	1328233
直销	636110		76425	711064
其他	3968581	42641	374354	4764973

表 10-4 限额以上批发和零售业法人企业商品购进、销售和库存总额（2022 年）（续表 4）

计量单位：千元

项 目	批发额	出口	零售额
二、零售业总计	37558766	91631	340282652
（一）按登记注册类型分			
内资企业	32042556	45000	258291891
国有企业	5790523		18869528
集体企业	20636		548604
股份合作企业			247960
联营企业			13227
有限责任公司	10845834		86763367
股份有限公司	4001293		18082365
私营企业	11378722	45000	132925576
其他企业	5548		841264
港、澳、台商投资企业	4975764	13706	45929170
与港澳台商合资经营企业	8711		3166583
港澳台商独资经营企业	169890	13706	38439060
港澳台商投资股份有限公司	4797163		3697015
其他港澳台投资企业			626512
外商投资企业	540446	32925	36061591
中外合资经营企业	298993		22184514
外资企业	230591	32925	13810817
其他外商投资企业	10862		66260
（二）按国民经济行业分			
综合零售	5281430		74866630
食品、饮料及烟草制品专门零售	1544354	32925	14006016
纺织、服装及日用品专门零售	567538	30010	8817477
文化、体育用品及器材专门零售	5142008	1571	25272073
医药及医疗器材专门零售	119972		9190742
汽车、摩托车、零配件和燃料及其他动力销售	13457977		121853595
家用电器及电子产品专门零售	7795504		29213612
五金、家具及室内装饰材料专门零售	372506		3861519
货摊、无店铺及其他零售业	3277477	27125	53200988

表10-4　限额以上批发和零售业法人企业商品购进、销售和库存总额（2022年）（续表5）

计量单位：千元

项　目	批发额	出口	零售额
（三）按单位经营形式分			
独立门店	13538559	33036	194928793
连锁总店（总部）	15028920		64242655
连锁直营店	747702		13247257
连锁加盟店			312758
其他	8243585	58595	67551189
（四）按零售业态分			
有店铺零售	33783464	20705	281916015
便利店			992221
超市	530747		32167264
折扣店	431286		596634
仓储会员店			158963
百货店	4771709		39828925
购物中心			2081393
专业店	11474057	1571	108989566
品牌专卖店	16556068	19134	96314655
集合店	19597		786394
无店铺零售	3775302	70926	58366637
网络零售	3209809	27125	51565379
电视/广播零售			303042
邮寄零售	14066		50641
无人售货设备零售	23901		170831
电话零售			1328233
直销	60656		650408
其他	466870	43801	4298103

表 10-5　限额以上住宿和餐饮业法人企业经营情况（2022 年）

计量单位：千元

项　目	营业额	客房收入	餐费收入	商品销售额
住宿和餐饮业合计	32202558	4575716	25437061	885724
一、住宿业总计	6982825	3877770	1994385	303481
（一）按登记注册类型分				
内资企业	6478160	3622570	1806921	285983
国有企业	494817	184615	230054	10595
集体企业				
股份合作企业	9802	9002	717	83
联营企业				
国有联营企业				
有限责任公司	2328925	1130684	777676	146169
国有独资公司	853803	272138	362919	91168
其他有限责任公司	1475122	858546	414757	55001
股份有限公司	614589	152456	201506	58022
私营企业	3030027	2145813	596968	71114
私营独资企业	16649	10627	5328	398
私营有限责任公司	2633736	1972875	491886	20727
私营股份有限公司	379642	162311	99754	49989
港、澳、台商投资企业	347839	156631	148775	14425
与港澳台商合资经营企业	112298	71283	23083	2780
港澳台商独资经营企业	235541	85348	125692	11645
外商投资企业	156826	98569	38689	3073
中外合资经营企业	139114	83886	36587	3073
外资企业	17712	14683	2102	
（二）按国民经济行业分				
旅游饭店	4313595	1876577	1524365	231858
一般旅馆	2328821	1793893	355014	66400
民宿服务	24120	17740	5079	233
露营地服务	4931	2485	1508	684
其他住宿业	311358	187075	108419	4306
（三）按单位经营形式分				
独立门店	5547524	2718167	1771438	291891
连锁总店（总部）	105917	67321	38323	2
连锁直营店	56035	52267	2219	753
连锁加盟店	735909	706302	17248	4506
其他	537440	333713	165157	6329
（四）按住宿业企业星级评定情况分				
一星	29161	13957	15204	
二星	4804	2499	2084	145
三星	270483	129301	106614	4198
四星	933729	378553	303005	42920
五星	1381622	463395	535649	123071
其他	4363026	2890065	1031829	133147

表 10-5 限额以上住宿和餐饮业法人企业经营情况（2022 年）（续表 1）

项　目	其他营业收入（千元）	外卖送餐服务收入（千元）	客房数（间）	床位数（个）	餐位数（个）
住宿和餐饮业合计	1304057	177211	73069	109901	668585
一、住宿业总计	807189	772	61714	92157	91269
（一）按登记注册类型分					
内资企业	762686	618	58689	87810	85302
国有企业	69553		3162	5111	8592
集体企业					
股份合作企业			122	154	28
联营企业					
国有联营企业					
有限责任公司	274396	19	14964	24949	35194
国有独资公司	127578		3333	5381	8761
其他有限责任公司	146818	19	11631	19568	26433
股份有限公司	202605		2425	3377	5758
私营企业	216132	599	38016	54219	35730
私营独资企业	296		300	484	508
私营有限责任公司	148248	599	36216	51767	30865
私营股份有限公司	67588		1500	1968	4357
港、澳、台商投资企业	28008		1933	2779	4504
与港澳台商合资经营企业	15152		1017	1546	3067
港澳台商独资经营企业	12856		916	1233	1437
外商投资企业	16495	154	1092	1568	1463
中外合资经营企业	15568	154	933	1302	1347
外资企业	927		159	266	116
（二）按国民经济行业分					
旅游饭店	680795	19	26098	40280	67390
一般旅馆	113514	154	30688	45602	19189
民宿服务	1068		580	731	870
露营地服务	254		62	140	200
其他住宿业	11558	599	4286	5404	3620
（三）按单位经营形式分					
独立门店	766028	772	43975	63895	80629
连锁总店（总部）	271		531	1013	950
连锁直营店	796		980	1263	317
连锁加盟店	7853		11277	18853	2194
其他	32241		4951	7133	7179
（四）按住宿业企业星级评定情况分					
一星			301	457	1685
二星	76		60	100	230
三星	30370	154	2697	4363	6795
四星	209251		5695	9034	17338
五星	259507		5544	8011	18019
其他	307985	618	47417	70192	47202

表 10-5 限额以上住宿和餐饮业法人企业经营情况（2022 年）（续表 2）

计量单位：千元

项 目	营业额	客房收入	餐费收入	商品销售额
二、餐饮业总计	25219733	697946	23442676	582243
（一）按登记注册类型分				
内资企业	18250338	697946	16766968	522318
国有企业	185419	26905	116790	1025
有限责任公司	4034452	232373	3524163	173391
国有独资公司	153313	46916	57328	1626
其他有限责任公司	3881139	185457	3466835	171765
股份有限公司	22010	1762	20246	2
私营企业	14008457	436906	13105769	347900
私营独资企业	283128	13284	266186	1937
私营合伙企业	36695	1446	35228	21
私营有限责任公司	13652529	417532	12773384	345452
私营股份有限公司	36105	4644	30971	490
其他企业				
港、澳、台商投资企业	1947934		1817175	33373
与港澳台商合资经营企业	184221		184221	
港澳台商独资经营企业	1763713		1632954	33373
外商投资企业	5021461		4858533	26552
中外合资经营企业	64295		37697	26532
外资企业	4957166		4820836	20
（二）按国民经济行业分				
正餐服务	14775254	683458	13578015	294680
快餐服务	7519177	4751	7217853	45560
饮料及冷饮服务	1083738		1043093	37524
餐饮配送及外卖送餐服务	864195		786840	57143
其他餐饮业	977369	9737	816875	147336
（三）按单位经营形式分				
独立门店	8376744	573637	7344350	242853
连锁总店（总部）	10343014	34064	9981454	80905
连锁直营店	3779686	11283	3596397	158034
连锁加盟店	128970	24548	102407	1030
其他	2591319	54414	2418068	99421

表 10-5 限额以上住宿和餐饮业法人企业经营情况（2022 年）（续表 3）

项 目	其他营业收入（千元）	外卖送餐服务收入（千元）	客房数（间）	床位数（个）	餐位数（个）
二、餐饮业总计	496868	176439	11355	17744	577316
（一）按登记注册类型分					
内资企业	263106	8640	11355	17744	478252
国有企业	40699		638	1037	5708
有限责任公司	104525	4586	4106	6482	84429
国有独资公司	47443		1031	1696	4601
其他有限责任公司	57082	4586	3075	4786	79828
股份有限公司			62	90	700
私营企业	117882	4054	6549	10135	387415
私营独资企业	1721		200	382	4462
私营合伙企业			198	388	725
私营有限责任公司	116161	4054	6011	9166	379968
私营股份有限公司			140	199	2260
其他企业					
港、澳、台商投资企业	97386	31489			25164
与港澳台商合资经营企业					5750
港澳台商独资经营企业	97386	31489			19414
外商投资企业	136376	136310			73900
中外合资经营企业	66				468
外资企业	136310	136310			73432
（二）按国民经济行业分					
正餐服务	219101	8508	10997	17138	411976
快餐服务	251013	167799	152	237	129087
饮料及冷饮服务	3121	108			4814
餐饮配送及外卖送餐服务	20212	24			21380
其他餐饮业	3421		206	369	10059
（三）按单位经营形式分					
独立门店	215904	5756	8815	14036	237648
连锁总店（总部）	246591	167898	596	745	167751
连锁直营店	13972	108	275	456	54407
连锁加盟店	985		550	955	2778
其他	19416	2677	1119	1552	114732

表 10-6　限额以上批发和零售业法人企业主要财务状况（2022 年）

计量单位：千元

项　目	资产总计	负债总计	所有者权益	实收资本
批发和零售业合计	1154364047	896471042	289256803	166557599
一、批发业总计	894053728	697705035	227845463	129420179
（一）按登记注册类型分				
内资企业	836388931	637478091	198028808	121974215
国有企业	46584714	35617466	11157631	3060015
集体企业	1850143	1637907	212236	207070
股份合作企业	38626	21467	17159	18420
联营企业				
其他联营企业				
有限责任公司	287855234	230278297	57464392	37885224
国有独资公司	34080213	23978060	10102153	6263421
其他有限责任公司	253775021	206300237	47362239	31621803
股份有限公司	226769069	160005305	66678722	13943260
私营企业	273046465	209828034	62376219	66800946
私营独资企业	1099936	958624	141312	84123
私营合伙企业	279916	203448	76468	32300
私营有限责任公司	253746832	199124185	53780435	63710192
私营股份有限公司	17919781	9541777	8378004	2974331
其他企业	244680	89615	122449	59280
港、澳、台商投资企业	14147439	11712873	2371053	2123551
与港澳台商合资经营企业	925680	276036	649645	616543
港澳台商独资经营企业	12874140	11367299	1443327	1467901
其他港澳台投资企业	347619	69538	278081	39107
外商投资企业	43517358	48514071	27445602	5322413
中外合资经营企业	19021258	34277544	17194091	1089646
外资企业	21859223	13482492	8368669	3884993
外商投资股份有限公司	2602305	721938	1880367	345774
其他外商投资企业	34572	32097	2475	2000
（二）按国民经济行业分				
农、林、牧、渔产品批发	10973645	7556917	3392565	2077875
食品、饮料及烟草制品批发	61742840	45164110	16439848	4382044
纺织、服装及家庭用品批发	247797879	181218770	66155474	18507294
文化、体育用品及器材批发	44202035	24617465	19582330	5447959
医药及医疗器材批发	71988823	54960681	16960713	8000474
矿产品、建材及化工产品批发	308934317	268690900	72457204	63452020
机械设备、五金产品及电子产品批发	122240517	92088077	30099834	25234786
贸易经纪与代理	6595789	6128978	466811	623494
其他批发业	19577883	17279137	2290684	1694233
（二）按单位经营形式分				
独立门店	282877714	225865916	57009812	55452377
连锁总店（总部）	174409804	146251169	60609012	7690263
连锁直营店	3192056	884132	2307924	811174
连锁加盟店	1043245	1070583	-27338	50000
其他	432530909	323633235	107946053	65416365

表 10-6 限额以上批发和零售业法人企业主要财务状况（2022 年）（续表 1）

计量单位：千元

项 目	主营业务收入	营业成本	管理费用	财务费用
批发和零售业合计	1853097855	1767007780	29721250	7422078
一、批发业总计	1525793895	1468368042	18736608	5568857
（一）按登记注册类型分				
内资企业	1426604674	1381781553	16912786	5529431
国有企业	57523021	52648201	875424	205904
集体企业	2058455	2025063	17414	30649
股份合作企业	180514	160697	4720	47
联营企业				
其他联营企业				
有限责任公司	665549881	648498107	3796181	1385232
国有独资公司	120678464	119646897	582299	217383
其他有限责任公司	544871417	528851210	3213882	1167849
股份有限公司	136219998	137951022	3325007	2168542
私营企业	564855726	540308848	8880712	1736596
私营独资企业	3848176	3698021	32116	10785
私营合伙企业	606255	547970	21458	549
私营有限责任公司	541642419	518590925	8393312	1797926
私营股份有限公司	18758876	17471932	433826	-72664
其他企业	217079	189615	13328	2461
港、澳、台商投资企业	21281570	20702786	229729	13052
与港澳台商合资经营企业	4804395	4688695	7430	191
港澳台商独资经营企业	16223023	15837579	210234	12691
其他港澳台投资企业	254152	176512	12065	170
外商投资企业	77907651	65883703	1594093	26374
中外合资经营企业	34281255	29282198	587843	39254
外资企业	42734573	36056541	890105	-6916
外商投资股份有限公司	828942	496423	110771	-6324
其他外商投资企业	62881	48541	5374	360
（二）按国民经济行业分				
农、林、牧、渔产品批发	13065239	12349148	245703	69808
食品、饮料及烟草制品批发	97077209	90459942	1537070	-15636
纺织、服装及家庭用品批发	239613336	233440102	5221440	1538275
文化、体育用品及器材批发	33281224	30565590	1074856	-60912
医药及医疗器材批发	98006844	87477730	2062148	199852
矿产品、建材及化工产品批发	822369814	804058589	5130405	2890716
机械设备、五金产品及电子产品批发	175414509	164795176	2954904	927680
贸易经纪与代理	16235342	15799780	155778	-12292
其他批发业	30730378	29421985	354304	31366
（三）按单位经营形式分				
独立门店	503916262	484369579	6185617	1487747
连锁总店（总部）	111839975	111416109	3028454	1466341
连锁直营店	1796458	1394728	151987	-1311
连锁加盟店	7963562	7892885	11920	-38
其他	900277638	863294741	9358630	2616118

表 10-6　限额以上批发和零售业法人企业主要财务状况（2022 年）（续表 2）

计量单位：千元

项　目	营业利润	利润总额	应交增值税
批发和零售业合计	8300253	9996295	12853345
一、批发业总计	16617973	17915601	9211024
（一）按登记注册类型分			
内资企业	10332661	11643223	8462841
国有企业	2929953	3009049	970653
集体企业	49010	49394	1963
股份合作企业	-249	-178	689
联营企业			
其他联营企业			
有限责任公司	5495319	6230853	3168669
国有独资公司	417214	450511	254960
其他有限责任公司	5078105	5780342	2913709
股份有限公司	-3373053	-3084311	430179
私营企业	5213522	5419475	3889834
私营独资企业	3016	4160	13992
私营合伙企业	10299	10844	6095
私营有限责任公司	4736720	4936738	3801005
私营股份有限公司	463487	467733	68742
其他企业	18159	18941	854
港、澳、台商投资企业	174221	216923	99810
与港澳台商合资经营企业	88389	88175	7878
港澳台商独资经营企业	98581	141205	86741
其他港澳台投资企业	-12749	-12457	5191
外商投资企业	6111091	6055455	648373
中外合资经营企业	3967170	3891824	117912
外资企业	2199999	2223995	496146
外商投资股份有限公司	-56284	-60575	33339
其他外商投资企业	206	211	976
（二）按国民经济行业分			
农、林、牧、渔产品批发	167442	234893	113219
食品、饮料及烟草制品批发	3592803	3776811	1182680
纺织、服装及家庭用品批发	-2420943	-2059545	1129415
文化、体育用品及器材批发	1895664	1883735	236677
医药及医疗器材批发	1958612	2133862	1177156
矿产品、建材及化工产品批发	7681915	7995246	3027952
机械设备、五金产品及电子产品批发	3848312	3887163	1325537
贸易经纪与代理	-182433	-188697	324304
其他批发业	76601	252133	694084
（三）按单位经营形式分			
独立门店	4806224	5359112	4242117
连锁总店（总部）	-1373775	-1434578	370659
连锁直营店	-104411	-107535	39893
连锁加盟店	-6944	-7137	124
其他	13296879	14105739	4558231

表 10-6　限额以上批发和零售业法人企业主要财务状况（2022 年）（续表 3）

计量单位：千元

项　目	资产总计	负债总计	所有者权益	实收资本
二、零售业总计	260310319	198766007	61411340	37137420
（一）按登记注册类型分				
内资企业	188892427	143170980	45458964	25318968
国有企业	8175170	7466772	474377	831987
集体企业	360301	201679	158622	23309
股份合作企业	69087	50991	18096	40610
联营企业	7017	1122	5895	2500
其他联营企业	7017	1122	5895	2500
有限责任公司	65777551	51704487	14073048	7871944
国有独资公司	713115	357603	355512	182547
其他有限责任公司	65064436	51346884	13717536	7689397
股份有限公司	31397309	14164168	17233141	3948419
私营企业	82465768	69329302	13138657	12455070
私营独资企业	614638	509746	99636	88237
私营合伙企业	20672	12044	8628	4362
私营有限责任公司	80343866	68082211	12269102	11925185
私营股份有限公司	1486592	725301	761291	437286
其他企业	640224	252459	357128	145129
港、澳、台商投资企业	29133467	21921174	7212294	2761273
与港澳台商合资经营企业	655479	552006	103474	95195
港澳台商独资经营企业	20695498	16303240	4392258	1426365
港澳台商投资股份有限公司	7556280	4868262	2688018	1208563
其他港澳台投资企业	226210	197666	28544	31150
外商投资企业	42284425	33673853	8740082	9057179
中外合资经营企业	23563623	25061788	-1498165	5638075
外资企业	18579322	8483191	10225641	3418276
其他外商投资企业	141480	128874	12606	828
（二）按国民经济行业分				
综合零售	101441609	70891533	30732302	9265709
食品、饮料及烟草制品专门零售	10923156	6638839	4233036	2432086
纺织、服装及日用品专门零售	5149674	4052547	1095294	1295849
文化、体育用品及器材专门零售	28903626	19578627	9321677	3568402
医药及医疗器材专门零售	8691342	7059816	1633735	681132
汽车、摩托车、零配件和燃料及其他动力销售	51731270	44578832	6857920	11981667
家用电器及电子产品专门零售	27522260	22622742	4898033	3888842
五金、家具及室内装饰材料专门零售	3530217	2763272	771293	631915
货摊、无店铺及其他零售业	22417165	20579799	1868050	3391818

表 10-6　限额以上批发和零售业法人企业主要财务状况（2022 年）（续表 4）

计量单位：千元

项　目	资产总计	负债总计	所有者权益	实收资本
（三）按单位经营形式分				
独立门店	148881961	103662227	44973368	18876573
连锁总店（总部）	66131517	56347983	9913044	6414817
连锁直营店	10728798	8146853	2583124	1900675
连锁加盟店	325455	330408	-4953	25500
其他	34242588	30278536	3946757	9919855
（四）按零售业态分				
有店铺零售	233559926	174948012	58446706	33018629
便利店	5506000	4740597	765403	238567
超市	21791534	25328915	-3482759	1797683
折扣店	224400	214238	10147	6000
仓储会员店	94480	106181	-11701	
百货店	72112736	39680348	32556670	6501651
购物中心	2225402	1243574	951191	753047
专业店	86001612	62123162	23566776	12216265
品牌专卖店	45221231	41194157	4025288	11443713
集合店	382531	316840	65691	61703
无店铺零售	26750393	23817995	2964634	4118791
网络零售	20714467	19763160	985055	2769440
电视/广播零售	554523	128477	426046	232200
邮寄零售	45041	33073	11961	5340
无人售货设备零售	123661	177027	-53366	17000
电话零售	1247394	955896	291498	210500
直销	329073	234558	94515	51830
其他	3736234	2525804	1208925	832481

表 10-6　限额以上批发和零售业法人企业主要财务状况（2022 年）（续表 5）

计量单位：千元

项　目	主营业务收入	营业成本	管理费用	财务费用
二、零售业总计	327303960	298639738	10984642	1853221
（一）按登记注册类型分				
内资企业	249808056	229048138	8280008	1340146
国有企业	22247292	27012864	182601	83810
集体企业	503247	427458	50218	86
股份合作企业	228062	223089	9950	1069
联营企业	11930	4730	372	10
其他联营企业	11930	4730	372	10
有限责任公司	82775902	72336318	2684121	363808
国有独资公司	669945	622083	29437	6881
其他有限责任公司	82105957	71714235	2654684	356927
股份有限公司	12343367	11067176	829900	234874
私营企业	130861170	117340476	4487552	652168
私营独资企业	881567	834592	21663	7401
私营合伙企业	108765	95965	8181	54
私营有限责任公司	129102272	115894676	4394329	639072
私营股份有限公司	768566	515243	63379	5641
其他企业	837086	636027	35294	4321
港、澳、台商投资企业	45947457	40810981	673370	238714
与港澳台商合资经营企业	2891733	2736252	35855	5048
港澳台商独资经营企业	34113611	30895413	407866	237748
港澳台商投资股份有限公司	8315601	6590740	229649	-5301
其他港澳台投资企业	626512	588576		1219
外商投资企业	31548447	28780619	2031264	274361
中外合资经营企业	20383951	19002296	1394796	122604
外资企业	11096186	9729407	624456	151402
其他外商投资企业	68310	48916	12012	355
（二）按国民经济行业分				
综合零售	62068775	52629190	2657221	960794
食品、饮料及烟草制品专门零售	14410326	11845863	827727	79728
纺织、服装及日用品专门零售	8272852	6379587	415978	36511
文化、体育用品及器材专门零售	27658391	22848126	1463756	-34089
医药及医疗器材专门零售	8477800	6443043	322019	29553
汽车、摩托车、零配件和燃料及其他动力销售	119510377	119117949	2851682	556919
家用电器及电子产品专门零售	31797599	28887765	1083232	94783
五金、家具及室内装饰材料专门零售	3823069	3280917	269320	31737
货摊、无店铺及其他零售业	51284771	47207298	1093707	97285

表 10-6　限额以上批发和零售业法人企业主要财务状况（2022 年）（续表 6）

计量单位：千元

项　目	主营业务收入	营业成本	管理费用	财务费用
（三）按单位经营形式分				
独立门店	174694285	164096627	5534937	1575169
连锁总店（总部）	70491365	60890655	2050745	-120325
连锁直营店	12842152	11056315	600019	74056
连锁加盟店	275909	220454	28231	1708
其他	69000249	62375687	2770710	322613
（四）按零售业态分				
有店铺零售	270736771	247069425	9559748	1723837
便利店	912619	717598	342726	39195
超市	29263530	25412886	641484	231597
折扣店	894085	659118	41350	-2469
仓储会员店	156649	102433	12494	2483
百货店	30274281	25158510	1579815	679935
购物中心	1810853	1513602	112050	11048
专业店	105084242	91953060	4178982	265849
品牌专卖店	101615180	100907189	2622508	494459
集合店	725332	645029	28339	1740
无店铺零售	56567189	51570313	1424894	129384
网络零售	49747425	45933586	989857	98486
电视/广播零售	269518	182515	19370	673
邮寄零售	65088	58558	5482	601
无人售货设备零售	175413	100262	10212	-138
电话零售	1215089	994313	42131	2175
直销	681476	586925	40206	4291
其他	4413180	3714154	317636	23296

表 10-6 限额以上批发和零售业法人企业主要财务状况（2022 年）（续表 7）

计量单位：千元

项　目	营业利润	利润总额	应交增值税
二、零售业总计	-8317720	-7919306	3642321
（一）按登记注册类型分			
内资企业	-3058171	-2792723	2675511
国有企业	-5587513	-5567619	171683
集体企业	-12637	-11250	7767
股份合作企业	-13906	-13549	-251
联营企业	105	96	744
其他联营企业	105	96	744
有限责任公司	1555150	1657126	946564
国有独资公司	-15190	413	4897
其他有限责任公司	1570340	1656713	941667
股份有限公司	806831	810773	140144
私营企业	54844	191689	1408455
私营独资企业	-354	-1098	8483
私营合伙企业	441	461	742
私营有限责任公司	84180	220607	1365746
私营股份有限公司	-29423	-28281	33484
其他企业	138955	140011	405
港、澳、台商投资企业	1341033	1343677	427128
与港澳台商合资经营企业	65141	66109	23825
港澳台商独资经营企业	1349774	1367053	366744
港澳台商投资股份有限公司	-6996	-22692	38260
其他港澳台投资企业	-66886	-66793	-1701
外商投资企业	-6600582	-6470260	539682
中外合资经营企业	-7336896	-7219852	392966
外资企业	743355	756728	146402
其他外商投资企业	-7041	-7136	314
（二）按国民经济行业分			
综合零售	2232696	2339657	989972
食品、饮料及烟草制品专门零售	307614	361180	207744
纺织、服装及日用品专门零售	179904	196705	176560
文化、体育用品及器材专门零售	1131643	1135593	275447
医药及医疗器材专门零售	204213	212824	157731
汽车、摩托车、零配件和燃料及其他动力销售	-12244186	-12080977	951468
家用电器及电子产品专门零售	66706	77711	358315
五金、家具及室内装饰材料专门零售	-537	7484	62926
货摊、无店铺及其他零售业	-195773	-169483	462158

表 10-6　限额以上批发和零售业法人企业主要财务状况（2022 年）（续表 8）

计量单位：千元

项　目	营业利润	利润总额	应交增值税
（三）按单位经营形式分			
独立门店	-3746016	-3482745	1937910
连锁总店（总部）	1346085	1358917	737632
连锁直营店	171708	169202	112410
连锁加盟店	-20873	-21443	2441
其他	-6068624	-5943237	851928
（四）按零售业态分			
有店铺零售	-8284857	-7915959	3067972
便利店	-388677	-406408	2296
超市	-174247	-65998	526323
折扣店	39706	39418	27134
仓储会员店	-5284	-6210	4383
百货店	2405184	2418015	418380
购物中心	400067	405655	46678
专业店	917128	993786	1034333
品牌专卖店	-11477236	-11293134	1000886
集合店	-1498	-1083	7559
无店铺零售	-32863	-3347	574349
网络零售	-125802	-108096	435909
电视/广播零售	-37997	-36434	6655
邮寄零售	-3142	-3060	1130
无人售货设备零售	-12759	-14230	3127
电话零售	-24714	-23803	31904
直销	14409	12878	11090
其他	157142	169398	84534

表 10-7 限额以上住宿和餐饮业法人企业主要财务状况（2022 年）

计量单位：千元

项 目	资产总计	负债总计	所有者权益	实收资本
住宿和餐饮业合计	54826991	42583836	12505300	26678293
一、住宿业总计	35293852	27437697	8051438	12284954
（一）按登记注册类型分				
内资企业	30645651	23015816	7825118	10371531
国有企业	2054061	530851	1530669	257815
集体企业				
股份合作企业	2949	19451	-16502	500
联营企业				
国有联营企业				
有限责任公司	4859757	3714881	1253347	2359373
国有独资公司	2172223	1223783	948440	857574
其他有限责任公司	2687534	2491098	304907	1501799
股份有限公司	3549079	645916	2903163	1678173
私营企业	20179805	18104717	2154441	6075670
私营独资企业	37701	20801	16186	9020
私营有限责任公司	8738504	7585251	1233320	4744650
私营股份有限公司	11403600	10498665	904935	1322000
港、澳、台商投资企业	4167856	4217816	-49960	1623549
与港澳台商合资经营企业	2729082	3344627	-615545	607567
港澳台商独资经营企业	1438774	873189	565585	1015982
外商投资企业	480345	204065	276280	289874
中外合资经营企业	329356	150515	178841	137830
外资企业	150989	53550	97439	152044
（二）按国民经济行业分				
住宿和餐饮业				
住宿业				
旅游饭店	19866756	13137660	6722975	7591557
一般旅馆	14212675	13134556	1273985	4241543
民宿服务	98853	103984	-5131	39554
露营地服务	39169	125056	-85887	500
其他住宿业	1076399	936441	145496	411800
（三）按单位经营形式分				
独立门店	30252270	22692669	7642849	10842081
连锁总店（总部）	302839	340093	-37254	10550
连锁直营店	84060	95603	-17664	23496
连锁加盟店	806640	834841	-27432	261381
其他	3848043	3474491	490939	1147446
（四）按住宿业企业星级评定情况分				
一星	23310	25847	-2537	6000
二星	13746	4351	9395	1000
三星	608551	313530	295021	167063
四星	2782321	1145622	1634778	1446956
五星	8491970	5203128	3288842	3909390
其他	23373954	20745219	2825939	6754545

表 10-7 限额以上住宿和餐饮业法人企业主要财务状况（2022 年）（续表 1）

计量单位：千元

项 目	营业收入	主营业务收入	营业成本	税金及附加
住宿和餐饮业合计	31294213	30570633	15391714	51507
一、住宿业总计	7029798	6583426	3331784	22854
（一）按登记注册类型分				
内资企业	6550816	6120027	3118235	19967
国有企业	485782	470337	158937	965
集体企业				
股份合作企业	9428	9428	359	10
联营企业				
国有联营企业				
有限责任公司	2487440	2132882	1431994	6156
国有独资公司	1100750	763487	707987	4914
其他有限责任公司	1386690	1369395	724007	1242
股份有限公司	577723	577449	178331	1070
私营企业	2990443	2929931	1348614	11766
私营独资企业	15305	14433	8742	18
私营有限责任公司	2614059	2554419	1124764	7054
私营股份有限公司	361079	361079	215108	4694
港、澳、台商投资企业	331133	317418	189160	2470
与港澳台商合资经营企业	109925	107301	74756	1919
港澳台商独资经营企业	221208	210117	114404	551
外商投资企业	147849	145981	24389	417
中外合资经营企业	131029	129161	17919	316
外资企业	16820	16820	6470	101
（二）按国民经济行业分				
住宿和餐饮业				
住宿业				
旅游饭店	4463532	4047576	2043478	14890
一般旅馆	2231349	2207451	1124991	7334
民宿服务	24977	24977	22381	26
露营地服务	4612	4612	1054	5
其他住宿业	305328	298810	139880	599
（三）按单位经营形式分				
独立门店	5667959	5231328	2758341	20060
连锁总店（总部）	99981	99981	34150	181
连锁直营店	53385	51360	30886	42
连锁加盟店	698576	693758	315787	1333
其他	509897	506999	192620	1238
（四）按住宿业企业星级评定情况分				
一星	27498	27498	15480	2
二星	4532	4532	4140	11
三星	257626	253809	114851	743
四星	1173817	809719	626758	2031
五星	1315344	1297794	467211	7137
其他	4250981	4190074	2103344	12930

表 10-7　限额以上住宿和餐饮业法人企业主要财务状况（2022 年）（续表 2）

计量单位：千元

项　目	销售费用	管理费用	财务费用
住宿和餐饮业合计	10725656	5287108	493906
一、住宿业总计	1893364	2581310	256709
（一）按登记注册类型分			
内资企业	1697007	2454820	145912
国有企业	222212	254577	-15645
集体企业			
股份合作企业	73	14443	-1
联营企业			
国有联营企业			
有限责任公司	651188	740882	21246
国有独资公司	248198	231032	-7518
其他有限责任公司	402990	509850	28764
股份有限公司	147458	256590	6442
私营企业	676076	1188328	133870
私营独资企业	492	3740	448
私营有限责任公司	660982	1040577	121352
私营股份有限公司	14602	144011	12070
港、澳、台商投资企业	131180	78352	104687
与港澳台商合资经营企业	25600	45884	73849
港澳台商独资经营企业	105580	32468	30838
外商投资企业	65177	48138	6110
中外合资经营企业	62105	42483	5870
外资企业	3072	5655	240
（二）按国民经济行业分			
住宿和餐饮业			
住宿业			
旅游饭店	1306364	1700651	212959
一般旅馆	489435	760515	33256
民宿服务	6276	10893	2302
露营地服务	3007	2320	1458
其他住宿业	88282	106931	6734
（三）按单位经营形式分			
独立门店	1575255	2027267	237078
连锁总店（总部）	22197	33642	14304
连锁直营店	20886	11456	220
连锁加盟店	116946	295078	7586
其他	158080	213867	-2479
（四）按住宿业企业星级评定情况分			
一星	2132	11505	322
二星	116	196	13
三星	97190	90102	1169
四星	270005	334909	1272
五星	456528	523385	137555
其他	1067393	1621213	116378

表 10-7　限额以上住宿和餐饮业法人企业主要财务状况（2022 年）（续表 3）

计量单位：千元

项　目	营业利润	利润总额	应交所得税	应交增值税
住宿和餐饮业合计	-660101	-480848	324655	333043
一、住宿业总计	-947890	-830725	35541	124325
（一）按登记注册类型分				
内资企业	-787693	-672276	34595	114999
国有企业	-133509	-111304	1462	17623
集体企业				
股份合作企业	-5456	-5450		
联营企业				
国有联营企业				
有限责任公司	-325875	-263382	19123	37445
国有独资公司	-71890	-36056	14150	16213
其他有限责任公司	-253985	-227326	4973	21232
股份有限公司	36089	39724	10924	9861
私营企业	-358942	-331864	3086	50070
私营独资企业	593	599	16	224
私营有限责任公司	-335666	-308848	2922	47292
私营股份有限公司	-23869	-23615	148	2554
港、澳、台商投资企业	-163984	-162225	254	6138
与港澳台商合资经营企业	-109722	-109756	463	3147
港澳台商独资经营企业	-54262	-52469	-209	2991
外商投资企业	3787	3776	692	3188
中外合资经营企业	2505	4510	678	2740
外资企业	1282	-734	14	448
（二）按国民经济行业分				
住宿和餐饮业				
住宿业				
旅游饭店	-721978	-630788	30758	78258
一般旅馆	-174248	-161010	7759	41472
民宿服务	-14986	-14840	1	342
露营地服务	-3232	2933		40
其他住宿业	-33446	-27020	-2977	4213
（三）按单位经营形式分				
独立门店	-838448	-747164	31230	106752
连锁总店（总部）	-4499	-3970		1717
连锁直营店	-9366	-9082	3	465
连锁加盟店	-44824	-38228	606	6482
其他	-50753	-32281	3702	8909
（四）按住宿业企业星级评定情况分				
一星	-1940	-1723		83
二星	156	156	11	126
三星	-46577	-45739	3395	11758
四星	-52156	-19661	12064	13663
五星	-223124	-198077	12252	19735
其他	-624249	-565681	7819	78960

表 10-7 限额以上住宿和餐饮业法人企业主要财务状况（2022 年）（续表 4）

计量单位：千元

项　目	资产总计	负债总计	所有者权益	实收资本
二、餐饮业总计	19533139	15146139	4453862	14393339
（一）按登记注册类型分				
内资企业	16203837	12689436	3575845	13893415
国有企业	186357	116104	86308	35308
有限责任公司	5983312	3927558	2055754	1402824
国有独资公司	573667	130985	442682	18800
其他有限责任公司	5409645	3796573	1613072	1384024
股份有限公司	125228	198245	-73017	40298
私营企业	9908940	8447529	1506800	12414985
私营独资企业	127945	124029	3917	18065
私营合伙企业	13717	12949	768	7550
私营有限责任公司	9746832	8291636	1500584	12384970
私营股份有限公司	20446	18915	1531	4400
其他企业				
港、澳、台商投资企业	1351125	1246876	109667	321627
与港澳台商合资经营企业	128667	33682	94985	3000
港澳台商独资经营企业	1222458	1213194	14682	318627
外商投资企业	1978177	1209827	768350	178297
中外合资经营企业	23820	6211	17609	21006
外资企业	1954357	1203616	750741	157291
（二）按国民经济行业分				
住宿和餐饮业				
餐饮业				
正餐服务	14564310	10986906	3635379	13699738
快餐服务	3741571	3055820	685752	494591
饮料及冷饮服务	373514	306610	66905	25259
餐饮配送及外卖送餐服务	272709	181982	90727	64722
其他餐饮业	581035	614821	-24901	109029
（三）按单位经营形式分				
独立门店	9094939	6970694	2191111	12851364
连锁总店（总部）	5337424	3812699	1524721	676842
连锁直营店	1397331	1343904	53427	166316
连锁加盟店	294320	283145	11175	66250
其他	3409125	2735697	673428	632567

表 10-7　限额以上住宿和餐饮业法人企业主要财务状况（2022 年）（续表 5）

计量单位：千元

项　目	营业收入	主营业务收入	营业成本	税金及附加
二、餐饮业总计	24264415	23987207	12059930	28653
（一）按登记注册类型分				
内资企业	17560005	17365202	8521439	23890
国有企业	187079	177018	75051	366
有限责任公司	3946592	3932040	1790681	4138
国有独资公司	149346	148793	42565	381
其他有限责任公司	3797246	3783247	1748116	3757
股份有限公司	20764	20764	12716	88
私营企业	13405570	13235380	6642991	19298
私营独资企业	276144	276137	144922	158
私营合伙企业	34889	34874	17708	5
私营有限责任公司	13059755	12889587	6465393	19109
私营股份有限公司	34782	34782	14968	26
其他企业				
港、澳、台商投资企业	1833128	1832354	713872	937
与港澳台商合资经营企业	173969	173969	50680	196
港澳台商独资经营企业	1659159	1658385	663192	741
外商投资企业	4871282	4789651	2824619	3826
中外合资经营企业	59294	59238	48462	84
外资企业	4811988	4730413	2776157	3742
（二）按国民经济行业分				
住宿和餐饮业				
餐饮业				
正餐服务	14355320	14234066	6681093	12989
快餐服务	7120527	7017380	3862611	13744
饮料及冷饮服务	1035575	1031207	405033	267
餐饮配送及外卖送餐服务	848999	804224	660362	894
其他餐饮业	903994	900330	450831	759
（三）按单位经营形式分				
独立门店	8165329	8048124	4198612	9746
连锁总店（总部）	9812480	9704666	4686684	5648
连锁直营店	3596523	3579725	1602244	2302
连锁加盟店	122801	117846	35948	79
其他	2567282	2536846	1536442	10878

表 10-7 限额以上住宿和餐饮业法人企业主要财务状况（2022 年）（续表 6）

计量单位：千元

项 目	销售费用	管理费用	财务费用
二、餐饮业总计	8832292	2705798	237197
（一）按登记注册类型分			
内资企业	6786348	2181584	172698
国有企业	75822	43760	-686
有限责任公司	1749391	404030	22473
国有独资公司	49470	60963	-150
其他有限责任公司	1699921	343067	22623
股份有限公司	13852	13139	7816
私营企业	4947283	1720655	143095
私营独资企业	87974	32905	1482
私营合伙企业	18927	2729	5
私营有限责任公司	4825753	1678795	141388
私营股份有限公司	14629	6226	220
其他企业			
港、澳、台商投资企业	1049240	93357	35573
与港澳台商合资经营企业	106158	10331	-1242
港澳台商独资经营企业	943082	83026	36815
外商投资企业	996704	430857	28926
中外合资经营企业	7525	3263	32
外资企业	989179	427594	28894
（二）按国民经济行业分			
住宿和餐饮业			
餐饮业			
正餐服务	5612903	1846093	167651
快餐服务	2069251	619730	64111
饮料及冷饮服务	574002	94293	1158
餐饮配送及外卖送餐服务	104907	68769	464
其他餐饮业	471229	76913	3813
（三）按单位经营形式分			
独立门店	2780819	1399248	135960
连锁总店（总部）	3599253	655781	84983
连锁直营店	1711217	264930	7457
连锁加盟店	59000	40182	641
其他	682003	345657	8156

表 10-7 限额以上住宿和餐饮业法人企业主要财务状况（2022 年）（续表 7）

计量单位：千元

项 目	营业利润	利润总额	应交所得税	应交增值税
二、餐饮业总计	287789	349877	289114	208718
（一）按登记注册类型分				
内资企业	-287796	-231083	133743	170881
国有企业	-7581	-6313	106	5564
有限责任公司	-30346	-18646	39156	43477
国有独资公司	-3497	-3632	5515	5918
其他有限责任公司	-26849	-15014	33641	37559
股份有限公司	-26847	-26630	5	896
私营企业	-223022	-179494	94476	120944
私营独资企业	7641	8138	2910	5526
私营合伙企业	-4486	-4456		42
私营有限责任公司	-224889	-182015	91565	115111
私营股份有限公司	-1288	-1161	1	265
其他企业				
港、澳、台商投资企业	-35578	-34886	1561	12822
与港澳台商合资经营企业	10398	8362	2090	10438
港澳台商独资经营企业	-45976	-43248	-529	2384
外商投资企业	611163	615846	153810	25015
中外合资经营企业	-31	1600		708
外资企业	611194	614246	153810	24307
（二）按国民经济行业分				
住宿和餐饮业				
餐饮业				
正餐服务	-138740	-65585	153988	175549
快餐服务	548035	546272	150781	31021
饮料及冷饮服务	-31834	-44592	-1281	-14338
餐饮配送及外卖送餐服务	9914	11052	2866	9903
其他餐饮业	-99586	-97270	-17240	6583
（三）按单位经营形式分				
独立门店	-450886	-407862	25564	128204
连锁总店（总部）	826928	839491	234774	45931
连锁直营店	14918	7564	20800	9565
连锁加盟店	-12976	-12323	45	696
其他	-90195	-76993	7931	24322

表10-8　亿元以上商品交易市场基本情况（2022年）

计量单位：个

项　目	市场个数	总摊位数	年末出租摊位数
合　　计	31	37230	32824
一、营业环境			
露天式	2	861	367
封闭式	29	36369	32457
二、经营方式			
以批发为主	15	20982	18668
以零售为主	16	16248	14156
三、市场类别			
（一）综合市场	7	13543	10686
综合贸易市场	7	13543	10686
工业消费品综合市场	1	940	549
农产品综合市场	4	4582	4010
其他综合市场	2	8021	6127
（二）专业市场	24	23687	22138
生产资料市场	2	8861	8300
建材市场	2	8861	8300
农产品市场	7	3265	3176
粮油市场	1	276	276
肉禽蛋市场	3	1463	1413
水产品市场	1	766	766
蔬菜市场			
纺织、服装、鞋帽市场	2	3636	3506
服装市场	2	3636	3506
电器、通讯器材、电子设备市场	1	182	178
计算机及辅助设备市场	1	182	178
家具、五金及装饰材料市场	9	4359	3708
家具市场	4	1335	1063
装饰材料市场	3	1742	1494
汽车、摩托车及零配件市场	3	3384	3270
汽车市场	2	2779	2765
机动车零配件市场	1	605	505

表 10-8　亿元以上商品交易市场基本情况（2022 年）（续表）

项　目	出租率（%）	成交额（万元）	商品交易市场年末营业面积（平方米）
合　　计	88.2	14078597	2590309
一、营业环境			
露天式	42.6	348767	53500
封闭式	89.2	13729830	2536809
二、经营方式			
以批发为主	89.0	12280446	1258866
以零售为主	87.1	1798151	1331443
三、市场类别			
（一）综合市场	78.9	8689090	1063153
综合贸易市场	78.9	8689090	1063153
工业消费品综合市场	58.4	55745	21297
农产品综合市场	87.5	7852413	518500
其他综合市场	76.4	780932	523356
（二）专业市场	93.5	5389507	1527156
生产资料市场	93.7	340509	154000
建材市场	93.7	340509	154000
农产品市场	97.3	3502306	369989
粮油市场	100.0	284645	81000
肉禽蛋市场	96.6	2315428	181750
水产品市场	100.0	575013	55239
蔬菜市场			
纺织、服装、鞋帽市场	96.4	115688	96129
服装市场	96.4	115688	96129
电器、通讯器材、电子设备市场	97.8	15000	5041
计算机及辅助设备市场	97.8	15000	5041
家具、五金及装饰材料市场	85.1	281827	757037
家具市场	79.6	74092	329179
装饰材料市场	85.8	160758	200883
汽车、摩托车及零配件市场	96.6	1134177	144960
汽车市场	99.5	1037635	82960
机动车零配件市场	83.5	96542	62000

表 10-9 批发和零售业连锁总店经营情况（2022 年）

计量单位：个

项　目	连锁总店	连锁门店		
			直营店	加盟店
合　　计	28	9409	7864	1545
一、批发业	4	3325	3325	
二、零售业	24	6084	4539	1545
按零售连锁业态				
便利店	1	19	19	
超市	2	1677	1512	165
百货店	3	524	524	
专业店	6	1624	688	936
其中：加油站	2	3320	3320	
品牌专卖店	10	1123	1081	42
集合店	2	820	418	402
其他	2	302	302	

表 10-9 批发和零售业连锁总店经营情况（2022 年）（续表）

项　目	商品购进额（千元）	商品销售额（千元）	零售额（千元）	零售营业面积（平方米）	从业人员期末人数（人）
合　　计	258302939	250755196	216648455	11460207	80110
一、批发业	180875082	173667454	145460581	6486197	21867
二、零售业	77427857	77087742	71187874	4974010	58243
按零售连锁业态					
便利店	39098	54502	54502	1231	230
超市	26518834	28110705	22284705	2300663	24733
百货店	21656163	15258827	15258827	1303995	12534
专业店	25353392	27897841	27897841	1155384	11838
其中：加油站	180803606	173582800	145437660	6484616	21786
品牌专卖店	2086652	3111766	3037898	146667	5049
集合店	636963	863763	802030	34291	2351
其他	1208231	1874992	1874992	33360	1589

表 10-10　住宿和餐饮业连锁总店经营情况（2022 年）

项　目	连锁总店（个）	连锁门店（个）			商品购进额（采购额）（千元）
			直营店	加盟店	
合　计	5	991	991		2911396
一、住宿业					
二、餐饮业	5	991	991		2911396
按行业代码分组					
正餐服务	1	4	4		56159
快餐服务	4	987	987		2855237

表 10-10　住宿和餐饮业连锁总店经营情况（2022 年）（续表）

项　目	营业额（千元）	餐费收入（千元）	商品销售额（千元）	餐位数（个）	年末营业面积（平方米）	从业人员期末人数（人）
合　计	6019711	5755122	32558	80732	266769	19623
一、住宿业						
二、餐饮业	6019711	5755122	32558	80732	266769	19623
按行业代码分组						
正餐服务	114914	114914		2618	20059	669
快餐服务	5904797	5640208	32558	78114	246710	18954

表 10-11　主要年份社会消费品零售总额

年　份	社会消费品零售总额（亿元）	比上年增长（%）
1949	0.77	
1952	2.49	
1957	4.33	
1962	5.22	
1965	5.28	
1970	6.13	
1975	8.26	
1978	10.69	
1980	15.84	
1985	34.84	
1990	72.79	
1992	105.69	
1994	209.05	47.9
1995	269.21	28.8
1996	314.91	17.0
1997	395.22	25.5
1998	439.03	11.1
1999	484.89	10.4
2000	538.17	11.0
2005	1082.36	15.4
2006	1261.33	16.5
2007	1507.10	19.5
2008	1814.05	20.4
2009	2119.24	16.8
2010	2526.10	19.2
2012	3474.30	15.8
2014	4583.36	11.1
2015	5069.67	10.6
2016	5627.29	11.0
2017	6228.81	10.7
2018	6778.60	8.8
2019	7136.32	5.3
2020	7203.03	0.9
2021	7899.41	9.7
2022	7832.41	-0.8

表 10-12　2022 年批发业销售额三十强企业名单

序号	企业名称	序号	企业名称
1	苏美达国际技术贸易有限公司	16	华润电力（江苏）有限公司
2	苏宁易购集团股份有限公司	17	南京名爵汽车贸易有限公司
3	中海油华东销售有限公司	18	马森能源（南京）有限公司
4	中煤能源南京有限公司	19	南京红太阳跨境供应链有限公司
5	中国石化销售股份有限公司江苏石油分公司	20	江苏汇鸿国际集团中天控股有限公司
6	江苏南钢环宇贸易有限公司	21	江苏盈泰供应链管理有限公司
7	江苏华能智慧能源供应链科技有限公司	22	南京昌昊国际贸易有限公司
8	南京钢铁集团国际经济贸易有限公司	23	南京南钢特钢长材有限公司
9	博西家用电器（中国）有限公司	24	中化粮谷有限公司
10	江苏省煤炭运销有限公司	25	博西家用电器投资（中国）有限公司
11	中国国投国际贸易南京有限公司	26	江苏省对外经贸股份有限公司
12	国家能源集团江苏燃料有限公司	27	江苏中欣恒达供应链管理有限公司
13	江苏省烟草公司南京市公司	28	江苏省港口集团物流有限公司
14	江苏省江海粮油集团有限公司	29	中电科技(南京)电子信息发展有限公司
15	南京医药股份有限公司	30	嘉塔尔（南京）能源有限公司

表 10-13　2022 年零售业销售额三十强企业名单

序号	企业名称	序号	企业名称
1	中国石化销售股份有限公司江苏南京石油分公司	16	江苏康众汽配有限公司
2	德基广场有限公司	17	南京新街口百货商店股份有限公司
3	京东五星电器集团有限公司	18	江苏苏果超市有限公司
4	苏果超市有限公司	19	南京盒马网络科技有限公司
5	南京苏宁易购电子商务有限公司	20	中国石油天然气股份有限公司江苏南京销售分公司
6	拓速乐汽车销售服务（南京）有限公司	21	南京中油三桥成品油销售有限责任公司
7	江苏凤凰新华书店集团有限公司	22	金鹰国际商贸集团（中国）有限公司
8	孩子王儿童用品股份有限公司	23	江苏星立晖网络科技有限公司
9	江苏高速公路能源发展有限公司	24	江苏益丰大药房连锁有限公司
10	南京中央商场（集团）股份有限公司	25	南京盛世新景汽车销售有限公司
11	南京昊超电子商务有限公司	26	永银文化发展集团有限公司
12	南京京东朝禾贸易有限公司	27	南京宁星汽车维修服务有限公司
13	江苏永辉超市有限公司	28	好享家舒适智能家居股份有限公司
14	沃尔玛（江苏）商业零售有限公司	29	南京中升之星汽车销售服务有限公司
15	江苏宝庆珠宝股份有限公司	30	南京合斯满网络科技有限公司

表 10-14　2022 年住宿业营业额三十强企业名单

序号	企业名称	序号	企业名称
1	南京青奥城建设发展有限责任公司	16	南京珍宝假日饭店有限公司
2	南京莱斯科技服务有限责任公司	17	南京国际会议中心股份有限公司
3	金陵饭店股份有限公司	18	南京维景国际大酒店有限公司
4	南京新金陵饭店有限公司	19	南京鼎正酒店有限公司
5	香格里拉大酒店（南京）有限公司	20	南京中心大酒店有限公司
6	南京十里秦淮酒店管理有限公司	21	南京宁归来首站公寓管理有限公司
7	南京融通华东饭店有限责任公司	22	南京朗诗寓商业管理有限公司
8	江苏辰茂新世纪大酒店有限公司	23	南京玄武饭店有限责任公司
9	南京紫金山庄酒店管理有限责任公司	24	江苏凤凰台饭店集团有限公司
10	南京中航工业科技城发展有限公司	25	南京中山大厦有限公司
11	南京金丝利酒店管理有限公司	26	南京曙光国际大酒店有限公司
12	南京古南都饭店有限公司	27	南京君通华江饭店有限责任公司
13	南京东郊国宾馆	28	南京上秦淮酒店有限公司
14	南京朗昇酒店管理有限公司	29	南京黄埔大酒店有限公司
15	江苏省会议中心有限公司	30	江苏小贷之家金峰汇酒店管理有限公司

表 10-15　2022 年餐饮业营业额三十强企业名单

序号	企业名称	序号	企业名称
1	南京肯德基有限公司	16	南京舒活餐饮管理有限公司
2	江苏海底捞餐饮管理有限责任公司	17	南京军歌餐饮管理有限公司
3	小菜园南京餐饮管理有限责任公司	18	南京味千餐饮管理有限公司
4	南京金拱门食品有限公司	19	南京青谷酒店管理有限公司
5	南京荣邦餐饮投资管理发展有限公司	20	花味（江苏）餐饮管理有限公司
6	江苏老乡鸡餐饮有限公司	21	南京金都饮食服务有限公司
7	和夏（南京）餐饮管理有限公司	22	南京中快人餐饮有限公司
8	南京梅花餐饮管理有限公司	23	南京泉满餐饮管理有限公司
9	南京灵感之茶餐饮管理有限公司	24	南京乐和餐饮管理有限公司
10	江苏小厨娘餐饮管理有限公司	25	江苏七欣天邂悦餐饮管理有限公司
11	南京白金汉爵大酒店有限公司	26	南京立康餐饮管理有限公司
12	江苏老娘舅餐饮管理有限公司	27	南京百年同庆餐饮有限公司
13	南京奈雪餐饮管理有限公司	28	江苏恒好餐饮管理有限责任公司
14	南京爱味弘企业管理服务有限公司	29	南京百分百餐饮管理服务有限公司
15	南京联郡餐饮管理有限公司	30	南京一再升餐饮管理有限公司

主要统计指标解释

社会消费品零售总额 指企业（单位、个体户）通过交易直接售给个人、社会集团非生产、非经营用的实物商品金额，以及提供餐饮服务所取得的收入金额。个人包括城乡居民和入境人员，社会集团包括机关、社会团体、部队、学校、企事业单位、居委会或村委会等。

商品购进总额 指从本企业以外的单位和个人购进（包括从国外直接进口）作为转卖或加工后转卖的商品金额（含增值税）。本指标反映批发和零售业从国内外市场上购进商品的总价。

商品销售额 指对本单位以外的单位和个人出售的商品金额（包括售给本单位消费用的商品，含增值税），本指标反映批发和零售业在国内市场上销售商品以及出口商品的总量。

商品批发额 指商品零售额以外的一切商品销售额。包括售给生产经营单位用于生产或经营用的商品销售额；售给批发零售贸易业、餐饮业用于转卖或加工后转卖的商品销售额；直接向国（境）外出口和委托外贸部门代理出口的商品销售额。

商品零售额 指售给城乡居民用于生活消费、售给社会集团用公款购买用作非生产、非经营使用的商品销售额。

商品库存额 对于批发和零售业法人企业和个体经营户，是指取得所有权的全部商品金额（含增值税）；对于批发和零售业产业活动单位，是指期末实际在库且归属法人具有所有权的全部商品金额（含增值税）。这个指标反映批发和零售业的商品库存情况，以及对市场商品供应的保证程度。

亿元以上商品交易市场 指年成交额在亿元及以上的商品交易市场。商品交易市场是指经有关部门和组织批准设立，有固定场所、设施，有经营管理部门和监管人员，若干市场经营者入内，常年或实际开业三个月以上，集中、公开、独立地进行生活消费品、生产资料等现货商品交易以及提供相关服务的交易场所，包括各类消费品市场、生产资料市场等。

商品成交额 指市场所有摊位业主商品交易额之和。

营业额 指住宿和餐饮业法人企业、产业活动单位在经营活动中因提供服务或销售商品等取得的收入。包括：客房收入、餐费收入、商品销售额（含增值税）和其他收入。

客房收入 指住宿和餐饮业法人企业、产业活动单位在经营活动中因提供住宿服务取得的客房收入。

餐费收入 指住宿和餐饮业法人企业、产业活动单位因为顾客提供就餐服务取得的收入。包括：经烹饪、调制加工后出售的各种食品，如主食、炒菜、凉拌菜等的收入。

年末餐饮营业面积 指住宿和餐饮业法人企业、产业活动单位对外提供就餐服务的门店建筑面积和从事食品加工、烹饪、调制的厨房面积，不包括办公用房和仓库等面积。该指标按年末实有面积统计。

南京统计年鉴2023
NANJING STATISTICAL YEARBOOK

（十一）
对外经济贸易和旅游业

CHAPTER 11
INTERNATIONAL TRADE AND ECONOMIC COOPERATION, TOURISM

表 11-1　利用外资（2022 年）

指　　标	2022 年	2022 年为上年%
新签外商投资企业（个）	503	73.1
新签合同外资（万美元）	794877	113.8
实际使用外资（万美元）	484950	110.5
第一产业		
第二产业	59346	69.5
第三产业	425604	120.4

注：本表数据由南京市商务局提供。

表 11-2　对外投资情况

指　　标	2022 年	2021 年	2022 年为上年%
新批项目数（个）	**104**	**91**	**114.3**
按主体类型			
国有及国有控股企业	2	5	40.0
民营企业	94	82	114.6
外(合)资企业	8	4	200.0
按产业			
第一产业		2	
第二产业	10	15	66.7
第三产业	94	74	127.0
中方协议金额（万美元）	**55365**	**44722**	**123.8**
按主体类型			
国有及国有控股企业	15399	4050	380.2
民营企业	29182	34605	84.3
外(合)资企业	10784	6068	177.7
按产业			
第一产业		946	
第二产业	15254	11064	137.9
第三产业	40111	32712	122.6

表 11-3 对外劳务和承包工程情况

计量单位：万美元

指 标	2022 年	2021 年	2022 年为上年%
新签合同金额	166342	188690	88.2
完成营业额	211166	241317	87.5

注：本表数据由南京市商务局提供。

表 11-4 海关统计进出口贸易（2022 年）

计量单位：亿元

指 标	2022 年	2022 年为上年%
进出口总值（经营单位口径）	6292.1	100.3
一、出口	3827.9	98.2
# 外商投资企业	1116.8	100.3
高新技术产品	717.7	91.4
二、进口	2464.2	103.6
# 外商投资企业	887.8	109.2
高新技术产品	700.4	110.8

表 11-5 南京与国外缔结友好关系的城市

国 别	城 市	缔结日期
日 本	名古屋市	1978 年 12 月 21 日
美 国	圣路易斯市	1979 年 11 月 2 日
意 大 利	佛罗伦萨市	1980 年 2 月 22 日
荷 兰	埃因霍温市	1985 年 10 月 9 日
德 国	莱比锡市	1988 年 5 月 21 日
墨 西 哥	墨西卡利市	1991 年 10 月 14 日
塞浦路斯	利马索尔市	1992 年 9 月 23 日
韩 国	大田广域市	1994 年 11 月 14 日
加 拿 大	伦敦市	1997 年 5 月 7 日
澳大利亚	珀斯市	1998 年 5 月 18 日
南 非	布隆方丹市	2000 年 3 月 22 日
哥伦比亚	巴兰基亚市	2001 年 6 月 3 日
马来西亚	马六甲市	2008 年 10 月 30 日
文 莱	斯里巴加湾市	2011 年 11 月 11 日
纳米比亚	温得和克市	2015 年 9 月 9 日
白俄罗斯	莫吉廖夫市	2016 年 9 月 27 日
智 利	康赛普希翁市	2018 年 5 月 26 日
越 南	边和市	2018 年 5 月 26 日
伊 朗	设拉子市	2018 年 7 月 25 日
印 尼	三宝垄市	2018 年 10 月
以 色 列	阿卡市	2019 年 1 月
柬 埔 寨	暹粒市	2018 年 5 月
尼 泊 尔	加德满都市	2019 年 10 月

注：本表资料由南京市政府外事办公室提供。

表 11-6 旅游经济主要指标

指　　标	2022 年	2021 年	2022 年为上年%
全市接待国内外旅游者（万人次）	10341	10844	95.4
# 国内旅游者	10329.02	10830.60	95.4
入境旅游者	11.62	13.40	86.7
国际旅游创汇收入（亿美元）	2.31	2.64	87.4
全市旅游总收入（亿元）	1946.18	2130.45	91.4
全市拥有星级宾馆饭店（家）	54	58	93.1
全市拥有旅行社（家）	832	792	105.1
# 从事国际旅游业务	65	65	100.0
全市拥有旅游 A 级景区（个）	52	56	92.9
# 5A 级旅游景区	2	2	100.0
4A 级旅游景区	27	25	108.0

注：本表数据由南京市文化和旅游局提供。

表 11-7　接待入境旅游人数

计量单位：人次

指　　标	2022 年	2021 年
接待入境旅游人数	116214	134033
（一）外国人	84928	95260
# 日本	4586	6401
新加坡	2275	2094
印度	3191	2036
马来西亚	2240	1847
韩国	21446	22630
美国	7460	9193
加拿大	3532	4329
英国	2173	2864
德国	2518	3542
澳大利亚	2171	2436
（二）香港同胞	8016	9337
（三）澳门同胞	1430	2788
（四）台湾同胞	21840	26648
平均每天来宁人数	318	367

注：本表数据由南京市文化和旅游局提供。

表 11-8 部分年份对外贸易主要指标

单位：亿美元

年 份	进出口总额（经营单位）	出口	外资投资和港澳台商投资企业出口	进口
1990	3.64	1.58	0.11	2.06
1995	51.74	38.06	2.52	13.68
2000	91.02	53.69	9.20	37.33
2003	147.12	76.65	19.57	70.47
2004	206.39	104.60	36.96	101.79
2005	270.90	142.45	60.30	128.45
2006	315.35	173.65	77.22	141.70
2007	362.00	206.46	86.26	155.53
2008	405.92	235.97	88.22	169.95
2009	337.45	184.59	64.81	152.86
2010	456.01	248.85	83.51	207.16
2011	573.44	308.65	107.67	264.79
2012	552.35	319.01	109.62	233.34
2013	557.57	322.66	97.18	234.91
2014	572.21	326.28	114.24	245.93
2015	532.40	315.03	107.82	217.38
2016	502.12	295.92	97.93	206.20
2017	611.87	344.15	131.30	267.73
2018	654.91	378.79	130.37	276.12
2019	699.60	435.33	139.44	264.27
2020	771.79	491.14	147.40	280.65
2021	985.28	617.50	172.30	367.78
2022	943.05	573.22	167.88	369.83

表 11-9 部分年份外商直接投资及对外合作主要指标

单位：亿美元

年 份	实际使用外资	注册合同外资	对外承包劳务完成营业额
1990	0.70	0.37	0.16
1995	4.15	12.30	0.65
2000	8.13	20.79	1.37
2003	22.10	40.09	4.16
2004	25.66	45.15	4.60
2005	20.09	25.58	4.83
2006	17.02	30.82	6.07
2007	20.61	37.85	7.44
2008	23.72	44.60	10.26
2009	23.92	45.59	11.57
2010	28.16	47.78	13.09
2011	35.66	61.66	22.51
2012	41.30	61.15	22.30
2013	40.33	53.59	23.52
2014	32.91	49.20	26.97
2015	33.35	61.72	33.34
2016	34.79	56.55	37.25
2017	36.73	60.87	39.83
2018	38.53	98.22	34.84
2019	41.01	85.21	34.51
2020	45.15	152.62	22.69
2021	50.14	93.65	24.13
2022	48.50	79.49	21.12

表 11-10 部分年份旅游经济主要指标

单位：万人次

年 份	国内旅游人数	入境旅游人数	外国人	香港同胞	澳门同胞	台湾同胞
1990		26.33	7.29		18.79	
1995	654	23.17	12.77	0.20	5.66	4.54
2000	1501	41.90	22.69	8.26	0.44	10.51
2003	2206	51.51	31.11	9.44	0.36	10.60
2004	2800	71.97	47.17	11.26	0.44	13.10
2005	3220	87.63	51.41	15.09	0.41	20.72
2006	3800	100.92	64.66	15.97	0.60	19.69
2007	4489	116.12	76.33	16.73	0.77	22.28
2008	4960	119.52	77.85	17.23	0.86	23.58
2009	5520	113.45	74.40	15.55	1.07	22.44
2010	6366	130.88	86.80	17.10	1.10	25.88
2011	7181	150.64	99.91	19.74	1.26	19.74
2012	7950	162.71	107.73	21.36	1.36	32.27
2013	8674	51.86	38.16	4.04	0.19	9.47
2014	9419	56.62	41.56	4.51	0.18	10.37
2015	10175	58.81	43.23	4.13	0.27	11.18
2016	11142	63.78	46.90	4.76	0.31	11.82
2017	12221	71.76	51.85	5.57	0.41	13.93
2018	13328	81.01	58.97	6.28	0.48	15.27
2019	14597	85.31	61.39	6.92	0.56	16.45
2020	9688	16.46	11.85	1.19	0.24	3.18
2021	10831	13.40	9.53	0.93	0.28	2.66
2022	10329	11.62	8.49	0.80	0.14	2.18

注：本表数据由南京市文化和旅游局提供。2016 年按文化和旅游部及江苏省文化和旅游厅入境旅游统计最新指标与口径对外发布和使用入境旅游数据。

表 11-10 部分年份旅游经济主要指标（续表）

年　　份	旅游总收入（亿元）		
		国内旅游收入（亿元）	国际旅游收入（亿美元）
1990	0.31		0.31
1995	62.36	53.89	1.02
2000	155.99	137.66	2.21
2003	244.00	217.60	3.18
2004	320.00	277.90	5.08
2005	379.00	333.00	5.76
2006	462.80	408.08	6.77
2007	585.45	530.51	8.08
2008	714.30	654.00	8.73
2009	822.16	765.00	8.37
2010	951.61	885.95	9.81
2011	1106.23	1028.00	12.00
2012	1272.78	1169.01	13.62
2013	1360.67	1336.22	4.01
2014	1520.83	1470.00	5.53
2015	1688.12	1650.78	6.39
2016	1909.26	1862.85	6.76
2017	2168.90	2121.00	7.60
2018	2460.20	2401.77	8.83
2019	2784.95	2719.00	9.42
2020	1822.64	1796.08	3.85
2021	2130.45	2112.25	2.64
2022	1946.18	1930.27	2.31

主要统计指标解释

进出口总额 海关进出口总额指实际进出我国国境的货物总金额。包括对外贸易实际进出口货物，来料加工装配进出口货物，国家间、联合国及国际组织无偿援助物资和赠送品，华侨、港澳台同胞和外籍华人捐赠品，租赁期满归承租人所有的租赁货物，进料加工进出口货物，边境地方贸易及边境地区小额贸易进出口货物（边民互市贸易除外），中外合资企业、中外合作经营企业、外商独资经营企业进出口货物和公用物品，到、离岸价格在规定限额以上的进出口货样和广告品（无商业价值、无使用价值和免费提供出口的除外），从保税仓库提取在中国境内销售的进口货物，以及其他进出口货物。进出口总额用以观察一个国家在对外贸易方面的总规模。我国规定出口货物按离岸价格统计，进口货物按到岸价格统计。

商品经营单位所在地进、出口额 指所在地海关注册登记的有进出口经营权的企业实际进、出口额。

商品目的地进口额和商品货源地出口额 目的地进口额指进口货物的消费、使用或最终抵运地的实际进口额，货源地出口额是指出口货物的产地或原始发货地的实际出口额。

利用外资 指我国各级政府、部门、企业和其他经济组织通过对外借款、吸收外商直接投资以及用其他方式筹措的境外现汇、设备、技术等。

外商直接投资 指外国企业和经济组织或个人（包括华侨、港澳台胞以及我国在境外注册的企业）按我国有关政策、法规，用现汇、实物、技术等在我国境内开办外商独资企业、与我国境内的企业或经济组织共同举办中外合资经营企业、合作经营企业或合作开发资源的投资（包括外商投资收益的再投资）。

外商其他投资 指除对外借款和外商直接投资以外的各种利用外资的形式。包括企业在境内外股票市场公开发行的以外币计价的股票（目前主要是在香港证券市场发行的H股和在境内证券市场发行的B股）发行价总额，国际租赁进口设备的应付款，补偿贸易中外商提供的进口设备、技术、物料的价款，加工装配贸易中外商提供的进口设备、物料的价款。

对外承包工程 指各对外承包公司以招标议标承包方式承揽的下列业务：（1）承包国外工程建设项目，（2）承包我国对外经援项目，（3）承包我国驻外机构的工程建设项目，（4）承包我国境内利用外资进行建设的工程项目，（5）与外国承包公司合营或联合承包工程项目时我国公司分包部分，（6）对外承包兼营的房屋开发业务。对外承包工程的营业额是以货币表现的本期内完成的对外承包工程的工作量，包括以前年度签订的合同和本年度新签订的合同在报告期内完成的工作量。

对外劳务合作 指以收取工资的形式向业主或承包商提供技术和劳动服务的活动。我国对外承包公司在境外开办的合营企业，中国公司同时又提供劳务的，其劳务部分也纳入劳务合作统计。劳务合作营业额按报告期内向雇主提交的结算数（包括工资、加班费和奖金等）统计。

旅游者人数 包括入境国际旅游者人数、出境居民人数和国内旅游者人数。

（1）入境国际旅游者人数：指来中国参观、访问、旅行、探亲、访友、休养、考察、参加会议和从事经济、科技、文化、教育、宗教等活动的外国人、华侨、港澳同胞和台湾同胞的人数。不包括外国在我国的常驻机构，如使领馆、通讯社、企业办事处的工作人员；来我国常住的外国专家、留学生以及在岸逗留不过夜人员。

（2）出境居民人数：指大陆居民因公务活动或私人事务短期出境的人数。公务活动出境居民人数包括在国际交通工具上的中国服务员工，因私出境居民人数不包括在国际交通工具上的中国服务员工。

（3）国内旅游者人数：指我国大陆居民和在我国常住 1 年以上的外国人、华侨、港澳台同胞离开常住地在境内其他地方的旅游设施内至少停留一夜，最长不超过 6 个月的人数。

国际旅游（外汇）收入 指入境旅游的外国人、华侨、港澳同胞和台湾同胞在中国大陆旅游过程中发生的一切旅游支出，对于国家来说就是国际旅游（外汇）收入。

南京统计年鉴2023
NANJING STATISTICAL YEARBOOK

（十二）财政、金融和保险

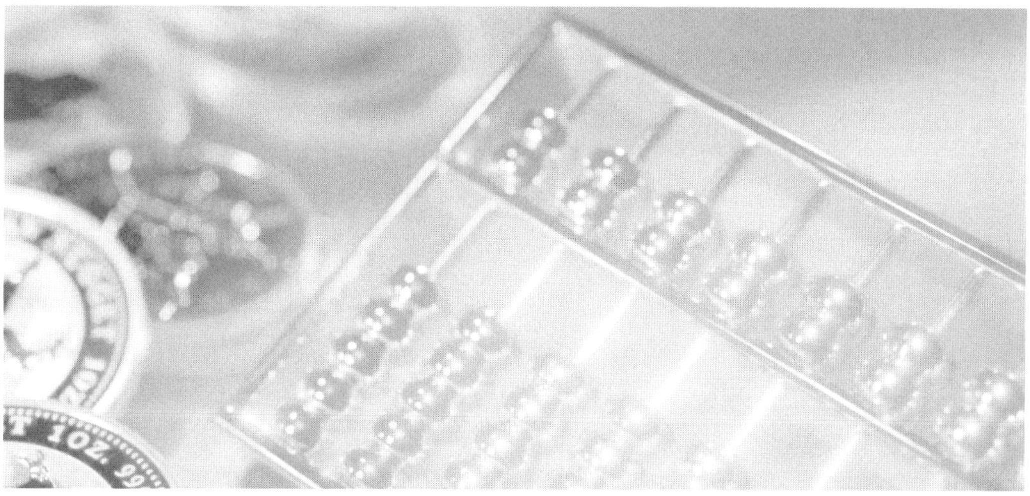

CHAPTER 12
GOVERNMENT FINANCE, BANKING AND INSURANCE

表 12-1 财政收入（2022 年）

计量单位：亿元

指 标	2022 年	2022 年为上年%
全市财政收入	3028.50	99.8
一、一般公共预算收入	1558.21	100.1
增值税	330.34	64.2
企业所得税 40%	313.91	92.4
个人所得税 40%	115.98	106.3
城市维护建设税	86.13	89.0
其他各项收入	711.86	106.4
二、上划中央收入	1470.30	89.0
国内消费税	438.39	110.4
附：一般公共预算收入构成（%）		
增值税	21.2	
企业所得税 40%	20.1	
个人所得税 40%	7.4	
城市维护建设税	5.5	
其他各项收入	45.7	

注：本表由南京市财政局提供。2022 年全市财政收入和一般公共预算收入按照财政部统一口径还原留抵退税因素计算同口径增幅。

表 12-2　一般公共预算支出（2022 年）

计量单位：亿元

指　　标	2022 年	2022 年为上年%
一般公共预算支出	1828.69	100.6
# 一般公共服务	160.75	106.3
公共安全、国防	135.51	107.8
教育	330.34	102.4
科学技术	112.04	103.5
文化旅游体育与传媒	34.69	98.1
社会保障和就业	234.92	104.9
卫生健康	170.89	113.7
节能环保	29.82	57.9
城乡社区事务	212.92	96.5
农林水事务	95.59	100.3
交通运输	58.23	84.1
其他支出	252.98	96.0

注：本表由南京市财政局提供。

表 12-3　金融机构本外币存贷款余额

计量单位：亿元

指　　标	2022 年	2021 年
金融机构本外币存款余额	49531.31	44708.68
（一）境内存款	49026.55	44262.79
1．住户存款	13289.68	10830.65
（1）活期存款	4223.62	3639.25
（2）定期及其他存款	9066.06	7191.39
2．非金融企业存款	16048.24	15716.78
（1）活期存款	5341.12	5901.49
（2）定期及其他存款	10707.12	9815.29
3．财政性存款	2022.49	1773.29
4．机关团体存款	8902.15	7880.49
5．非银行业金融机构存款	8763.98	8061.59
（二）境外存款	504.76	445.89
金融机构本外币贷款余额	48760.23	43305.40
（一）境内贷款	48671.42	43201.48
1．住户贷款	16711.05	15469.76
（1）短期贷款	4859.27	4251.69
消费贷款	3414.74	3129.58
经营贷款	1444.53	1122.11
（2）中长期贷款	11851.78	11218.07
消费贷款	10294.90	9916.33
经营贷款	1556.88	1301.74
2．企（事）业单位贷款	31938.61	27670.55
（1）短期贷款	7174.90	6223.23
（2）中长期贷款	19941.25	17865.46
（3）票据融资	2970.72	1906.93
（4）融资租赁	1794.32	1596.71
（5）各项垫款	57.42	78.21
3．非银行业金融机构贷款	21.75	61.17
（二）境外贷款	88.81	103.92

注：本表由中国人民银行南京分行营管部提供。

表 12-4　保费收入情况（2022 年）

计量单位：亿元

指　　标	2022 年	2022 年为上年%
保险总额	957.37	106.9
1．财产险	242.97	118.2
2．寿险	576.17	103.5
3．意外险	14.85	83.3
4．健康险	123.38	107.0

注：本表由中国银行保险监督管理委员会江苏监管局提供。

表 12-5　主要年份财政收支

计量单位：亿元

年　份	财政收入	一般公共预算收入	财政支出
1949	0.07		0.02
1952	0.41		0.36
1957	0.55		0.59
1962	1.65		0.36
1965	2.36		0.52
1970	4.83		1.03
1975	6.92		1.06
1978	10.85		1.78
1979	17.64		2.34
1980	14.96		2.30
1985	24.77		4.76
1990	36.18		9.81
1995	65.17	29.43	36.22
1998	108.24	50.78	59.65
1999	128.49	66.43	73.21
2000	164.58	92.57	97.70
2002	264.92	115.60	133.12
2003	335.03	136.48	155.28
2004	403.65	169.88	191.68
2005	510.17	211.07	231.51
2006	603.91	246.44	262.46
2007	628.53	330.19	342.94
2008	742.40	386.56	404.92
2009	901.15	434.51	461.31
2010	1075.25	518.80	542.73
2012	1427.25	733.02	769.66
2014	1771.85	903.49	921.20
2015	2008.96	1020.03	1045.57
2016	2198.54	1142.60	1173.79
2017	2439.23	1271.91	1353.96
2018	2783.84	1470.02	1532.71
2019	3023.30	1580.03	1658.60
2020	3009.55	1637.70	1754.62
2021	3380.60	1729.52	1817.73
2022	3028.50	1558.21	1828.69

注：2000-2002 年一般公共预算收入为地方财政收入。2000 年起财政支出为一般公共预算支出。

表 12-6　2000 年以来金融机构本外币存贷款情况

计量单位：亿元

年　　份	金融机构本外币存款余额	住户存款余额	金融机构本外币贷款余额
2000	1963.44		1706.44
2001	2489.64		2063.69
2002	3005.89	1031.01	2549.31
2003	3821.37	1253.85	3546.40
2004	4412.06	1382.24	4245.66
2005	5263.25	1677.49	4659.81
2006	5960.83	1913.12	5326.64
2007	7131.80	2010.31	6333.15
2008	8562.27	2565.83	7483.10
2009	11088.39	3125.00	9444.48
2010	12887.43	3572.07	10915.34
2011	14241.99	3968.03	11723.52
2012	16540.43	4532.02	13079.32
2013	18417.90	4955.76	14538.65
2014	20733.39	5135.67	16448.55
2015	26471.69	5651.58	18951.70
2016	28355.89	6095.08	22268.94
2017	30764.63	6202.95	25159.48
2018	34524.86	7106.00	29065.66
2019	35536.08	8299.64	33585.88
2020	40056.45	9701.20	38189.99
2021	44708.68	10830.65	43305.40
2022	49531.31	13289.68	48760.23

表 12-7　2000 年以来金融机构人民币存贷款情况

计量单位：亿元

年　份	金融机构人民币存款余额	住户存款余额	金融机构人民币贷款余额
2000	1963.44	596.70	1704.65
2001	2293.00	716.00	1962.00
2002	2795.00	906.00	2451.00
2003	3623.00	1134.00	3375.00
2004	4234.00	1287.00	4062.00
2005	5083.32	1595.00	4452.57
2006	5802.18	1835.00	5098.14
2007	6996.98	1951.15	6046.05
2008	8392.89	2505.33	7171.69
2009	10886.92	3056.35	9064.13
2010	12649.52	3511.85	10384.84
2011	13945.92	3910.20	11132.09
2012	16131.41	4465.37	12314.41
2013	18050.82	4883.29	13791.06
2014	20161.85	5055.77	16328.58
2015	25887.77	5535.53	18217.80
2016	27633.55	5894.47	21681.28
2017	29944.86	6019.70	24578.25
2018	33740.63	6914.84	28402.34
2019	34671.17	8105.88	32991.93
2020	39056.06	9499.25	37594.23
2021	43524.28	10636.78	42718.95
2022	48372.91	13078.05	48201.43

表 12-8　2000 年以来保费收入情况

计量单位：亿元

年　份	保费收入
2000	—
2001	—
2002	—
2003	—
2004	—
2005	—
2006	89.82
2007	101.77
2008	135.65
2009	152.32
2010	159.45
2011	193.82
2012	235.74
2013	264.34
2014	311.11
2015	367.76
2016	484.94
2017	697.95
2018	603.55
2019	762.83
2020	890.26
2021	895.44
2022	957.37

注：经中国银行保险监督管理委员会江苏监管局核实，部分历史年份数据有调整。

主要统计指标解释

一般公共预算收入 指国家财政参与社会产品分配所取得的收入，是实现国家职能的财力保证。主要包括：（1）各项税收：包括国内增值税、国内消费税、进口货物增值税和消费税、出口货物退增值税和消费税、企业所得税、个人所得税、资源税、城市维护建设税、房产税、印花税、城镇土地使用税、土地增值税、车船税、船舶吨税、车辆购置税、关税、耕地占用税、契税、烟叶税、环境保护税等。（2）非税收入：包括专项收入、行政事业性收费、罚没收入、国有资本经营收入、国有资源（资产）有偿使用收入和其他收入。财政收入按现行分税制财政体制划分为中央本级收入和地方本级收入。

一般公共预算支出 指国家财政将筹集起来的资金进行分配使用，以满足经济建设和各项事业的需要。主要包括：一般公共服务、外交、国防、公共安全、教育、科学技术、文化体育与传媒、社会保障和就业、医疗卫生与计划生育、节能环保、城乡社区、农林水、交通运输、资源勘探信息等、商业服务业等、金融、援助其他地区、国土海洋气象等、住房保障、粮油物资储备、债务付息、债务发行费用等方面的支出。财政支出根据政府在经济和社会活动中的不同职权，划分为中央财政支出和地方财政支出。

中央一般公共预算收入和地方一般公共预算收入 属于中央一般公共预算的收入包括关税，进口货物增值税和消费税，出口货物退增值税和消费税，国内消费税，铁道部门、各银行总行、各保险公司总公司等集中缴纳的城市维护建设税，增值税50%部分，纳入共享范围的企业所得税60%部分，未纳入共享范围的中央企业所得税、中央企业上交的利润，个人所得税60%部分，车辆购置税，船舶吨税，证券交易印花税，海洋石油资源税，中央非税收入等。属于地方一般公共预算的收入包括城市维护建设税（不含铁道部门、各银行总行、各保险公司总公司集中缴纳的部分），房产税，城镇土地使用税，土地增值税，车船税，耕地占用税，契税，烟叶税，印花税（不含证券交易印花税），增值税50%部分，纳入共享范围的企业所得税40%部分，个人所得税40%部分，海洋石油资源税以外的其他资源税，地方非税收入等。

存款 指企业、机关、团体或居民把货币资金存入银行或其他信贷机构保管，可随时或按约定时间支取款项，并取得一定利息的一种信用活动形式。根据存款对象或性质的不同可划分为住户存款、非金融企业存款、政府存款、非银行业金融机构存款等科目。它是银行信贷资金的主要来源。

贷款 指银行或其他信贷机构根据资金必须归还的原则，按一定利率，为企业、个人等提供资金的一种信用活动形式。我国银行贷款分为短期贷款、中长期贷款、融资租赁、票据融资、各项垫款、境外贷款等。

保险公司 在中国境内的、经过保险监督管理部门批准设立，并依法登记注册的各类商业保险公司。

保费 指投保人为取得保险人在约定范围内所承担赔偿责任而支付给保险人的费用。

（十三）科技和教育

CHAPTER 13
SCIENCE AND TECHNOLOGY, EDUCATION

表 13-1　专利授权与商标注册情况

计量单位：件

指　　标	2022 年	2021 年
专利授权量合计	86900	91964
发明	28291	21568
实用新型	53331	64429
外观设计	5278	5967
商标注册情况		
新申请注册商标	93092	111625
有效注册商标总量累计	497031	438983

注：本表由南京市市场监督管理局提供。

表 13-2　技术合同成交情况（2022 年）

指　　标	合同数（项）	合同金额（万元）	
			技术交易额
合　　计	37234	8313890.62	7657182.99
技术开发	16032	4385595.57	3888414.14
技术转让	1538	350825.39	348778.97
技术咨询	3003	569234.34	561459.15
技术服务	16604	2978069.49	2828369.91
技术许可	57	30165.84	30160.84

注：本表由南京市科学技术局提供。

表13-3 规模以上工业企业研发活动（2021年）

指　　标	2021年
一、企业数及开展R&D活动数	
规模以上工业企业数（个）	3976
有R&D（研究与试验发展）活动企业数（个）	1743
有研发机构单位数（个）	1235
企业办研发机构数（个）	1450
二、R&D人员情况	
R&D人员合计（人）	75654
企业办研发机构中人员合计（人）	53128
# 博士、硕士毕业合计	12361
三、R&D经费支出情况	
本年R&D经费内部支出合计（万元）	2555173.6
# 大中型工业企业	1753552.1
# 小微型工业企业	801621.5
本年R&D活动经费外部支出合计（万元）	307899.9
本年新产品开发经费支出（万元）	3189235.2
四、其他技术活动经费支出	
技术改造经费支出（万元）	631023.5
购买境内技术经费支出（万元）	37225.5
引进境外技术经费支出（万元）	23345.3
引进境外技术的消化吸收经费支出（万元）	1296.5
五、研发活动产出	
专利申请数（件）	23444
# 发明专利申请数	9651
新产品销售收入合计（万元）	31054373.9
# 出口	4863830.3

注：数据包含江苏省统计局直报企业，下同。

表 13-4　规模以上工业企业研究与试验发展内部支出（2021 年）

计量单位：万元

指　　标	2021 年
一、按企业规模分组	
大中型企业	1753552.1
# 大型企业	1034877.0
中型企业	718675.1
小微型企业	801621.5
二、按隶属关系分组	
中央	345926.5
地方及其他	2209247.0
三、按登记注册类型分组	
内资企业	1992844.8
国有企业	68728.5
集体企业	984.6
股份合作企业	355.0
联营企业	172.0

注：本表数据包含江苏省统计局直报企业，下同。

表 13-4　规模以上工业企业研究与试验发展内部支出（2021 年）（续表 1）

计量单位：万元

指　　标	2021 年
有限责任公司	761847.2
国有独资公司	52681.3
其他有限责任公司	709165.9
股份有限公司	391403.4
私营企业	769319.8
私营独资企业	1302.8
私营合伙企业	678.8
私营有限责任公司	634853.0
私营股份有限公司	132485.2
其他企业	34.2
港、澳、台商投资企业	278871.6
合资经营企业（港或澳、台资）	116088.1
合作经营企业（港或澳、台资）	
港、澳、台商独资经营企业	145140.7

表 13-4　规模以上工业企业研究与试验发展内部支出（2021 年）（续表 2）

计量单位：万元

指　　标	2021 年
港、澳、台商投资股份有限公司	12909.7
其他港澳台投资企业	4733.1
外商投资企业	283457.1
中外合资经营企业	137024.4
中外合作经营企业	128.3
外资企业	133494.2
外商投资股份有限公司	11260.3
四、按国民经济行业分组	
采矿业	7266.8
煤炭开采和洗选业	
石油和天然气开采业	6037.2
黑色金属矿采选业	
有色金属矿采选业	1229.6
非金属矿采选业	
开采专业及辅助性活动	
其他采矿业	
制造业	2526226.8
农副食品加工业	1993.9
食品制造业	9134.9
酒、饮料和精制茶制造业	1794.2
烟草制品业	20382.0
纺织业	1386.3

表 13-4　规模以上工业企业研究与试验发展内部支出（2021 年）（续表 3）

计量单位：万元

指　　标	2021 年
纺织服装、服饰业	7520.4
皮革、毛皮、羽毛及其制品和制鞋业	1261.5
木材加工及木、竹、藤、棕、草制品业	871.2
家具制造业	9440.1
造纸和纸制品业	1160.7
印刷业和记录媒介的复制	8570.7
文教、工美、体育和娱乐用品制造业	6207.3
石油加工、炼焦及核燃料加工业	4807.8
化学原料及化学制品制造业	164772.9
医药制造业	348109.3
化学纤维制造业	8230.0
橡胶和塑料制品业	51657.8
非金属矿物制品业	37368.2
黑色金属冶炼及压延加工业	119941.5
有色金属冶炼及压延加工业	17029.9
金属制品业	74663.2
通用设备制造业	242345.7

表 13-4　规模以上工业企业研究与试验发展内部支出（2021 年）（续表 4）

计量单位：万元

指　　标	2021 年
专用设备制造业	168207.3
汽车制造业	172318.7
铁路、船舶、航空航天和其他运输设备制造业	104023.6
电气机械及器材制造业	364158.5
计算机、通信和其他电子设备制造业	404619.2
仪器仪表制造业	168767.1
其他制造业	2360.9
废弃资源综合利用业	2603.8
金属制品、机械和设备修理业	518.4
电力、热力、燃气及水的生产和供应业	21679.9
电力、热力的生产和供应业	19252.2
燃气生产和供应业	1261.5
水的生产和供应业	1166.2
五、按企业控股情况分组	
国有控股	748215.8
集体控股	45957.0
私人控股	1249398.5
港澳台商控股	250456.5
外商控股	241459.9
其他	19685.8

表 13-5 2009 年以来研究与试验发展（R&D）投入情况

年　份	全市 R&D 经费内部支出（亿元）	R&D 活动人员（万人）	R&D 人员折合全时当量（万人年）
2009	120.56	6.86	
2010	145.50	7.41	
2011	178.83	8.29	
2012	209.97	9.05	6.47
2013	236.35	11.18	7.67
2014	262.86	11.67	7.85
2015	290.65	11.95	8.12
2016	320.34	12.39	8.26
2017	357.67	12.67	8.79
2018	416.57	12.94	8.50
2019	465.16	14.66	9.71
2020	515.66	16.16	11.25
2021	578.81	18.19	12.00

表 13-6　各类教育事业基本情况

一、学校数

计量单位：所

指　　标	2022 年	2021 年
全　　市	1817	1786
高等教育	57	57
# 普通高校	51	51
成人高校	6	6
中等职业学校	37	42
# 普通中专	19	19
成人中专	3	3
技工学校	15	20
普通中学	270	264
小学	391	392
特殊教育	15	15
幼儿园	1047	1035

注：本表数据由南京市教育局提供。

二、在校学生数

计量单位：人

指　　标	2022 年	2021 年
在校学生总数	2395020	2299370
高等教育	1190372	1132423
# 研究生培养机构	194986	177869
普通高校	777677	757385
成人高校	217709	197169
中等职业学校	92531	93096
# 中职学生全日制	54044	52965
中职学生非全日制	9347	8769
技工学校	29140	31362
普通中学	302536	288518
小学	529267	500138
特殊教育	1961	1813
幼儿园	278353	283382

注：本表技工学校数据由南京市人力资源和社会保障局提供，其余数据由南京市教育局提供。2021 年根据《教育事业综合统计调查制度》修订情况说明，中等职业教育学生按照“全日制学生”“非全日制学生”进行分类统计。

三、毕业生数

计量单位：人

指　　标	2022年	2021年
毕业生总数	626296	583348
高等教育	339894	316698
# 研究生培养机构	43976	41495
普通高校	216504	204674
成人高校	79414	70529
中等职业学校	32006	30179
# 中职学生全日制	16623	15131
中职学生非全日制	3112	3063
技工学校	12271	11985
普通中学	90993	81594
# 初中	60717	53630
高中	30276	27964
小学	70262	65903
特殊教育	391	415
幼儿园	92750	88559

注：本表技工学校数据由南京市人力资源和社会保障局提供，其余数据由南京市教育局提供。2021年根据《教育事业综合统计调查制度》修订情况说明，中等职业教育学生按照“全日制学生”“非全日制学生”进行分类统计。

四、招生数

计量单位：人

指　　标	2022 年	2021 年
招生总数	726947	694050
高等教育	408124	383382
# 研究生培养机构	63796	61062
普通高校	245815	234066
成人高校	98513	88254
中等职业学校	32484	30191
# 中职学生全日制	18247	17550
中职学生非全日制	3690	2862
技工学校	10547	9779
普通中学	106501	97962
# 初中	70175	65665
高中	36326	32297
小学	97382	93966
特殊教育	348	365
幼儿园	82108	88154

注：本表技工学校数据由南京市人力资源和社会保障局提供，其余数据由南京市教育局提供。2021 年根据《教育事业综合统计调查制度》修订情况说明，中等职业教育学生按照“全日制学生”“非全日制学生”进行分类统计。

五、专任教师数

计量单位：人

指　　标	2022 年	2021 年
专任教师总数	145424	142490
高等教育	50830	51299
# 普通高校	50096	48094
成人高校	734	3205
中等职业学校	6424	6262
# 普通中专	4227	3943
成人中专	228	402
技工学校	1617	1557
其他机构	296	298
附设中职班	56	62
普通中学	29331	28375
小学	36643	34809
特殊教育	563	534
幼儿园	21633	21162

注：本表技工学校数据由南京市人力资源和社会保障局提供，其余数据由南京市教育局提供。2021 年教育部关于成人高校口径发生变化，导致专任教师数明显增加。

表 13-7 教育系统各级各类学校教学设施情况（2022 年）

指　　标	普通高校	中等职业学校	普通中学		普通小学	特殊学校
			高中	初中		
占地面积（平方米）	61316359.98	2513237.74	5364729.65	7585661.52	8609906.98	203063.90
# 运动场地面积	3668708.46	439658.62	1438078.03	2466750.85	3476029.98	47646.70
教学及辅助用房面积（平方米）		990567.46	1697504.48	2098408.27	3203854.66	54507.76
# 教室			697822.57	946065.47	1676815.10	22774.54
图书（万册）	8210.62	260.04	542.77	895.05	1528.13	14.54
学生终端数（台）	543702	29659	29602	43212	65532	1121
每百名学生拥有学生终端数（台）		46.79	29.21	21.48	12.38	57.16
平均每一专任教师负担学生数（人）		13.19	10.33	10.31	14.44	3.48

注：本表数据由南京市教育局提供。

表 13-8　南京国家重点实验室名单（2022 年）

序号	重点实验室名称	依托单位	所在区	分类
1	固体微结构物理国家重点实验室	南京大学	鼓楼区	科教类
2	医药生物技术国家重点实验室	南京大学	栖霞区	科教类
3	计算机软件新技术国家重点实验室	南京大学	栖霞区	科教类
4	现代配位化学国家重点实验室	南京大学	栖霞区	科教类
5	内生金属矿床成矿机制研究国家重点实验室	南京大学	栖霞区	科教类
6	污染控制与资源化研究国家重点实验室	南京大学、同济大学	鼓楼区	科教类
7	毫米波国家重点实验室	东南大学	玄武区	科教类
8	移动通信国家重点实验室	东南大学	玄武区	科教类
9	作物遗传与种质创新国家重点实验室	南京农业大学	玄武区	科教类
10	现代古生物学和地层学国家重点实验室	中国科学院南京地质古生物研究所	玄武区	科教类
11	土壤与农业可持续发展国家重点实验室	中国科学院南京土壤研究所	玄武区	科教类
12	生物电子学国家重点实验室	东南大学	玄武区	科教类
13	水文水资源与水利工程科学国家重点实验室	河海大学、南京水利科学研究院	鼓楼区	科教类
14	材料化学工程国家重点实验室	南京工业大学	江北新区	科教类
15	湖泊与环境国家重点实验室	中国科学院南京地理与湖泊研究所	玄武区	科教类

注：本表数据由南京市科学技术局提供。

表 13-8 南京国家重点实验室名单（2022 年）（续表）

序号	重点实验室名称	依托单位	所在区	分类
16	生殖医学国家重点实验室	南京医科大学	江宁区	科教类
17	天然药物活性组分与药效国家重点实验室	中国药科大学	鼓楼区	科教类
18	机械结构力学及控制国家重点实验室	南京航空航天大学	秦淮区	科教类
19	生命分析化学国家重点实验室	南京大学	栖霞区	科教类
20	爆炸冲击防灾减灾国家重点实验室	中国人民解放军陆军工程大学	秦淮区	科教类
21	特种纤维复合材料国家重点实验室	中材科技股份有限公司	江宁区	企业类
22	高性能土木工程材料国家重点实验室	江苏省建筑科学研究院有限公司	鼓楼区	企业类
23	肉品加工与质量控制国家重点实验室	江苏雨润肉类产业集团有限公司	建邺区	企业类
24	空中交通管理技术国家重点实验室	中国电子科技集团公司第二十八研究所	秦淮区	企业类
25	宽禁带半导体电力电子器件国家重点实验室	中国电子科技集团公司第五十五研究所	秦淮区	企业类
26	在役长大桥梁安全与健康国家重点实验室	苏交科集团股份有限公司	建邺区	企业类
27	智能电网保护和运行控制国家重点实验室	南瑞集团有限公司	江宁开发区	企业类
28	转化医学与创新药物国家重点实验室	江苏先声药业有限公司	玄武区	企业类
29	清洁高效燃煤发电与污染控制国家重点实验室	国电科学技术研究院有限公司	栖霞区	企业类
30	江苏省食品质量安全重点实验室	江苏省农业科学院	玄武区	科教类
31	江苏省有机电子与信息显示重点实验室	南京邮电大学	栖霞区	科教类

注：第 30 和 31 项为省部共建实验室。

表 13-9　南京普通高等学校名单（2022 年）

序号	高校名称	办学层次
1	南京大学	世界一流大学建设
2	东南大学	世界一流大学建设
3	南京航空航天大学	世界一流学科建设
4	南京理工大学	世界一流学科建设
5	南京工业大学	
6	南京邮电大学	世界一流学科建设
7	河海大学	世界一流学科建设
8	南京林业大学	世界一流学科建设
9	南京信息工程大学	世界一流学科建设
10	南京农业大学	世界一流学科建设
11	南京医科大学	世界一流学科建设
12	南京中医药大学	世界一流学科建设
13	中国药科大学	世界一流学科建设
14	南京师范大学	世界一流学科建设
15	南京财经大学	
16	江苏警官学院	
17	南京体育学院	
18	南京艺术学院	
19	南京工业职业技术大学	
20	三江学院	
21	南京工程学院	
22	南京审计大学	
23	南京晓庄学院	
24	江苏经贸职业技术学院	
25	南京特殊教育师范学院	
26	南京森林警察学院	

注：在南京的普通高等学校不含部队院校。2021 年江苏经贸职业技术学院与南京师范大学中北学院合并，2021 年南京信息工程大学滨江学院转设为无锡学院。

表13-9 南京普通高等学校名单（2022年）（续表）

序号	高校名称	办学层次
27	江苏联合职业技术学院	
28	江苏海事职业技术学院	
29	应天职业技术学院	
30	东南大学成贤学院	
31	南京交通职业技术学院	
32	南京科技职业学院	
33	正德职业技术学院	
34	钟山职业技术学院	
35	金肯职业技术学院	
36	南京铁道职业技术学院	
37	南京信息职业技术学院	
38	金陵科技学院	
39	南京大学金陵学院	
40	南京理工大学紫金学院	
41	南京航空航天大学金城学院	
42	南京传媒学院	
43	南京工业大学浦江学院	
44	南京视觉艺术职业学院	
45	南京审计大学金审学院	
46	江苏城市职业学院	
47	南京城市职业学院	
48	南京机电职业技术学院	
49	南京旅游职业学院	
50	江苏卫生健康职业学院	
51	江苏第二师范学院	

表 13-10 主要年份学校在校学生数

计量单位：万人

年　份	普通高等学校	普通中学	小　学
1949	0.35	1.82	12.06
1952	0.84	3.68	23.34
1957	2.35	6.98	31.46
1962	3.52	8.92	35.63
1965	2.98	11.29	48.00
1970	2.43	18.26	54.10
1975	1.87	25.23	60.19
1978	2.72	23.14	39.17
1979	3.51	21.80	39.84
1980	4.02	27.41	50.50
1985	6.04	23.86	41.85
1990	7.51	23.01	42.08
1995	10.37	23.57	41.72
1997	12.05	22.04	46.75
1998	13.24	21.80	48.11
1999	16.28	22.29	47.88
2000	21.69	25.38	45.41
2005	56.11	32.26	30.51
2008	72.50	27.27	28.56
2009	77.34	26.11	28.32
2010	79.34	24.86	28.83
2012	81.53	23.07	30.71
2013	80.74	22.43	32.14
2014	80.53	22.28	33.93
2015	81.26	21.99	35.80
2016	82.78	22.45	37.54
2017	84.08	23.42	39.31
2018	85.17	24.52	42.21
2019	87.78	26.06	44.66
2020	91.81	27.55	47.10
2021	93.53	28.85	50.01
2022	97.27	30.25	52.93

注：普通高等学校在校学生数含普通高等学校、科研院校所有在学研究生。

主要统计指标解释

研究与试验发展（R&D） 指为增加知识存量（也包括有关人类、文化和社会的知识）以及设计已有知识的新应用而进行的创造性、系统性工作，包括基础研究、应用研究和试验发展三种类型。基础研究和应用研究统称为科学研究。R&D 活动应当满足五个条件：新颖性、创造性、不确定性、系统性、可转移性（可复制性）。

企业办研发机构数 指报告期末企业在境内自办（或与外单位合办），管理上同生产系统相对独立（或单独核算）的专门研究开发活动机构，如企业办的技术中心、研究院所、开发中心、开发部、实验室、中试车间、试验基地等。企业办研究开发活动机构经过资源整合，被国家或省级有关部门认定为国家级或省级技术中心的，应按一个机构填报。与外单位合办的研究开发活动机构若主要由本企业出资兴办，则由本企业统计，否则应由合办方统计。企业研究开发管理职能处（科）室（如科研处、技术科等）一般不统计在内；若科研处、技术科等同时挂有研究开发活动机构的牌子，视其报告期内主要工作任务而定，主要任务是从事研究开发活动的可以统计，否则不予统计。本指标不含企业在国外或港澳台设立的研究开发活动机构数。

研究与试验发展（R&D）人员 指报告期 R&D 活动单位中从事基础研究、应用研究和试验发展活动的人员。包括直接参加上述三类 R&D 活动的人员，以及与上述三类 R&D 活动相关的管理人员和直接服务人员，即直接为 R&D 活动提供资料文献、材料供应、设备维护等服务的人员。不包括为 R&D 活动提供间接服务的人员，如餐饮服务、安保人员等。

R&D 经费内部支出 指报告期调查单位内部为实施 R&D 活动而实际发生的全部经费，按支出性质分为日常性支出和资产性支出。不包括调查单位委托其他单位或与其他单位合作开展 R&D 活动而转拨给其他单位的全部经费。日常性支出包括为实施 R&D 活动支付给 R&D 人员的劳动报酬及各种费用，购置的原材料、燃料、动力、工器具等低值易耗品，以及各种相关直接或间接的管理和服务等支出。资产性支出包括为实施 R&D 活动而进行固定资产建造、购置、改扩建以及大修理等的支出。

技术改造经费支出 指报告期内企业进行技术改造而发生的费用支出。技术改造指企业在坚持科技进步的前提下，将科技成果应用于生产的各个领域（产品、设备、工艺等），用先进工艺、设备代替落后工艺、设备，实现以内涵为主的扩大再生产，从而提高产品质量、促进产品更新换代、节约能源、降低消耗，全面提高综合经济效益。

购买境内技术经费支出 指报告期内企业购买境内其他单位科技成果的经费支出。包括购买产品设计、工艺流程、图纸、配方、专利、技术诀窍及设备的费用支出。

引进境外技术经费支出　指报告期内企业用于购买国外或港澳台技术的费用支出，包括产品设计、工艺流程、图纸、配方、专利等技术资料的费用支出，以及购买设备、仪器、样机和样件等的费用支出。

引进境外技术的消化吸收经费支出　指报告期内企业引进国外或港澳台技术的消化吸收经费支出。引进技术的消化吸收指对引进技术的掌握、应用、复制而开展的工作，以及在此基础上的创新。引进技术的消化吸收经费支出包括：人员培训费、测绘费、参加消化吸收人员的工资、工装、工艺开发费、必备的配套设备费、翻版费等。

专利　是专利权的简称，是对发明人的发明创造经审查合格后，由国家知识产权局依据专利法授予发明人和设计人对该项发明创造享有的专有权。包括发明、实用新型和外观设计。反映拥有自主知识产权的科技和设计成果情况。

新产品销售收入　指报告期内企业销售新产品实现的销售收入。

新产品销售收入中出口　指报告期内企业将新产品销售给外贸部门和直接出售给外商所实现的销售收入。

普通高等学校　指按照国家规定的设置标准和审批程序批准举办，通过国家统一招生考试，招收高中毕业生为主要培养对象，实施高等学历教育的全日制大学、独立设置的学院和高等专科学校、高等职业学校和其他机构。

成人高等学校　指按照国家规定的设置标准和审批程序举办的，通过全国成人高等教育统一招生考试，招收具有高中毕业或同等学历的人员为主要培养对象，利用脱产、业余或函授等多种形式对其实施高等学历教育的学校。包括广播电视大学、职工高等学校、农民高等学校、管理干部学院、教育学院、独立函授学院、其他机构。

全日制学生　指接受全时学历教育的学生。

非全日制学生　指利用业余时间接受学历教育的学生。

（十四）文化、体育和卫生

CHAPTER 14
CULTURE, SPORTS AND PUBLIC HEALTH

表 14-1 文化和旅游机构综合情况（2022 年）

指 标	总 计		文化部门		其他部门	
	机构数（个）	从业人员数（人）	机构数（个）	从业人员数（人）	机构数（个）	从业人员数（人）
合 计	4474	41632	268	8814	4206	32818
艺术业	187	4451	33	1998	154	2453
图书馆业	15	864	15	864		
群众文化业	115	736	115	736		
艺术教育业	4	715	4	715		
文化科研	1	33	1	33		
文化市场经营机构*	3294	13329			3294	13329
旅行社	654	5896			654	5896
星级饭店	52	9910			52	9910
文化和旅游行政部门	13	748	13	748		
文物业	100	3010	64	2242	36	768
其他文化和旅游机构	39	1940	23	1478	16	462

注：本表数据由南京市文化和旅游局提供；文化市场经营机构不包括旅游数据；文化市场经营机构不包括非公有制院团和场馆。

表 14-2 文化馆（站）（2022 年）

指 标	合 计	文化馆	文化站	乡镇文化站
个数（个）	115	14	101	6
举办展览（场次）	3050	497	2553	100
组织文化活动次数（次）	11875	1504	10371	554
举办训练班（班次）	22370	11130	11240	742
藏书（千册）	3208.4		3208.4	210.8

注：本表数据由南京市文化和旅游局提供。

表 14-3　艺术团体（2022 年）

指　　标	剧团数（个）	职工数（人）	国内演出（场次）	在农村演出	国内观众人次（万人次）
全　　市	126	3254	6600	2700	215.81
话剧、儿童剧、滑稽剧类	5	100	200		8.03
歌舞、音乐类	20	1953	3300	1400	98.67
京剧、昆曲类	4	70	200		9.60
地方戏曲类	73	662	1900	1300	72.99
杂技、魔术、马戏类	1	130	100		8.70
曲艺类	7	95	700		9.78
综合性艺术表演团体	16	244	200		8.04

注：本表数据由南京市文化和旅游局提供。

表 14-4　文化市场经营机构基本情况（2022 年）

指　　标	机构数（个）	从业人员（人）	经营活动情况（万元）			其他（万元）	
			营业收入	营业成本	营业利润	从业人员劳动报酬	税金
合　　计	3421	15383	748655.2	607942.0	140713.7	168707.5	40241.5
娱乐场所	970	4086	69548.1	69243.8	304.5	17475.4	1208.1
互联网上网服务营业场所（网吧）	1640	2083	20807.1	26200.6	-5393.7	6940.4	208.9
非公有制艺术表演团体	107	1609	8929.8	10458.6	-1528.9	5011.4	222.1
非公有制艺术表演场馆	38	445	13027.9	17201.5	-4173.6	3892.0	550.9
经营性互联网文化单位	241	4944	523342.8	386941.1	136401.9	71437.3	27542.1
艺术品经营机构	131	457	27514.2	21889.6	5624.7	49102.8	1255.4
演出经纪机构	294	1759	85485.3	76006.8	9478.8	14848.2	9254.0

注：本表数据由南京市文化和旅游局提供。

表 14-5　公共图书馆综合情况（2022 年）

指　　标	合　计	省级	市级	区县级
机构数（个）	15	1	1	13
从业人员（人）	864	528	124	212
总藏量（万册）	2258.61	1288.62	270.54	699.45
# 图书	1856.96	961.07	243.82	652.07
报刊	166.68	118.05	12.95	35.68
视听文献、微缩制品	49.00	36.22	8.58	4.20
其他	17.26	13.28	0.16	3.82
在藏品中：开架书刊（万册）	690.95	100.00	116.70	474.25
本年新购藏量（万册）	92.20	26.38	7.93	57.89
公用房屋建筑面积（平方米）	306650	103010	25165	178475
# 书库	22555	10251	1825	10479
阅览室	49719	17998	8215	23506
阅览室座席数（个）	9958	1847	1817	6294
总流通人次（万人次）	1195.34	184.72	205.54	805.08
# 书刊文献外借人次	419.12	57.25	70.36	291.50
书刊文献外借册次（万册次）	607.88	58.13	105.54	444.21
累计发放有效借书证数（万个）	227.25	94.86	8.86	123.53
为读者举办各种活动				
# 组织次数（次）	1861	180	415	1266
参加人次（万人次）	240.05	8.35	49.97	181.73
计算机（台）	2373	1235	342	796
# 电子阅览室终端数	877	178	232	467

注：本表数据由南京市文化和旅游局提供。

表 14-6 博物馆综合情况（2022 年）

指　　标	合　计	综合性	历史类	艺术类	自然科技类	其他
机构数（个）	74	6	38	11	8	11
# 省级	3	1	1	1		
市级	28	1	17	3	6	1
区县级	43	4	19	8	2	10
从业人员（人）	2747	1167	1214	155	109	102
# 高级职称	288	157	60	41	21	9
中级职称	402	229	122	22	27	2
文物藏品（件）	843100	536917	241788	20703	39805	3887
# 一级品	2079	1562	515	2		
陈列展览（个）	368	69	213	47	19	20
参观人次（万人次）	1236.76	189.35	836.93	48.53	42.63	119.32
# 青少年	212.72	47.09	87.69	16.99	25.02	35.93
门票收入（万元）	8451	212	8022		114	103
本年收入（万元）	107283	47404	50556	5073	2465	1784
# 财政拨款	88923	42243	40095	4407	1905	273
本年支出（万元）	106647	47745	49666	4914	2507	1816
# 基本支出	47585	20412	21836	2946	1780	612
项目支出	53980	27333	23180	1947	358	1161
公用建筑面积（万平方米）	79.00	18.57	36.76	2.52	2.64	18.51
# 展览用房	33.21	6.76	19.93	1.49	1.77	3.26
文物库房	3.85	2.12	1.11	0.15	0.21	0.26

注：本表数据由南京市文化和旅游局提供。

表 14-7　文物保护管理机构综合情况（2022 年）

指　标	机构数（个）	从业人员（人）	文物藏品（件）	一级藏品	展览（个）	参观人次（万人次）
合　计	100	3010	1215389	2079	369	1253.56
文物科研机构	1	74	20257		1	16.80
文物保护管理机构	9	31	22			
博物馆	74	2747	843100	2079	368	1236.76
文物行政部门	13	86	10			
其他文物机构	3	72	352000			

注：本表数据由南京市文化和旅游局提供。

表 14-8　图书、杂志、报纸出版情况（2022 年）

指　标	图书	杂志	报纸
种数（种）	763	20	11
总印数（万册/份）	1113.00	395.44	13908.46
总印张数（万印张）	10051.00	2386.31	36652.50

注：本表数据由南京市委宣传部提供，均不含江苏省属出版机构在地数据。

表 14-9　艺术表演场所综合情况

指　　标	2022 年	2021 年
机构数（个）	15	13
# 省级	4	4
市级	4	4
区县级	7	5
从业人员（人）	428	464
座席数（个）	23633	22791
演（映）出场次（场）	1048	870
# 艺术演出场次	656	838
观众人次（万人次）	63.81	93.64
# 艺术演出观众人次	39.07	43.79
艺术演出收入（万元）	7579.80	6910.60
年末固定资产原值（万元）	96877.10	29807.70
建筑面积（万平方米）	44.85	37.34
# 演（映）业务用房	22.75	22.30

注：本表数据由南京市文化和旅游局提供。

表 14-10　广播、电视播出情况（2022 年）

指　　标	节目套数（套）			全年公共节目播出时间（小时）	全年制作节目时间（小时）
	合计	公共节目	付费节目		
广播电台（融媒体中心）	21	21		163027:20	145973:00
# 省级广播电台	10	10		83595:20	76741:00
市级广播电台	6	6		51109:00	48654:00
区融媒体中心	5	5		28323:00	20578:00
电视台（融媒体中心）	24	21	3	167030:49	41276:44
# 省级电视台	13	10	3	83873:33	21641:51
市级电视台	6	6		54808:00	14521:08
区融媒体中心	5	5		28348:16	5113:45

注：本表数据由南京市文化和旅游局提供。

表 14-11　广播、电视覆盖情况（2022 年）

指　　标	广播综合覆盖		电视综合覆盖		有线（数字）电视用户		
	覆盖人口数（万人）	覆盖率（%）	覆盖人口数（万人）	覆盖率（%）	总用户数（万户）	#数字电视（万户）	入户率（%）
全　市	733.73	100	733.73	100	135.14	135.14	100

注：本表不含 iptv 用户数。

表14-12　体育赛事和运动成绩情况（2022年）

计量单位：次

指　　标	世界	亚洲	国家	省级
体育赛事				
国内			10	43
国际	2	1		
参赛运动成绩				
冠军	2		29	264
亚军	2	2	16	151
季军	1	3	19	151
破各类记录				
项数				
人数				
人次				

注：本表数据由南京市体育局提供。

表 14-13　运动员、教练员、裁判员基本情况（2022 年）

计量单位：人

指　　标	运动员	专职教练员	裁判员
合　　计	179	185	6180
国际级（健将）	8		155
国家级（运动健将）	63	5	473
一级（高级）	82	101	2845
二级（中级）	16	46	2707
三级（初级）		11	
少年级	10	22	

注：本表由南京市体育局提供，表中数据运动员为市属，不含省。

表 14-14　新华书店图书销售数量

计量单位：万册

指　　标	2022 年	2021 年
合　　计	2710.86	2435.34
哲学、社会科学	151.74	201.72
文化、教育	217.74	275.53
文学、艺术	34.01	39.49
自然科学、技术	124.09	117.87
少儿读物	26.38	18.58
课本	1511.53	1388.21
教辅	616.61	368.62
其他出版物		
非图书商品	28.76	8.62

注：本表由南京市新华集团提供。非图书商品仅为音像制品和古旧图书。

表 14-15　医疗卫生事业基本情况

指　　标	2022 年	2021 年
全市卫生机构数（个）	3607	3451
# 医院	296	277
社区卫生服务中心（站）	489	492
疾病控制中心、卫生防疫站	15	15
妇幼保健院（所、站）	14	14
全市实有床位数（张）	70710	66087
# 医院	63951	59748
社区卫生服务中心（站）	3775	3636
全市卫生机构卫生人员数（人）	133738	128891
# 卫生技术人员	108640	104256
执业医师	38401	37134
执业助理医师	2209	2192
注册护士	49503	47874
药师（士）	5339	5254
技师（士）	8359	7531
其他卫生技术人员	4347	4271
# 医院卫生人员	88539	85827
社区卫生服务中心卫生人员	12593	12543

注：本表数据由南京市卫生健康委员会提供，下同。

表 14-16　各类医院基本情况（2022 年）

指　　标	机构数（个）	实有床位数（张）	卫生人员数（人）	卫生技术人员	执业（助理）医师
全　　市	296	63951	88539	73620	25046
综合医院	103	30841	47769	41091	14123
中医院	36	8553	13372	11432	4246
中西医结合医院	4	1354	2279	1928	750
专科医院	81	16640	21166	17266	5506
护理院	72	6563	3953	1903	421

表 14-17　医疗机构病床使用情况（2022 年）

指　　标	平均开放床位数（张）	病床周转次数（次）	病床使用率（%）	出院者平均住院日（日）
医院	60879	29.2	74.67	9.1
# 综合医院	30056	35.8	75.73	7.6
中医院	8198	31.5	69.38	7.9
中西结合医院	1333	30.9	66.78	7.7
专科医院	15240	24.7	79.01	11.4
护理院	6053	4.8	67.40	47.9
社区卫生服务中心（站）	3363	9.2	32.84	12.6
卫生院	547	21.0	43.58	7.5
专科疾病防治院（所、站）	124	0.6	9.16	47.2

表 14-18 南京三级甲等医院名单（2022 年）

序号	医院名称	医院等级（级）	医院等级（等）
1	江苏省人民医院	三级	甲等
2	南京医科大学第二附属医院	三级	甲等
3	东南大学附属中大医院	三级	甲等
4	南京医科大学附属口腔医院	三级	甲等
5	江苏省妇幼保健院	三级	甲等
6	江苏省肿瘤医院	三级	甲等
7	江苏省中医院	三级	甲等
8	江苏省第二中医院	三级	甲等
9	江苏省中西医结合医院	三级	甲等
10	中国医学科学院皮肤病医院	三级	甲等
11	南京鼓楼医院	三级	甲等
12	南京市第一医院	三级	甲等
13	南京市第二医院、南京市公共卫生医疗中心	三级	甲等
14	南京市儿童医院	三级	甲等
15	南京市妇幼保健院	三级	甲等
16	南京脑科医院	三级	甲等
17	南京市口腔医院	三级	甲等
18	南京市中医院	三级	甲等
19	南京市中西医结合医院	三级	甲等
20	南京明基医院	三级	甲等
21	南京医科大学眼科医院	三级	甲等
22	南京市江宁医院	三级	甲等
23	南京市高淳人民医院	三级	甲等

注：本表不含部队医院。

表 14-19　主要年份卫生机构、卫生技术人员、医院床位数

年　份	卫生机构（个）	卫生技术人员数（人）		医院床位数（张）
			医生	
1949	59			530
1952	206	3900	1500	1616
1957	512	7300	2900	2961
1962	852	12400	4400	7360
1965	897	11300	4900	7431
1970	846	10500	4000	8996
1975	1132	17300	6900	10812
1978	1320	21300	7800	12231
1979	1424	23000	8200	12361
1980	1418	24000	9100	11989
1985	1486	30127	12556	13969
1990	1610	34476	15726	17407
1995	1501	36376	16384	19019
1997	1301	35957	15840	17599
1998	1285	35705	15543	17521
1999	1318	35773	16078	17789
2000	1269	35270	15239	18140
2005	1612	34000	14292	19344
2008	1770	42337	16060	22865
2009	1764	56100	16593	24738
2010	2211	60044	17007	25894
2012	2305	53967	19101	37775
2013	2315	58032	20662	41760
2014	2383	62068	21602	42563
2015	2337	65139	22307	41568
2016	2383	70687	25272	44776
2017	2340	76144	28098	46960
2018	2801	84097	31560	49448
2019	3242	93856	35735	53499
2020	3439	99557	37823	57455
2021	3451	104256	39326	59748
2022	3607	108640	40610	63951

注：本表数据来源于南京市卫生健康委员会，从 2002 年起“医生”数为“执业医师、执业助理医师”数。

主要统计指标解释

文化事业机构　指从事专业文化工作和为专业文化工作服务的独立建制的单位，不包括这些单位另外举办独立核算的其他机构和各部门的业余文化组织。

执业（助理）医师和注册护士　指领取医师执业证书和注册护士证书的人员。

艺术表演团体　指从事戏曲、音乐、舞蹈、杂技等专业艺术表演，有独立账户的单位，不包括半工半艺、半农半艺和民间职业剧团。

等级运动员人数　指经考核正式批准授予等级运动员称号的人数。运动员等级分为国际级运动健将、运动健将、一级运动员、二级运动员、三级运动员、少年级运动员。

等级裁判员人数　指经考核正式批准授予等级裁判员称号的人数。裁判员等级分为国际裁判、国家级裁判、一级裁判、二级裁判、三级裁判。

卫生机构　指从卫生行政部门取得《医疗机构执业许可证》，或从民政、工商行政、机构编制管理部门取得法人单位登记证书，为社会提供医疗保障、疾病控制、卫生监督服务或从事医学科研和教育等工作的单位。

卫生技术人员　指卫生事业机构支付工资的全部职工中现任职务为卫生技术工作的专业人员，包括执业医师、执业助理医师、注册护士、药剂人员、检验人员和其他卫生技术人员。

有线电视入户率　指能接收到有线广播电视台、有线电视站（系统内和系统外）和共享天线系统播放的有线电视节目的家庭户数与总户数的比例。计算公式：

$$有线电视入户率 = \frac{年末有线电视总用户数}{年末总户数} \times 100\%$$

（十五）司法、社会福利与其他社会活动

CHAPTER 15 JUDICATURE, SOCIAL WELFARE AND OTHERS

2023' NANJING STATISTICAL YEARBOOK

表 15-1 律师、公证、基层司法基本情况

指　　标	2022 年	2021 年
律师工作		
律师事务所（个）	536	512
执业律师（名）	10690	9603
代理诉讼案件（件）	149313	134730
办理非诉法律事务（件）	58971	58228
公证工作		
公证处（个）	14	14
执业公证员（名）	209	222
办理公证总数（件）	171335	169753
国内公证	110039	116746
涉外公证	59094	50887
涉港澳公证	495	526
涉台公证	1707	1594
基层司法工作		
基层法律服务所（个）	56	57
基层法律服务工作者（人）	298	319
司法所（个）	112	112
司法所工作人员（人）	967	896
年末人民调解委员会（个）	1502	1532
年末调解人员（人）	8548	8476
调解纠纷总数（件）	171647	175158
法律援助工作		
法律援助机构数（不含律师行）（个）	13	9
得到法律援助机构援助的妇女数（人）	5147	5204
得到法律援助机构援助的未成年人数（人）	1114	631
办理法律援助案件（件）	13681	14647

注：本表数据由南京市司法局提供。

表 15-2　民政事业费支出情况

计量单位：万元

指　　标	2022 年	2021 年
社会福利	179540	167030
社会救助	83481	86538
民政管理事务	51058	51989
行政事业单位离退休	8047	7370
其他	17805	17642

注：本表数据由南京市民政局提供。

表 15-3　提供住宿的社会工作机构情况（2022 年）

指　　标	机构数（个）	从业人员（人）	年末床位数（张）	年末在院总人数（人）	老人	女性	康复和医疗门诊人次（人次数）
合　　计	360	8888	51996	21562	18946	8378	32134
养老机构	349	7948	49240	19843	18399	7793	28003
# 社会福利院	9	704	4340	2247	896	949	15438
特困人员救助供养机构	41	692	8203	2522	2465	319	654
其他各类养老机构	299	6552	36697	15074	15038	6525	11911
精神疾病服务机构	1	585	1115	1115	547	365	4131
儿童福利和救助保护机构	3	229	1068	575		211	
其他提供住宿机构	7	126	573	29		9	

注：本表数据由南京市民政局提供。2018 年统计口径调整为政府主办的各类社会福利机构。为支持民办养老机构，壮大养老事业，反映全养老机构发展状况，民政部取消“收养性社会福利单位”指标，新增“提供住宿的社会工作机构”指标。

表 15-4 工会组织基本情况

指　　标	2022 年	2021 年
基层工会数（个）	13482	13352
# 企业合计	9587	9524
内资企业	9076	8977
港澳台商投资企业	173	183
外商投资企业	338	364
事业单位	1594	1623
机关	622	594
个体经济组织	221	211
工会会员数（人）	1983242	2042059
专职工会工作人员（人）	1418	1219
兼职工会工作人员（人）	62934	62092
联合工会涵盖单位数（个）	36492	39549
联合工会会员人数（人）	432691	496400
建立职代会制度单位数（个）	8386	10503
职代会职工代表人数（人）	140514	157162
# 女性	48163	58209
建立董事会单位数（个）	815	850
职工董事人数（人）	390	476
# 女性	159	186
建立监事会单位数（个）	687	718
职工监事人数（人）	435	517
# 女性	223	243

注：本表数据由南京市总工会提供。

主要统计指标解释

民政事业费支出　指报告期内本辖区各项民政事业费实际支出的总数额。包括抚恤事业费、军队移交地方安置的离退休人员费用、社会救济福利事业费、救灾支出以及其他民政事业费。

城镇居民最低生活保障人数　指在报告期末家庭平均收入在当地规定的最低生活保障线以下的城镇居民数。包括“三无”对象、失业人员和在职、下岗、退休人员等。

农村居民最低生活保障人数　指报告期末在建立农村最低生活保障制度的地区，得到当地政府或集体给予最低生活保障的农业人口数。

农村传统救济人数　指未开展最低生活保障制度的农村地区，仍沿用传统救济制度救济贫困人口数。

社会福利企业　指以集中安置有一定劳动能力的残疾人就业为目的（残疾职工占生产人员10%以上）、带有社会福利性质的特殊企业的总称。

律师　指受聘参加法律顾问处工作，担任法律顾问、刑（民）事代理人、刑事辩护人，办理非诉讼事件、解答法律询问，代写法律事务文书等主要从事律师业务的专职法律工作者和兼职律师。

公证人员　指在国家公证机关依法办理公证事务的司法人员，包括公证员、助理公证员和在公证处工作的其他人员。

办理公证文书　指公证处在一定时期内办结的公证文书件数。公证文书按司法部规定或批准的格式制作，包括国内公证和涉外公证两部分。国内公证分为经济合同公证和民事法律关系公证两大类。

调解人员　指在人民调解委员会担负调解民间一般民事纠纷和轻微违法行为引起纠纷的工作人员，包括调解委员会的委员和调解小组的调解员。

养老机构　包括社会福利院、特困人员供养机构和养老公寓等其他养老机构三类。

社会福利院　政府举办的提供食宿的，主要收养城市中无亲属子女赡养、无生活来源、无劳动能力的孤老、孤儿和残疾人为对象的综合性社会福利事业单位。

特困人员供养机构　已经在编制或者民政部门登记，为特困老年人等提供24小时集中居住和收留抚养照料服务的机构。

养老公寓等其他养老机构　是指除了社会福利院、特困人员供养机构以外，在编制、民政或者市场监管部门办理了登记注册手续，为老年人提供24小时集中居住和照料服务的机构。

儿童福利机构　包括儿童福利院（含SOS儿童村）和设有儿童部的社会福利院。

（十六）
城市建设与环境保护

CHAPTER 16
URBAN CONSTRUCTION AND ENVIRONMENTAL PROTECTION

表 16-1　城市煤气、液化石油气、天然气

指　　标	2005 年	2010 年	2015 年	2018 年	2019 年	2020 年	2021 年	2022 年
液化石油气供气总量（吨）	145509	146476	88285	74924	77511	59267	56080	52057
# 家庭用量	81903	76409	50481	29257	27754	23422	19687	19248
用气人口（万人）	296	237	149	84	74	43	46	48
天然气供气总量（万立方米）	14173	57891	104382	138361	143428	140684	153394	170597
# 家庭用量	3886	15545	31803	50328	58719	62680	65598	69090
用气人口（万人）	132	253	465	597	594	636	644	649

表 16-2　城市设施水平

指　　标	2005 年	2010 年	2015 年	2018 年	2019 年	2020 年	2021 年	2022 年
城市人口密度（人/平方公里）	1084	1600	1462	1555	1588	1614	1639	1349
人均日生活用水量（升）	318.06	314.80	298.40	279.53	280.17	296.54	322.71	225.56
用水普及率（%）	92.1	100.0	100.0	100.0	100.0	100.0	100.0	100.00
气化率（%）	90.4	99.5	99.4	99.5	99.5	99.7	99.7	99.7
人均拥有道路面积（平方米）	14.47	19.35	23.06	24.20	24.30	25.00	25.78	26.40
建成区排水管道密度（公里/平方公里）	6.6	8.0	11.0	11.4	12.0	12.5	12.5	12.3
污水处理率（%）	81.2	88.8	95.7	96.5	97.4	97.9	98.2	98.4
人均公园绿地面积（平方米）		13.69	15.10	15.47	15.70	16.09	16.18	16.20
建成区绿化覆盖率（%）	44.94	44.38	44.47	45.06	45.16	44.69	44.96	44.96
生活垃圾粪便无害处理率（%）	87.46	78.74	100.00	100.00	100.00	100.00	100.00	100.00

表 16-3　城市供水和节约用水

指　　标	2005 年	2010 年	2015 年	2018 年	2019 年	2020 年	2021 年	2022 年
综合生产能力（万立方米/日）	589.80	645.80	645.38	647.90	619.90	632.10	707.80	720.30
供水总量（万立方米）	118875	112326	125255	133978	152953	140517	148760	142915
# 工业用量	53208	40876	42997	47507	49479	57608	62674	71905
生活用量	54869	56862	39143	50548	62768	56869	58368	49035
用水人口（万人）	472.62	494.87	617.79	657.20	671.35	682.35	692.78	699.31
节约用水量（万立方米）	2513	4730	4217	5413	5296	5321	5536	5573
生产用水重复利用量（万立方米）	107934	183717	188429	213103	213555	195856	191615	173314

表 16-4　市政工程设施

指　　标	2005 年	2010 年	2015 年	2018 年	2019 年	2020 年	2021 年	2022 年
道路长度（公里）	6132	5599	7771	8469	8583	9335	10594	10792
道路面积（万平方米）	7427	9576	14248	15904	16314	17061	17863	18460
路灯盏数（盏）	172280	241712	472131	508880	526096	578298	594753	633519
排水管道长度（公里）	3380	4948	8308	9896	10221	10863	10860	10863
桥梁数（座）	1359	1498	2055	2185	2195	2274	1294	1364
污水年排放量（万吨）	120628	80490	95019	95859	104013	108857	113414	117048
污水日处理能力（万吨）	385	429	465	530	492	378	387	402
污水年处理量（万吨）	97964	71493	90904	75986	101346	106570	111365	115214
污水处理厂（座）	10	17	24	25	27	29	29	29

注：本表由南京市城乡建设委员会提供。

表 16-5　城市园林绿化

指　　标	2005 年	2010 年	2015 年	2018 年	2019 年	2020 年	2021 年	2022 年
绿化覆盖面积（公顷）	75226	84848	96874	100959	101327	102297	102876	103423
# 建成区	23037	27456	33588	36866	37166	38804	39036	39823
园林绿地面积（公顷）	71020	77087	88910	92202	92553	93512	94080	94583
公园绿地面积（公顷）		6773	9328	10168	10543	10981	11212	11326
公园个数（个）	59	62	127	140	155	165	179	178
公园面积（公顷）	2605	2790	7122	7243	7493	7850	8058	8102

注：本表由南京市城乡建设委员会提供。

表 16-6　城市环境质量

指　　标	2005 年	2010 年	2015 年	2017 年	2018 年	2019 年	2020 年	2021 年	2022 年
空气质量优良天数比例			64.4	72.3	68.8	70.1	83.1	82.2	79.7
$PM_{2.5}$ 年均浓度			57	40	43	40	31	29	28
集中式饮用水水源地水质达标率（%）	100.0	100.0	100.0	100.0	100.0	100.0	100.0	100.0	100.0
地表水功能区水质达标率（%）	97.2	100.0	64.5	72.7	81.8	98.6	100.0	100.0	100.0

注：空气质量优良天数比例和 $PM_{2.5}$ 年均浓度 2015 年前后考核标准发生变化，不具有可比性，因此提供 2015 年之后数据。

表 16-7　城市环境卫生

指　　标	2005 年	2010 年	2015 年	2018 年	2019 年	2020 年	2021 年	2022 年
全年生活垃圾清运量（万吨）	169.00	184.78	238.68	311.18	325.63	322.13	290.46	334.23
环卫机械车辆总数（辆）	777	1134	1630	2323	2366	2583	2609	3774
公厕数量（座）	1559	1151	1250	1099	1083	1041	1039	1023

注：全年生活垃圾清运量 2020 年口径调整。

表 16-8　工业污染排放与治理

指　　标	2015 年	2018 年	2019 年	2020 年	2021 年	2022 年
工业废水排放量(万吨)	23206.32	15534.07	14478.49	12796.54	13826.84	14567.93
工业化学需氧量排放量（吨）*	20864.19	4273.35	3371.49	3566.81	3196.49	2291.13
工业氨氮排放量（吨）*	1058.16	195.60	143.49	97.15	99.83	55.24
工业总氮排放量（吨）*	1182.19	1316.30	1463.02	1729.04	1204.62	1008.45
工业总磷排放量（吨）*	57.62	23.27	18.85	18.10	19.43	14.91
工业废气排放量（亿立方米）	8782.13	8884.47	9379.66	9340.10	9449.08	9733.22
工业二氧化硫排放量(吨)	101021.16	12375.39	10523.28	9684.74	11135.54	6429.29
工业氮氧化物排放量(吨)	95682.44	35820.67	27859.67	23684.16	22053.94	15834.82
工业颗粒物排放量(吨)	84127.89	35914.41	32528.66	21819.88	19876.34	11569.38
工业挥发性有机物（VOCs）排放量(吨)		14830.09	13427.56	17625.16	15639.64	15341.46
一般工业固体废物产生量（万吨）	1426.02	1976.65	2031.56	1887.99	1941.17	1698.01
一般工业固体废物综合利用量（万吨）	1290.58	1749.96	1855.71	1770.13	1827.75	1625.99
其中：综合利用往年贮存量（万吨）	0.42	2.62	0.29	18.35	0.64	0.69
一般工业固体废物综合利用率（%）	90.50	88.53	91.34	93.76	94.16	95.75
危险废物产生量(吨)	493362.42	752505.17	793481.60	777641.88	791659.90	765012.99
危险废物利用处置量(吨)	306113.91	435217.49	394988.22	809387.09	792418.96	775464.68
其中：利用处置往年贮存量(吨)	5424.84	2472.86	6085.90	18694.13	4511.96	13979.35

注：根据现阶段生态环境保护工作实际情况，部分指标进行了调整。

主要统计指标解释

供水综合生产能力 指按供水设施取水、净化、送水、出厂输水干管等环节实际测定计算的综合生产能力。

供水总量 指报告期供水企业（单位）供出的全部水量。包括有效供水量和漏损水量。

生活用水量 指居民日常生活与公共福利设施的用水量，包括居民、饮食店、旅馆、医院、理发店、浴池、洗衣店、游泳池、商店、学校、机关、部队等单位的用水量。

城市人口用水普及率 指城市用水人口数与城市人口总数之比。

计算公式为：用水普及率 = 城市用水人口数/城市人口总数*100%

燃气供应总量 指报告期燃气企业（单位）向用户供应的燃气数量。包括销售量和损失量。

燃气普及率 指报告期末使用燃气的城市人口数与城市人口总数的比率。

计算公式：燃气普及率=用气人口数/城市人口总数*100%

道路长度 指道路长度和与道路相通的桥梁、隧道的长度，按车行道中心线计算。

排水管道长度 指所有排水总管、干管、支管、检查井及连接井进出口等长度之和。计算时应按单管计算，即在同一条街道上如有两条或两条以上并排的排水管道时，应按每条排水管道的长度相加计算。

污水处理能力 指污水处理厂（或处理装置）每昼夜处理污水量的设计能力。

运营车数 指报告期末公交企业（单位）用于运营业务的全部车辆数。以企业（单位）固定资产台账中已投入运营的车辆数为准；新购、新制和调入 的运营车辆，自投入之日起开始计算；调出、报废和调作他用的运营车辆，自上级主管机关批准之日起不再计入。

园林绿地面积 指报告期末用作园林和绿化的各种绿地面积。包括公共绿地、居住区绿地、单位附属绿地、防护绿地、生产绿地、道路绿地和风景林地面积。不包括：

1．屋顶绿化、垂直绿化、阳台绿化和室内绿化。

2．以物质生产为主的林地、耕地、牧草地、果园和竹园等。

3．城市总体规划中不列入绿地的水域。

公园绿地 指向公众开放的、以游憩为主要功能，有一定的游憩设施和服务设施，同时兼有健全生态、美化景观、防灾减灾等综合作用的绿化用地。

工业废水排放量 指调查年度经过企业厂区所有排放口排到企业外部的工业废水量。包括生产废水、外排的直接冷却水、废气治理设施废水、超标排放的矿井地下水和与工业废水混排的厂区生活污水，不包括独立外排的间接冷却水(清浊不分流的间接冷却水应计算在内)。

直接冷却水：在生产过程中，为满足工艺过程需要，使产品或半成品冷却所用与之直接接触的冷却水（包括调温、调湿使用的直流喷雾水）。

间接冷却水：在工业生产过程中，为保证生产设备能在正常温度下工作，用来吸收或转移生产设备的多余热量，所使用的冷却水（此冷却用水与被冷却介质之间由热交换器壁或设备隔开）。

工业废水处理量 指经各种水治理设施（含城镇污水处理厂、工业废水处理厂）实际处理的工业废水量，包括处理后外排的和处理后回用的工业废水量。虽经处理但未达到国家或地方排放标准的废水量也应计算在内。计算时，如遇有车间和厂排放口均有治理设施，并对同一废水分级处理时，不应重复计算工业废水处理量。

工业废气排放量 指调查年度企业厂区内排入空气中含有污染物的气体的总量，以标准状态（273K，101325Pa）计。

废气污染物排放量 指调查年度调查对象在生产过程中排入大气的废气污染物的质量，包括有组织排放量和无组织排放量。

一般工业固体废物产生量 指当年全年调查对象实际产生的一般工业固体废物的量。一般工业固体废物指企业在工业生产过程中产生且不属于危险废物的工业固体废物。

一般工业固体废物综合利用量 指调查年度企业通过回收、加工、循环、交换等方式，从固体废物中提取或者使其转化为可以利用的资源、能源和其他原材料的固体废物量（包括当年利用的往年工业固体废物累计贮存量）。

一般工业固体废物处置量 指调查年度企业将工业固体废物焚烧和用其他改变工业固体废物的物理、化学、生物特性的方法，达到减少或者消除其危险成分的活动，或者将工业固体废物最终置于符合生态环境保护规定要求的填埋场的活动中，所消纳固体废物的量。

工业固体废物综合利用率=工业固体废物综合利用量/（工业固体废物产生量+综合利用往年贮存量）*100%

（十七）分区社会经济

CHAPTER 17
SOCIAL AND ECONOMIC INDICATORS BY DISTRICT

表 17-1　分区户籍人口及构成（2022 年末）

计量单位：人

地　区	总人口	按性别分		性别比例（以女性为 100）
		男	女	
全　市	7393604	3659214	3734390	97.99
玄　武	462089	228268	233821	97.63
秦　淮	675653	328132	347521	94.42
建　邺	457341	223167	234174	95.30
鼓　楼	916969	451968	465001	97.20
浦　口	847732	422556	425176	99.38
栖　霞	578912	285891	293021	97.57
雨花台	334046	167234	166812	100.25
江　宁	1268250	626587	641663	97.65
六　合	946022	469687	476335	98.60
溧　水	455752	228176	227576	100.26
高　淳	450838	227548	223290	101.91

注：本表根据南京市公安局提供的数据编制。

表 17-2　分区年末户数（2022 年）

计量单位：户

地　区	2022 年	比上年增加
全　市	2714203	46054
玄　武	157839	768
秦　淮	263521	-53
建　邺	142941	3367
鼓　楼	330036	1078
浦　口	303219	10245
栖　霞	211606	6509
雨花台	129805	3763
江　宁	492151	11353
六　合	344420	3340
溧　水	170263	3892
高　淳	168402	1792

注：本表根据南京市公安局提供的数据编制。

表 17-3　分区年末常住人口

计量单位：万人

地　区	2022 年	2021 年	2022 年为上年%
全　市	949.11	942.34	100.7
玄　武	53.64	53.73	99.8
秦　淮	74.21	74.17	100.1
建　邺	54.85	54.75	100.2
鼓　楼	94.20	94.18	100.0
浦　口	122.45	120.20	101.9
栖　霞	100.58	99.74	100.8
雨花台	62.35	61.63	101.2
江　宁	196.99	195.43	100.8
六　合	95.19	94.90	100.3
溧　水	50.94	50.14	101.6
高　淳	43.71	43.47	100.6

表 17-4　分区人口出生与死亡（2022 年）

计量单位：人、‰

地　区	出生		死亡		自然增长	
	人数	出生率	人数	死亡率	人数	增长率
全　市	49888	6.77	45426	6.17	4462	0.60
玄　武	2192	4.73	2843	6.14	-651	-1.41
秦　淮	2943	4.34	5520	8.14	-2577	-3.80
建　邺	2736	6.02	1955	4.30	781	1.72
鼓　楼	4063	4.42	6282	6.84	-2219	-2.42
浦　口	8351	9.98	3893	4.65	4458	5.33
栖　霞	4327	7.55	3287	5.74	1040	1.81
雨花台	2769	8.38	1740	5.27	1029	3.11
江　宁	11571	9.20	6354	5.05	5217	4.15
六　合	5320	5.62	6798	7.18	-1478	-1.56
溧　水	3210	7.06	3187	7.01	23	0.05
高　淳	2406	5.33	3567	7.91	-1161	-2.58

注：本表根据南京市公安局提供的数据编制。

表 17-5　分区婚姻登记情况（2022 年）

计量单位：对

地　区	内地居民登记结婚对数	内地居民准予登记离婚对数
全　市	60088	21469
玄　武	4467	1562
秦　淮	4591	2060
建　邺	8586	2113
鼓　楼	5898	2638
浦　口	2965	1086
栖　霞	4287	1637
雨花台	3458	1149
江　宁	11243	3655
六　合	3835	1386
溧　水	2800	1061
高　淳	2178	838
江北新区直管区	5780	2284

注：本表数据由南京市民政局提供。浦口和六合为剔除江北新区直管区后的口径。

表 17-6 分区地区生产总值（2022 年）

计量单位：亿元

地 区	地区生产总值	第一产业	第二产业	工业	第三产业
全 市	16907.85	315.56	6069.64	5139.56	10522.65
玄 武	1231.43		21.17	9.19	1210.26
秦 淮	1401.47		95.69	84.72	1305.78
建 邺	1250.59		380.49	289.94	870.10
鼓 楼	1953.94		146.30	27.81	1807.64
浦 口	512.13	48.49	181.57	135.02	282.07
栖 霞	1746.43	8.02	1026.15	847.19	712.26
雨花台	1040.22	0.15	190.00	167.28	850.07
江 宁	3000.55	74.69	1659.79	1411.71	1266.07
六 合	594.59	72.76	230.65	189.96	291.18
溧 水	1034.01	53.74	544.46	467.51	435.81
高 淳	576.71	50.54	251.47	120.34	274.70
江北新区直管区	2628.47	7.17	1448.52	1324.64	1172.78

注：浦口和六合为剔除江北新区直管区后的口径。

表 17-7　分区地区生产总值指数（2022 年）

（上年=100）

地　区	地区生产总值	第一产业	第二产业	工业	第三产业
全　市	102.1	103.4	101.7	102.4	102.2
玄　武	102.4		99.7	102.8	102.4
秦　淮	105.2		100.0	100.2	105.5
建　邺	102.5		101.1	102.3	103.1
鼓　楼	101.5		99.1	108.5	101.7
浦　口	103.2	103.6	106.4	109.4	101.2
栖　霞	101.5	103.3	103.5	103.3	98.8
雨花台	101.6	133.4	103.4	104.4	101.1
江　宁	102.1	103.2	105.2	106.1	98.3
六　合	103.2	103.4	108.3	109.3	99.5
溧　水	102.6	103.1	105.0	105.2	99.6
高　淳	102.2	103.8	102.2	103.0	101.8
江北新区直管区	101.8	103.1	101.8	101.2	101.7

注：本表按不变价格计算。

表 17-8　分区一般公共预算收入（2022 年）

计量单位：亿元

地　区	2022 年	2022 年为上年%
全　市	1558.21	100.1
玄　武	85.10	103.9
秦　淮	109.13	109.1
建　邺	159.70	105.2
鼓　楼	174.18	104.7
浦　口	60.28	93.0
栖　霞	140.79	96.9
雨花台	81.61	101.7
江　宁	202.96	91.1
六　合	45.78	96.1
溧　水	57.31	86.0
高　淳	38.80	97.9
江北新区直管区	145.14	79.1

注：本表数据由南京市财政局提供。2022 年一般公共预算收入按照财政部统一口径还原留抵退税因素计算同口径增幅。

表 17-9　分区城镇居民人均可支配收入（2022 年）

计量单位：元

地　区	2022 年	2022 年为上年%
全　市	76643	104.1
玄　武	84780	104.1
秦　淮	77730	104.2
建　邺	74816	104.3
鼓　楼	84174	104.3
浦　口	70871	104.4
栖　霞	75107	104.2
雨花台	74558	104.0
江　宁	73786	103.9
六　合	69100	104.1
溧　水	67214	103.6
高　淳	67774	103.6
江北新区直管区	74522	104.5

注：浦口和六合收入不包含江北新区直管区部分。

表 17-10　分区私营和个体从业人员（2022 年）

计量单位：人

地　区	私营企业从业人员	个体从业人员
全　市	2563456	1747252
市局登记	141194	296
江北新区	238830	160449
玄　武	137348	83333
秦　淮	243541	213293
建　邺	148838	109005
鼓　楼	270246	119476
浦　口	111726	84000
栖　霞	256652	131112
雨花台	125612	151667
江　宁	412282	381841
六　合	116461	115773
溧　水	132188	138247
高　淳	199663	56943
# 经济技术开发区	28870	1817
化学工业园区	5	

注：本表数据来自南京市市场监督管理局。反映市级、区级登记机关登记数量。各区数据均不包含在南京市市场监督管理局登记企业。栖霞区数据不包含经济技术开发区的数据。江北新区不包含化学工业园区数据。

表 17-11　农村经济概况（2022 年）

指　　标	全市	其中			
		江北新区直管区	浦口	栖霞	雨花台
一、基本情况					
镇数（个）	6				
村民委员会数（个）	322	8	26	29	
户籍总人口（万人）	739.36	76.11	35.13	57.89	33.40
# 乡村人口	194.96	7.01	19.32	6.41	1.63
乡村总户数（万户）	64.61	2.42	6.40	2.09	0.63
年末乡村从业人员（万人）	112.20	3.50	9.57	3.70	0.90
# 农林牧渔业从业人员	20.66	0.51	1.58	0.90	0.04
二、农业					
1. 生产条件					
耕地灌溉面积（千公顷）	136.07		7.82	5.99	0.85
农业机械总动力（万千瓦）	240.05	4.22	26.33	4.96	0.67
机耕面积（千公顷）	253.45	3.28	12.36	9.91	0.05
机播面积（千公顷）	201.15	2.87	9.56	9.17	0.05
机电灌溉面积（千公顷）	234.70	2.71	12.36	9.98	0.05
机收面积（千公顷）	202.84	2.87	9.83	8.22	0.05
化肥施用量（折纯量）（吨）	52336	1966	2654	1201	150
农药使用量（吨）	1106	17	18	35	
地膜使用量（吨）	1973	6	66	196	1

注：本表中耕地灌溉面积来源于南京市水务局。农业机械总动力、机耕面积、机播面积、机电灌溉面积、机收面积来源于南京市农业农村局。

表17-11　农村经济概况（2022年）（续表1）

指　　标	江宁	六合	溧水	高淳
一、基本情况				
镇数（个）		1	3	2
村民委员会数（个）	71	47	37	104
户籍总人口（万人）	126.83	68.13	45.58	45.08
# 乡村人口	46.55	43.71	32.67	37.66
乡村总户数（万户）	15.66	13.64	10.89	12.88
年末乡村从业人员（万人）	28.54	26.06	18.13	21.80
# 农林牧渔业从业人员	4.96	5.02	3.67	3.98
二、农业				
1．生产条件				
耕地灌溉面积（千公顷）	30.51	56.06	21.63	13.04
农业机械总动力（万千瓦）	53.70	58.22	35.84	56.11
机耕面积（千公顷）	66.39	87.62	45.33	28.51
机播面积（千公顷）	53.44	65.85	35.52	24.69
机电灌溉面积（千公顷）	66.47	87.51	42.94	12.68
机收面积（千公顷）	50.52	69.03	38.94	23.38
化肥施用量（折纯量）（吨）	7869	21180	8340	8976
农药使用量（吨）	307	246	295	188
地膜使用量（吨）	649	267	545	243

表 17-11　农村经济概况（2022 年）（续表 2）

指　　标	全市	其中			
		江北新区直管区	浦口	栖霞	雨花台
2．农作物总播种面积（千公顷）					
粮食	138.21	2.80	4.89	4.29	0.05
小麦	42.81	0.98	1.26	1.67	0.03
稻谷	82.97	1.51	2.28	1.43	0.03
玉米	5.11	0.15	0.56	0.57	
大豆	4.06	0.13	0.58	0.60	
油菜籽	19.35	0.13	1.39	0.15	
棉花	0.24				
苎麻	0.19				
糖料	0.09				
蔬菜（含菜用瓜）	80.86	2.77	6.05	5.38	0.14
3．农林牧渔业产品产量（吨）					
粮食	990290	18947	32392	25690	344
小麦	214232	4636	6345	8506	124
稻谷	714690	12996	19519	12384	220
玉米	31589	807	3659	3295	
大豆	10197	320	1572	1459	
油菜籽	47370	337	3322	388	
棉花	290				
苎麻	471				
糖料	4052				
蔬菜（含菜用瓜）	2792940	78441	215030	104028	4077
茶叶	1375	2	103	1	
园林水果	150140	8604	11618	2950	
猪牛羊肉总产量	26481	1239	1618	2843	
# 猪肉产量	25978	1236	1593	2832	
牛奶产量	15700				
水产品产量	166479	2789	20064	3735	40

注：本表中茶叶、园林水果、水产品产量来源于南京市农业农村局。

表 17-11　农村经济概况（2022 年）（续表 3）

指　　标	江宁	六合	溧水	高淳
2．农作物总播种面积（千公顷）				
粮食	28.55	58.95	28.72	9.96
小麦	7.21	20.80	8.64	2.22
稻谷	19.29	33.94	17.31	7.18
玉米	0.61	2.28	0.76	0.18
大豆	0.55	1.14	0.86	0.20
油菜籽	4.63	5.54	3.14	4.37
棉花	0.04		0.17	0.03
苎麻			0.19	
糖料	0.04		0.04	0.01
蔬菜（含菜用瓜）	28.04	20.53	12.35	5.60
3．农林牧渔业产品产量（吨）				
粮食	220014	409760	207115	76028
小麦	34565	106610	43196	10250
稻谷	174473	281304	150506	63288
玉米	3811	14266	4611	1140
大豆	1515	2675	2239	417
油菜籽	10410	14359	7730	10824
棉花	51		208	31
苎麻			471	
糖料	1984		1708	360
蔬菜（含菜用瓜）	991426	712850	433993	253095
茶叶	456	96	350	365
园林水果	37827	35200	40400	13541
猪牛羊肉总产量	5836	6253	4296	4396
# 猪肉产量	5766	5976	4198	4377
牛奶产量		15700		
水产品产量	28489	33312	28483	49567

表 17-11　农村经济概况（2022 年）（续表 4）

指　　标	全市	其中			
		江北新区直管区	浦口	栖霞	雨花台
4．农林牧渔及服务业总产值（现价）（万元）	5256457	108422	812617	116466	2451
农业	2825677	83916	437743	83790	2104
林业	240181	2047	66327	1766	275
牧业	263391	7515	35590	10840	
渔业	1495825	10297	200431	13590	72
农林牧渔专业及辅助性活动	431383	4647	72526	6480	
农林牧渔及服务业增加值（现价）（万元）	3411034	74629	529845	83586	1532
三、农村居民人均收入和支出情况					
（一）农村居民人均可支配收入（元）	34664		35133		
1．工资性收入	23563		20273		
2．经营净收入	5183		9600		
3．财产净收入	1770		2106		
4．转移净收入	4148		3154		
（二）农村居民人均消费支出（元）	25322		25664		

表 17-11　农村经济概况（2022 年）（续表 5）

指　　标	江宁	六合	溧水	高淳
4．农林牧渔及服务业总产值（现价）（万元）	1269948	1171251	895681	879621
农业	802304	688874	509900	217046
林业	37245	65718	41050	25753
牧业	51081	64181	58500	35684
渔业	263859	264643	203751	539182
农林牧渔专业及辅助性活动	115459	87835	82480	61956
农林牧渔及服务业增加值（现价）（万元）	813656	780240	583874	543672
三、农村居民人均收入和支出情况				
（一）农村居民人均可支配收入（元）	35367	34007	34018	34637
1．工资性收入	25609	27294	19845	17532
2．经营净收入	5005	2402	8523	12859
3．财产净收入	1882	1005	2948	1628
4．转移净收入	2871	3306	2702	2618
（二）农村居民人均消费支出（元）	25835	24841	24850	25302

注：浦口和六合居民收入不包含江北新区直管区部分。

表 17-12　分区规模以上工业企业主要经济指标（2022 年）

计量单位：万元

地　区	企业单位数（个）	亏损企业	资产总计	流动资产	固定资产原价	累计折旧
全　市	4294	1089	174898738	106726416	78359087	41537773
玄　武	42	5	1004952	509318	531712	191598
秦　淮	71	15	4898397	2159407	2032689	752571
建　邺	55	15	3891842	3336496	657090	372105
鼓　楼	67	16	2153087	1826522	278747	202416
浦　口	282	82	8630644	4176000	5089619	1995297
栖　霞	393	100	28461690	17265763	18106406	9925972
雨花台	133	47	6731242	3561517	5121299	3232142
江　宁	1199	273	53457938	35851165	14270629	6967991
六　合	417	98	6149571	3750238	1733846	723931
溧　水	672	193	12877514	8645311	3470650	1262652
高　淳	289	69	2944453	1847995	1071846	442870
江北新区直管区	673	176	42700566	23292042	25101153	14792213

表17-12 分区规模以上工业企业主要经济指标（2022年）（续表）

计量单位：万元

地 区	负债	流动负债	营业收入	税金及附加	盈亏相抵后利润总额	从业人员平均人数（人）
全 市	94322922	81939751	161417173	4919632	8428438	635596
玄 武	554107	417612	624034	1725	37947	4369
秦 淮	2725290	1474429	1871706	7312	98272	10382
建 邺	886046	873817	4715003	1766945	572237	4334
鼓 楼	1200942	1140169	2984916	7100	104257	7731
浦 口	4810019	3330347	4422618	27857	350471	27913
栖 霞	15669729	13807671	39829287	1621322	1470140	109299
雨花台	3449068	3211334	5950542	24563	28265	21031
江 宁	29024795	25327014	41591574	407684	3455624	198981
六 合	3623956	3090345	4369699	19448	137314	39958
溧 水	8373665	7770014	9947852	37435	430371	67936
高 淳	1679519	1551231	2445617	11440	178367	25043
江北新区直管区	21752514	19438567	42327842	949329	1510235	117481

表 17-13　分区全社会固定资产投资（2022 年）

计量单位：亿元

地　区	全社会固定资产投资	工业投资	房地产开发投资
全　市	5874.92	1172.74	2758.77
玄　武	171.98	2.28	92.52
秦　淮	312.10	5.66	212.59
建　邺	468.03	4.99	335.21
鼓　楼	260.83	0.30	141.90
浦　口	582.83	164.43	285.20
栖　霞	633.58	118.72	370.84
雨花台	390.08	0.85	312.15
江　宁	900.93	223.66	333.31
六　合	292.89	72.87	105.92
溧　水	405.73	165.23	123.41
高　淳	201.42	52.81	61.22
江北新区直管区	827.67	222.14	384.50

表 17-14 分区社会消费品零售总额（2022 年）

计量单位：亿元

地 区	2022 年	2022 年为上年%
全 市	7832.41	99.2
玄 武	1129.57	101.3
秦 淮	989.82	98.5
建 邺	458.46	101.6
鼓 楼	1149.23	101.7
浦 口	148.60	99.0
栖 霞	513.04	100.2
雨花台	716.55	98.0
江 宁	1033.05	100.1
六 合	299.34	101.8
溧 水	399.31	100.3
高 淳	243.01	92.0
江北新区直管区	752.42	99.0

注：浦口和六合为剔除江北新区直管区后的口径。

表 17-15　分区出口总额（按经营单位口径）（2022 年）

计量单位：亿元

地　区	2022 年	2022 年为上年%
全　市	3827.9	98.2
玄　武	171.1	77.1
秦　淮	438.5	107.1
建　邺	192.4	118.2
鼓　楼	337.6	85.6
浦　口	117.4	91.2
栖　霞	487.9	94.6
雨花台	226.6	101.3
江　宁	1214.1	101.9
六　合	74.0	111.3
溧　水	111.0	89.6
高　淳	96.9	108.1
江北新区直管区	356.2	96.3

注：本表数据由南京市商务局提供。

表 17-16　分区新批外商投资和港澳台商投资企业数（2022 年）

计量单位：个

地　区	2022 年	2022 年为上年%
全　市	503	73.1
玄　武	14	66.7
秦　淮	49	75.4
建　邺	53	88.3
鼓　楼	25	55.6
浦　口	22	52.4
栖　霞	69	75.8
雨花台	36	85.7
江　宁	91	102.2
六　合	17	73.9
溧　水	34	51.5
高　淳	29	111.5
江北新区直管区	59	50.9

注：本表数据由南京市商务局提供。

表 17-17 分区实际使用外资（2022 年）

计量单位：万美元

地 区	2022 年	2022 年为上年%
全 市	484950	110.5
玄 武	32345	82.1
秦 淮	12364	41.1
建 邺	20778	54.3
鼓 楼	44952	155.0
浦 口	30005	83.5
栖 霞	69649	75.8
雨花台	37094	101.4
江 宁	93622	89.6
六 合	23447	68.5
溧 水	18052	63.5
高 淳	17227	81.2
江北新区直管区	40894	46.4

注：本表数据由南京市商务局提供。

表 17-18　分区对外承包劳务实际完成营业额（2022 年）

计量单位：万美元

地　区	2022 年	2022 年为上年%
全　市	211166	87.5
玄　武	20410	352.1
秦　淮	3278	123.6
建　邺	584	6.0
鼓　楼	89339	94.1
浦　口	10	2.9
栖　霞	22398	78.4
雨花台	5559	281.6
江　宁	43149	81.6
六　合	407	12.9
溧　水	2940	127.3
高　淳		
江北新区直管区	23092	59.2

注：本表数据由南京市商务局提供。

表 17-19　分区中小学、幼儿园学校数（2022 年）

计量单位：所

地　区	普通中学		小　学	幼儿园
	高中	初　中		
全　市	64	206	391	1047
玄　武	5	13	26	56
秦　淮	7	12	35	76
建　邺	4	13	27	62
鼓　楼	8	16	46	92
浦　口	6	29	44	139
栖　霞	6	19	45	91
雨花台	5	11	25	70
江　宁	11	38	48	218
六　合	6	27	37	104
溧　水	3	15	29	79
高　淳	3	13	29	60

注：本表数据由南京市教育局提供。

表 17-20　分区中小学、幼儿园在校学生数（2022 年）

计量单位：人

地　区	普通中学		小学	幼儿园
	高中	初中		
全　市	101347	201189	529267	278353
玄　武	9512	16228	29398	12334
秦　淮	11066	17048	36299	16594
建　邺	5861	10909	29102	15321
鼓　楼	15525	27111	63732	23053
浦　口	6115	22163	69147	42681
栖　霞	5849	15942	49522	27481
雨花台	5627	11622	31141	18281
江　宁	16537	35013	112003	66946
六　合	12523	21511	53280	26557
溧　水	6576	12756	30441	16363
高　淳	6156	10886	25202	12742

注：本表数据由南京市教育局提供。

表 17-21　分区中小学、幼儿园专任教师数（2022 年）

计量单位：人

地　区	普通中学	小学	幼儿园
全　市	29331	36643	21633
玄　武	2187	1994	1138
秦　淮	2725	2620	1574
建　邺	1830	2561	1430
鼓　楼	3848	4138	1962
浦　口	2949	4743	3279
栖　霞	2456	3500	2110
雨花台	1659	2227	1467
江　宁	4888	7517	4659
六　合	3378	3462	2070
溧　水	1794	2170	1021
高　淳	1617	1711	923

注：本表数据由南京市教育局提供。

表 17-22　分区公共文化设施数（2022 年）

计量单位：个

地　区	图书馆	文化馆	文化站	博物馆	美术馆
全　市	15	14	101	74	4
玄　武	2	2	7	19	1
秦　淮	1	2	12	13	2
建　邺	2	1	6	4	
鼓　楼	1	1	13	11	1
浦　口	1	1	9	1	
栖　霞	1	1	9	3	
雨花台	1	1	7	5	
江　宁	1	1	10	9	
六　合	2	2	12	4	
溧　水	2	1	8	1	
高　淳	1	1	8	4	

注：本表数据由南京市文化和旅游局提供。

表 17-23　分区卫生机构情况（2022 年）

计量单位：个

地　区	机构数	医　院	疾病预防控制中心（防疫站）	妇幼保健所（站）
全　市	3607	296	15	14
玄　武	230	23	2	1
秦　淮	445	48	1	2
建　邺	286	16	1	1
鼓　楼	397	48	3	2
浦　口	345	25	1	1
栖　霞	290	26	1	1
雨花台	197	18	1	1
江　宁	679	44	1	1
六　合	302	19	2	2
溧　水	206	11	1	1
高　淳	230	18	1	1

注：本表数据由南京市卫生健康委员会提供。

表 17-24　分区卫生机构床位和人员情况（2022 年）

地　区	床位数（张）	卫生人员（人）	执业医师和助理医师（人）	注册护士（人）
全　市	70710	133738	40610	49503
玄　武	4209	9868	2950	3411
秦　淮	11105	21752	6663	8157
建　邺	2644	8134	2535	2811
鼓　楼	23178	37588	10966	15821
浦　口	3981	9527	2824	3155
栖　霞	3671	7578	2346	2531
雨花台	2346	3917	1229	1404
江　宁	10270	17920	5458	6061
六　合	3956	7994	2547	2790
溧　水	2439	4740	1603	1672
高　淳	2911	4720	1489	1690

注：本表数据由南京市卫生健康委员会提供。

表 17-25　分区提供住宿的社会工作机构、床位和社区服务设施基本情况（2022 年）

地　区	提供住宿的社会工作机构数（个）	提供住宿的社会工作机构床位数（张）	社区服务设施数（个）
全　市	360	51996	6090
市本级	6	4611	16
玄　武	16	2989	494
秦　淮	54	5917	300
建　邺	15	2326	200
鼓　楼	49	6024	572
浦　口	15	2451	215
栖　霞	31	3824	1188
雨花台	20	2257	355
江　宁	59	7354	902
六　合	29	3817	308
溧　水	22	3827	165
高　淳	16	3635	980
江北新区	28	2964	395

注：本表数据由南京市民政局提供。为支持民办养老机构，壮大养老事业，反映全养老机构发展状况，民政部取消“收养性社会福利单位”指标，新增“提供住宿的社会工作机构”指标。

表 17-26　分区健身场地设施建设情况（2022 年）

计量单位：个

指标名称	各类健身场地设施数	全民健身活动中心	乡镇体育健身工程	村级农民体育健身工程	全民健身路径工程	器材数（件）	其他场地设施
全　市	412		42	97	227	2265	46
玄　武	10				6	60	4
秦　淮	6				6	60	
建　邺	36				35	345	1
鼓　楼	13				13	130	
栖　霞	20				18	180	2
雨花台	24				24	240	
江　宁	169		36	70	53	530	10
浦　口	24			3	9	90	12
六　合	46				30	300	16
溧　水	9			6	3	30	
高　淳	13		4	8			1
江北新区直管区	42		2	10	30	300	

注：本表数据由南京市体育局提供。